# 진 로
# 끝판왕

저자 정동완 손평화 송종욱 안혜숙

# 2

**훌륭한** 가르침은
$\frac{1}{4}$이 준비 과정
$\frac{3}{4}$은 현장에서 이루어진다.

-게일 고드윈-

코로나19 바이러스로 인해 온라인 수업을 준비하게 된 교사가 가장 많이 했던 말은 아마도 '내가 할 수 있을까?'일 것이다. 새로운 것을 시도해보는 것을 좋아하는 사람이든 싫어하는 사람이든, 갑작스럽게 해야만 하는 이 상황에 대해 당혹감을 느끼지 않은 선생님은 없을 것이다. 그러나 교사들은 새로운 도구 사용법을 익히고, 집단지성을 발휘하여 더 나은 아이디어를 공유하고 결국에는 온라인 수업에 성공적으로 적응했다.

## "이 대단한 것을 모두 해내셨지 말입니다!"

갑작스러운 세상의 변화를 겪으며, 문득 학생 포함, 인간의 진로에 가장 필요한 것이 무엇일까 생각해 보았다. 니체는 '새로운 것을 수용(受容)하면 그것은 네 것이 된다'라고 하였다. '수용(受容)'이란 '어떠한 것을 받아들임', 혹은 '감상(監賞)의 기초를 이루는 작용으로, 예술 작품 따위를 감성으로 받아들여 즐김'을 의미한다. 온라인 수업을 준비하며 조금씩 변하는 교사의 모습을 발견했다. 우리는 온라인 수업이라는 새로운 개념을 받아들여 결국은 즐기는 경지에 이르렀다. 경험하지 않았다면 받아들일 수 없었을 것이고 받아들이지 않았다면 즐길 수 없었을 것이다.

학생도 마찬가지다. 부딪혀봐야, 경험해봐야 받아들일지, 즐길 수 있을지 안다. 학교는 다양한 정보와 활동 경험을 통해 학생이 진로 결정에 있어 진정 즐길 수 있는 것을 선택하도록 지지하는 역할을 충실히 해야 한다. 고등학교에서 필요한 진학도 자신이 즐길 수 있는 것을 찾아가는 과정으로 인식하도록 진학에 대한 부담이나 지나친 서열화가 사라지길 바란다.

친정엄마가 시집가는 딸에게 해줄 수 있는 가장 좋은 말 중의 하나가 '아니다 싶으면 엄마한테 돌아와'라고 한다. 경험해보고, 나가면서 아니다 싶으면 다시 돌아와 새로운 것을 시도하도록 학교가 울타리 역할을 해야 한다.

"스스로 선택하지 못하고 진정한 자기 자신으로 살지 못할 때 사람은 절망을 느낀다. 가장 깊은 절망은 자기 자신이 아닌 다른 사람으로 사는 것이다."라는 키에르케고르의 말이 있다. 학생이 자기 본연의 모습을 찾아 열정적인 삶을 살기를 원하는 교사의 '진로 기반의 진학 전문성'을 위해 이 책이 도움이 되기를 바란다.

저자일동

# CONTENTS

# 저자 소개

## 정동완

現 경남 진로진학상담교사. 교육 전문가 봉사단체 '오늘과 내일의 학교' 회장. EBS 2017-2018 파견교사, 진로진학 대표강사 역임. 베스트셀러 〈끝판왕 시리즈 : 자소서, 면접, 학생부 인문&공학, 공부〉〈유초등생활백서〉〈중학생활백서〉〈나만의 학생부 만들기〉〈드디어 공부가 되기 시작했다〉 등 35권 기획 및 저작. EBS〈4차 산업 혁명 시대의 미래교육과 신직업〉, 〈진학마스터 심화과정〉, T셀파 〈대입 진학지도 끝판왕〉 원격연수 총괄 기획. 초등학교와 중학교, 고등학교를 위한 학생 〈My Best 맞춤 가이드 E북〉 콘텐츠 검토 및 개발. 교사, 학부모, 학생 대상 앙코르 특강 및 캠프 운영 800회 이상. (only-jung-dw@daum.net)

## 손평화

現 거창고등학교 영어 및 진로진학상담교사
내안학교와 실업계고등학교 등의 다양한 학교 근무 경험
자기주도학습 코칭 자격
2017년 교육감 표창
EBS 진학마스터 핵심 온라인 과정 연수 강사
진로끝판왕 저자, 고등학교를 위한 학생 My best guide ebook 콘텐츠 검토
(peacepeace@kakao.com)

# 송종욱

現 강원 원주 상지여자중학교 진로진학상담교사
2018-2019 원주도덕교사연구회 회장
2019 교사별 과정중심평가 연수 강사
2019 진로교육 교육부장관상 수상
(lightingbell@hanmail.net)

# 안혜숙

現 강원 수석교사. 교육전문가 봉사단체 '오늘과 내일의 학교' 사무국장. 2010-2017년 교사 해외연수 전문 코디네이터로
삼성크레듀, 멀티캠퍼스와 활동. EBS TESOL 평가위원 역임. EBS 진학마스터 심화과정 강사. 〈초등교사를 위한 행복한
교실 만들기:12가지 Tips〉, 〈사(思)고치면 영어가 된다〉, 〈협력학습, 팀티칭, 플립러닝을 통한 배움 중심 수업의 이론
과 실제〉, 〈공학계열 진로, 진학, 직업〉, 〈공부끝판왕〉, 〈의학 생명 자연과학 계열의 진로 진학 직업〉의 저자, 꿈구두의
모든 끝판왕 시리즈 감수 및 디자인 자문. 현재 강원 영어 책임교육 정책연구 TF팀 활동을 하고 있으며 국제교육원,
춘천교대 교수학습개발원과 수업콘텐츠를 공동연구하며 강의, 컨설팅 중. 팟캐스트[초등주책쇼], [진학주책쇼] 진행.
(ye9999@paran.com)

# 추천하는 글

## 김원배 선생님 / 장충중학교

◆ 미국 작가 오리슨스웨트 마든은 "습관은 처음에는 눈에 안 보이는 실과 같다. 그러나 행동을 되풀이할 때마다 그 끈이 차츰 강화된다. 거기에 또 한 가닥이 더해지면 마침내 굵은 밧줄이 되어 우리의 사고와 행동을 돌이킬 수 없게 묶어 버린다"라고 한다. 학생들이 고등학교 3년 동안 대학 진학을 위해 올바른 학습 습관을 갖도록 학교에서 지도할 수 있는 "진로 끝판왕"이 세상에 나왔다.

대입 전형 방법이 대학교마다 다르고 매년 대입 입시 방향도 변화하는 시점에서 학교 현장에서는 학년별로 입시지도에 활용할 수 있는 방안들을 편리하게 적용할 수 있게 집필되어 있다.

## 김이견 선생님 / 강화고등학교

◆ 대부분 선생님께서 새 학기가 되면 어떻게 지도해야 할지 걱정이 많으실 것입니다. 진로끝판왕 책은 시기별로 세세한 지침이 나와 있어서 진정한 길잡이 역할을 해주는 책입니다. 이 책을 통해 학생들 진로 지도의 막연함을 구체적이고 확실한 방향으로 바꿀 수 있으실 것입니다. 경험있는 선생님들께서도 다시 한번 학생들의 지도할 방향을 점검하며, 진로 진학 준비를 해줄 수 있으실 것입니다. 진로 진학에 대한 자세한 로드맵과 실질적인 예시가 나와 있어서 이 책 한 권만 갖고 있으면 모든 선생님께 믿음직한 동반자가 생길 것이라고 확신합니다.

## 노현정 선생님 / 병천고등학교

◆ 진로에 대해 아무것도 모르는 교사에게 지침이 되어준 책입니다. 하나부터 열까지 상세하고 자세하게 안내해 주어 진로지도에 관한 자신감을 심어주었습니다. 이 책과 함께라면 우리 반 아이들의 진로지도는 걱정 없습니다.

## 조다윗 선생님 / 신길고등학교

◆ 고등학교 교사라면 반드시 구입해서 곁에 두고 수시로 봐야 할 필독서라고 생각한다. 월별로 반드시 점검해야 할 체크포인트가 학년별, 학생 유형별, 전형별로 친절하게 잘 설명되었다. 고3 담임을 처음 하는 교사들도 이 책의 도움을 받는다면 시행착오를 줄이고 성공적인 진학지도를 할 수 있을 것이다.

## 이명희 선생님 / 우성고등학교

◆ 진로 끝판왕의 구성을 잘 살펴보면 입학을 하여 아무것도 모르는 1학년부터 3학년까지 학생들에게 필요한 과정들이 일목요연하게 나와 있어서 처음 고등학교에서 교육 활동을 하시는 선생님이나 다년간 고교에서 근무하셨지만, 과목 특성 때문이나 다른 어떤 개인적 사정으로 진학지도에 대한 경험이 없으신 선생님들을 위한 다정한 충고와 같은 책입니다. 사실 오래 동안 담임의 역할을 해오고 진로 진학지도에 익숙하다고 생각하는 사람이지만 교사 중심의 진로 끝판왕을 읽어보며 차근차근 스텝대로 학생을 지도하는 것이 때로 놓칠 수도 있는 세세한 부분까지도 챙길 수 있게 해주어 동료 교사들에게 권하여 주고 싶은 책입니다.

## 임은영 선생님 / 남인천여자중학교

◆ '사람들이 그들의 가장 바람직한 모습이 될 수 있도록 도와주어라. 그리고 그들이 이미 가장 바람직한 모습이 된 것처럼 대하라.'하고 괴테가 말했다. 이 책은 괴테의 말처럼 입시 초보인 고등학교 교사 및 신입생과 학부모, 중학교 담임교사, 그리고 자녀를 고등학교에 보내야 하는 중학교 학부모에게 주는 상세하고 친절한 설명서이자 매우 유용한 안내서이다. 우리가 네비게이션을 사용해서 길을 찾듯 입시라는 커다란 여정을 시작하는 모든 사람에게 목적지까지 최단 시간 내에 효율적으로 갈 방법을 안내하는 '고교 생활 네비게이션'이 될 것이라 기대한다.

## 유성주 선생님 / 대전송촌중학교

◆ 진로를 선택하는 데 있어서 방향을 잡기 어려워하는 학생들을 위하여 선생님이 도와주고 안내하기에 정말 큰 힘이 되는 책입니다. 학생들과 함께하는 1년 동안의 전반적인 과정이 자세하게 설명되어 있어서 어떤 선생님이라도 학생들의 진로지도를 잘 시작할 수 있게 도움을 주는 책입니다.

## 조보경 선생님 / 건양고등학교

◆ 진로 진학지도에 도움을 받고자 하시는 선생님들을 위해 출간되었습니다. 고3 한 해 동안 학생들을 어떤 방향으로 지도해야 하는지에 대한 노하우가 담긴 책으로 참고하시면서 학생들을 지도하신다면 좋은 성과를 얻으실 수 있을 것입니다.

## 도현진 선생님 / 흥진중학교

◆ 막연한 진로 지도의 뚜렷한 방법과 비전을 알려주고 실질적인 도움을 주는 책. 더 성장하고 싶고 더 아이들에게 좋은 방향을 제시해주고 싶은 교사들에게 꼭 필요한 지침서라고 할 수 있습니다.

## 최서희 선생님 / 이산중학교

◆ 오랜만에 고등학교 담임을 맡거나 아예 처음이라면 진로를 통해 1년간 담임 업무에 관해 한눈에 알아볼 수 있는 책! 우리 반 학생들의 진로를 결정해 줄 수 있을까 고민이 되고 망설여질 때 읽어보면 도움이 되는 책!

## 최은정 선생님 / 동성고등학교

◆ 루쉰은 말했습니다. "희망은 원래 있다고 할 수도 있고, 없다고 할 수도 있다. 이는 마치 땅 위의 길과 같다. 본래 땅 위에는 길이 없었다. 걷는 사람들이 많아지다 보면, 자연스럽게 길이 되는 것이다"라고. 진로의 '로'는 路:길(로)입니다. 부디 진로끝판왕이 제시하는 길을 따라, 전국 고교생들이 삶의 주인공이 되는 멋진 길을 만들어 가길 소망합니다. 누군가가 만든 땅 위의 좁은 길이, 많은 이들이 나아가는 큰 도로가 되어, 모두를 환히 비추는 희망이 되길.

### 함선주 선생님 / 서울영일고등학교

◆ 고등학생 지도를 어떻게 효율적으로 할지 3년간의 흐름을 한눈에 알 수 있는 책이 나왔습니다. 이 책은 고등학교 입학부터 졸업까지 시기별로 학생들을 무엇을, 어떻게 지도해야 하는지 방향을 제시하는 로드맵입니다. 진로·진학의 전문가로 거듭나실 수 있도록 이 책은 차근차근 학생지도의 맥을 짚어주고 있습니다. 초임 교사는 한눈에 업무를 파악할 수 있고, 경력 교사는 보완해야 할 점이 무엇인지 파악할 수 있어 실제적인 학생지도가 가능합니다. 자신감 있는 교사로 한발짝 더 성장하기를 원하는 선생님들을 위해 이 책을 추천합니다.

### 김가연 선생님 / 한가람중학교

◆ 고등학생만큼이나 입시, 진로, 진학지도로 막막한 고등학교 교사에게 한 줄기 빛과 같은 지침서 [진로 끝판왕]! 학년별로 적용 가능한 유익한 정보들이 가득 담겨 있는 알짜배기 지침서입니다. 선배 교사보다 더 든든하게 교사의 지원군이 되어줄 것입니다.

### 김동규 선생님 / 양주백석고등학교

◆ 숨 가쁜 학교생활 속에서 학생은 무엇을 어떻게 챙겨야 하고, 교사는 무엇을 어떻게 챙겨줘야 할지 막막한 순간 진로 끝판왕 한 권이 모두에게 든든한 힘이 될 것입니다.

### 김래홍 선생님 / 신평고등학교

◆ 성공적인 대입을 위해서는 고등학교 3년이라는 시간 동안 학교 교육과정 속에서 적극적인 교과활동, 그리고 연계활동을 통해 내실있는 진로진학 활동이 이루어져야 합니다.

고1은 학교 수업에 충실히 임하며 자기주도학습을 통해 학업역량을 키우고 진로에 대한 준비와 함께 대입 전략의 기초를 다치는 시기입니다. 고2는 대입전형 최적의 준비 시기로 교과목에 대한 선택과 집중이 필요한 단계입니다. 지원하고자 하는 학과와 전공에서 필요로 하는 부분을 채워나가고 교과와 교과 외 활동을 통해 진로와 진학이 연계되어야 합니다. 고3은 대입전형에 대해 자신의 장단점을 따져 진학의 본격 레이스를 펼치며 대입전략을 마무리하는 단계로 전형별 평가요소에 최선을 다해 준비해야 합니다. 고등학생 3년, 10대의 마지막 3년이라는 시간을 미래를 위해 선택과 집중하여 성공적인 대입을 적극적으로 준비해야 합니다. 그 길목에 진로 끝판왕이 길잡이가 되어 등불이 될 것입니다.

### 김정미선생님 / 인천송천고등학교

◆ 고등학교에서 대학 진학을 준비하는 학생들을 위해 교사뿐 아니라, 학생, 학부모도 대학 입시를 준비할 때 지침서가 되리라 생각됩니다.

### 김준근 선생님 / 금정여자고등학교

◆ 진로진학상담교사로 처음 근무하게 되어 많이 난감하였는데 이 책을 검토하면서 실전에서 바로 활용할 수 있는 많은 사례와 정보들을 알게 되어 큰 도움이 되었습니다. 학년별, 시기별 교사의 역할과 체크포인트가 아주 구체적으로 나와 있어 저와 같은 초임 교사에게는 바이블처럼 활용될 것 같습니다.

### 육근섭 선생님 / 서전중학교

◆ "저자가 다년간 경험한 진학지도 노하우를 책 한 권에 담아놓은 매뉴얼"

　방대한 자료를 일목요연하게 정리해서 구체적인 시기로 정리하였다. 교사들이 현장에서 활용하기에 적절한 표와 참고할 수 있는 출처가 명기되어 보충내용을 독자가 스스로 찾을 수 있다.

### 이길연 선생님 / 배곧해솔중학교

◆ 실제 학교 현장에서 사용할 수 있는 학생, 교사용 자료가 가장 장점인 책으로 전체의 내용을 읽고 활용해 보고 싶은 책. 실제 고3 담임을 여러 차례 하면서 이런 책이 필요함을 느꼈는데 실제 출판을 앞두고 있다니 놀랍고 마음이 좋았습니다.

## 검토진 소개

| | | |
|---|---|---|
| 고수현 세일에듀 | 도현진 흥진중학교 | 이정은 수원영생고등학교 |
| 김가연 한가람중학교 | 민현진 산본고등학교 | 이준현 계룡고등학교 |
| 김경숙 안양서초등학교 | 박기만 대성여자고등학교 | 이하영 원곡고등학교 |
| 김도연 대치학습전략연구소 | 박성영 목포중앙고등학교 | 이혜림 금광중학교 |
| 김동규 양주백석고등학교 | 박예나 원주고등학교 | 임은영 남인천여자중학교 |
| 김두희 잠실중학교 | 박재근 목포중앙고등학교 | 장환조 덕소고등학교 |
| 김래홍 충남신평고등학교 | 박재현 통영여자고등학교 | 전동일 청구중학교 |
| 김상훈 목포중앙고등학교 | 박진홍 경주고등학교 | 조다윗 신길고등학교 |
| 김원배 장충중학교 | 방동규 해원고등학교 | 조민영 태릉중학교 |
| 김이견 강화고등학교 | 송영화 충현중학교 | 조보경 건양고등학교 |
| 김정미 인천송천고등학교 | 유성주 대전송촌중학교 | 조아라 고양동산고등학교 |
| 김정혜 방산중학교 | 육근섭 서전중학교 | 조은진 국민대학교입학사정관팀 |
| 김준근 금정여자고등학교 | 이길연 배곧해솔중학교 | 최서희 이산중학교 |
| 나현주 안산원곡고등학교 | 이명희 우성고등학교 | 최은정 서울동성고등학교 |
| 노인숙 전주덕진중학교 | 이상민 합천여자고등학교 | 함선주 서울영일고등학교 |
| 노현정 병천고등학교 | 이새미 전주전라고등학교 | |

# 진로 끝판왕 사용설명서

'진로 끝판왕'은 현장에 계신 선생님에게 필요할 다양한 활동지를 시기별, 상황별로 정리한 책입니다. 고1부터 고3에 걸쳐 사용할 3년 간의 자료이기 때문에 간혹 모든 학교의 시기와 상황에 맞지 않을 수 있습니다. 학교 현장 혹은 학생 개인별로 상황에 맞게 필요한 것을 정해진 순서나 틀에 관계없이 선택하여 수정해서 사용할 필요가 있습니다.

가능한 많은 사례와 활동지 양식을 담고 싶은 마음에 하나씩 늘려가다 보니 한 권에 담지 못하고 분리하여 출판하게 되었습니다. 때에 따라 두 권의 책을 교차해가면서 보셔야 하기에 상항별로 안내드리고자 합니다. 처음 담임을 맡았거나 초심으로 돌아가고 싶은 선생님, 학기초가 아닌 학기 중에 이 책을 접하신 선생님, 미리 준비하고 싶어하는 학생을 지도하는 선생님으로 나누어 설명해 드리겠습니다.

## 1) 처음 담임을 맡았거나 초심으로 돌아가고 싶은 선생님이시라면

고등학교가 처음인 선생님, 첫 발령을 받은 새내기 선생님, 교과지도는 해오셨으나 담임을 처음 맡으신 선생님, 고2나 고3을 처음 맡으신 선생님, 초심으로 돌아가 새롭게 학생들을 지도해보고자 하시는 선생님들을 위해 안내드립니다.

위에 하나라도 해당이 된다면 반드시 프롤로그를 읽어보시기 바랍니다. 진로교육에 대한 기본적인 교사의 마음가짐부터 새롭게 가지셔야 학생들의 불안과 절망을 잠재울 수 있고, 학생들에게 동기부여를 해줄 수 있습니다. 많은 사람들이 진로를 장래희망이나 직업으로 오해합니다. 공부하는 이유와 선생님이 하시는 지도의 목적을 학생에게 설명해주실 수 있어야 학생들의 마음을 잡을 수 있습니다.

누군가를 처음 만나면 이름부터 묻듯이, 새롭게 맡게 될 학생들을 위해 예비 담임 혹은 교사로서 진학 및 진로에 관한 다양한 용어에 익숙해지셔야 합니다. 용어설명은 책 중간중간에 나와 있기도 하지만, 기본적인 용어는 숙지하시는 것이 좋습니다.

프롤로그를 읽고 진로와 진학에 관련한 용어도 어느 정도 익히셨다면, 해당 학년에 해당하는 내용을 읽고 활용해 보십시오. 시기에 맞춰 해당 부분만 읽기보다는 고등학교 3년 과정을 전반적으로 꿰뚫을 수 있기를 추천합니다.

3월에 갑작스럽게 새 학년 새 학기를 시작하여 우왕좌왕하지 않도록, 이 책의 구성은 1, 2월부터 시작됩니다. '1, 2월은 방학이고 어떤 학생을 맡을지 모르는 상황에서 어쩌라구?'가 아니고, 아래의 목차를 현재 고2 담임선생님이 겨울방학 전 시간이 남을 때 지도해 보거나, 겨울방학 과제로 제공합니다. 혹은 고3이 시작되자마자 신학기 상담과 함께 실시하셔도 좋습니다. 즉, 전체적인 내용을 숙지하고 시기에 얽매이기보다 상황에 맞게, 너무 늦지 않게 학생들에게 진로진학지도를 해주시면 됩니다.

특수대학을 준비하는 고3 학생이라면 입시 일정이 일반대의 수시 일정보다 빠르기 때문에 미리 자소서와 면접 지도를 해야할 수 있습니다. 책에 나온 시기대로만 진행한다면 낭패를 볼 수 있기에 미리 읽고 준비하셔야 합니다. 이 또한 고1, 2때에 미리 자소서를 써 본 학생과 전혀 준비가 안된 학생을 구분하여 필요에 맞게 지도해주셔야 합니다.

또한, 진로 끝판왕 1권과 2권의 목차 전반을 살펴보실 것을 추천합니다. 자기주도학습의 경우 학습법 안내는 고1, 2 과정에 이미 이루어져야 하기에 1권에 수록되었지만, 고3이 되면 이를 확장할 수 있는 지도가 필요할 것입니다. 고3이 되어 자기주도학습이 전혀 안되어 있거나 학습법, 학습 습관이 바르지 못한 학생에게는 1권을 참고하여 학습법과 자기 주도 학습 방법에 대해 지도 해주어야 합니다.

부록에는 본문에 언급되지 않은 활동지도 수록되어 있습니다. 부록의 목차도 눈여겨 보시고 활용하시기 바랍니다.

진로 끝판왕 1권에 있는 부록 역시 상황에 맞게 활용하시면 됩니다.

정리하면, 다음과 같습니다.

**처음 담임을 맡았거나 초심으로 돌아가고 싶은 선생님이시라면**

1. 프롤로그 읽고 마음가짐 다잡기
2. 진로진학 용어 익히기
3. 전반적인 내용 미리 숙지하기
4. 전체 목차를 통해 필요한 부분을 적절히 혼용하여 활용하기
5. 부록의 목차 보고 필요한 내용 활용하기

## 2) 학기 중간에 이 책을 접한 선생님이시라면

진로끝판왕을 학년이 시작되기 전이 아니라 학기 중에 어중간하게 접하셨다면, 당황하지 마시고 일단 그 시기에 해야할 것부터 지도해주시면 됩니다. 순서는 중요하지 않습니다. 빠진 것은 뒤에 채워주면 됩니다.

3월 모의고사가 끝나고 제대로 된 상담을 못 해준 것이 마음에 걸리신다면 진로 끝판왕 1권의 모의고사 성적의 의미를 읽고 도움을 받으시면 됩니다.

고3 학생이 자신의 위치를 객관화하지 못한 채 이상만 높다면, 학생 개별 분석과 객관화 시간을 뒤늦게라도 가지십시오.

**II. 진로 기반의 진학**

진로 끝판왕 2권

**2. 진로 기반의 진학 전략**

가. 객관화하기

나. 집중할 전략 세우기

다. 외부자원 이용하기

되도록 시간을 내어 프롤로그와 전체 내용을 읽어보시기를 권합니다.

## 3) 미리 준비하고 싶은 학생을 가르치신다면

고1 학생중에는 진로 성숙도가 높고 여러 면에서 우수한 학생이 있습니다. 진학에 관심있는 학생도 많구요. 진로끝판왕 2권을 미리 읽고 준비시켜 주시면 좋습니다.

## 4) 마지막으로, 각 활동지는 각 학급과 학생의 상황에 맞게 편집하여 사용하시길 바랍니다.

예를 들어, 학기초에 상담 카드를 작성할 때, 가족관계나 경제상태를 묻는 것이 민감하다고 생각되시면 그 부분을 삭제하여 오해의 소지를 줄이는 것이 필요합니다. 아래 상담카드에서 경제적 지원은 대입 특별 전형 대상자(기초수급자 대상자 등)를 파악하거나 장학금 지원 여부를 파악하는 용도로 상황에 맞게 사용하시면 됩니다.

진로 끝판왕 2권

## II. 진로 기반의 진학

### 1. 서로 알아가기

가. 개별 학생 분석하기

학생 기초 조사

| ( )학년 ( )반 ( )번 이름 ( ) | 별명 : |
|---|---|

| 진로 희망 분야 | |
|---|---|
| 진로의 걸림돌 | 성적, 공부법, 학생부 관리, 정보 부족, 동기 부족 |
| 과목 선택 현황 | |
| 경제적 지원 | - 전년도 지원 분야 : 학비 지원( ), 급식비 지원( ), 방과후 학교 지원( ), 기타( )<br>- 올해 지원 요청 분야 : |

진로 끝판왕 사용법, 도움이 되셨는지요?

진로 끝판왕이 통해 진로 진학 지도에 도움이 되고, 곧 진로진학지도에서 학생의 행복으로 이어지도록 고심하여 제작하였습니다. 현장에서 유용하게 쓰이기를 바랍니다.

# I

## 프롤로그

### 1. 진로(進路) 교육의 부재

# 1

# 진로(進路)
## 교육의 부재

# 1

# 진로(進路) 교육의 부재

**가** 공부해야 하는 이유와 탈(脫)한국

다른 과목에 비해 상대적으로 수업 단위 수가 많은, 수능과 진학의 주요 과목 교사로 오랫동안 고등학교에서 교편을 잡았다. 하지만 교과 교사이자 담임교사로서 그리 행복하지 못했다. 저자가 만난 학생도 마찬가지였다. 학생들은 '왜 공부를 해야 하는지', '왜 대학을 가야 하는지'를 모르겠다고 고백했다. 심지어 '인간은 무엇을 위해 사는지'에 대해 물은 후 '공부 때문에 너무 힘들어서 대한민국을 떠나고 싶다', '우리나라의 교육은 잘못되었다', '우리는 그저 공부를 위한 마루타일 뿐이다'라며 불평을 늘어놓기 일쑤였다. 교사이기 때문에 나름 '왜 공부를 해야 하는지'에 대한 궁색한 변명을 늘어놓았지만, 마음 한구석에서 변변한 해결책이 아니고 궁여지책뿐인 나의 대답에 스스로 찔린 적이 한두 번이 아니다. 동시에 고민 없이 시키는 대로 열심히 공부만 하던 기성세대와 너무도 다른 요즘 학생의 모습을 보고 한 편으론 원망스러웠고, 다른 면에선 유별나 보이기도 했다.

저자가 공부하던 학창 시절, 우리 집은 그리 넉넉하지 못했다. 아마 그 시절 대다수 가정이 그랬을 것이다. 그렇기에 중고등학교 때의 담임선생님은 항상 '성공하려면 공부해야 한다. 그래야 시집(장가)을 잘 간다'라고 말씀하셨다. 학생들은 그런 선생님의 말씀에 이의를 제기하지 않았고, 오히려 그 말씀을 발판삼아 정말 열심히 공부했다. 어떤 선생님은 'OO대학교에 들어가면 부잣집 사모님이 교문 앞에서 며느릿감을 찾으니, 열심히 공부해서 그 대학에 진학해야 좋은 남편감을 만날 수 있다'라고 하시거나 '이 정도 대학은 가 줘야 열쇠를 많이 가져오는 신부를 맞이할 수 있다'라고 강조하셨다. 물론 학생의 행복과 성공을 바라기 위해서 하신 말씀이다. 이런 이야기를 지금의 학생에게 말한다면 이해가 될까? 아닐 것이다. 저자도 좋은 집에 시집이나 장가를 가기 위해, 좋은 배우자를 만나기 위해 공부한다고 생각한 적도 없지만, 단 한 번도 왜 공부를 해야 하는가에 대해서 의문을 품어 본 적이 없는 것도 사실이다.

왜 공부를 해야 하는가에 대해 고민한 적이 있는가?

공부할 이유에 대해 명쾌한 해답을 찾았는가?

왜 공부를 해야 하는지 의심하는 학생이 잘못된 것일까?

급격하게 변화하는 현재의 사회 모습에서 교육은 멀리 바라보아야 할 주요 과제이다. 왜 공부해야 하는지가 정말 중요한 질문이라고 할 수 있다. 일시적이거나 즉흥적으로 판단할 문제는 결코 아니다. 생명과학의 발전으로 인간의 수명이 점점 연장되고 있다. 이는 이전 세대의 단순한 생존이나 안정적인 경제적 수단을 바라는 진로의 의미에서 벗어나게 한다. 이제는 자아실현 즉, 개인의 가치 탐색과 발견 그리고 성취까지 이어지는 긴 로드맵을 그리는 이전 세대보다 한 단계 성숙한 진짜 진로가 필요한 시점이다.

**'묻지 마 취업'이란 말을 기억하는가?** 몇 해 전 유행했던 말인데, 일단 어디든 취업하고 보자는 뜻이다. 한국직업능력개발원의 자료에 의하면 '묻지 마 취업'으로 이직을 준비하는 사람의 비율이 매년 증가한다고 한다. 어느 TV 프로그램에서는 날로 심각해지는 실업난, 구직난 속에 대졸 신입사원의 28%가 1년 이내 퇴사를 한다는 이야기를 방영했다. 인(in) 서울을 목표로 공부해서 어렵게 대학에 진학하고 열심히 스펙을 쌓아, 몇백 대 1의 경쟁률을 뚫고 힘들게 취업에 성공한 청년들이 그제야 '아, 이 길이 내 길이 아닌가 보다'하고 뒤늦게 자신의 흥미와 적성을 고민한다. 부모님의 바람대로 인(in) 서울 대학에 입학하면 모든 것이 해결될 줄 알았던 청년들이 이제는 '탈(  )한국'을 외치며 해외로 발길을 돌린다.

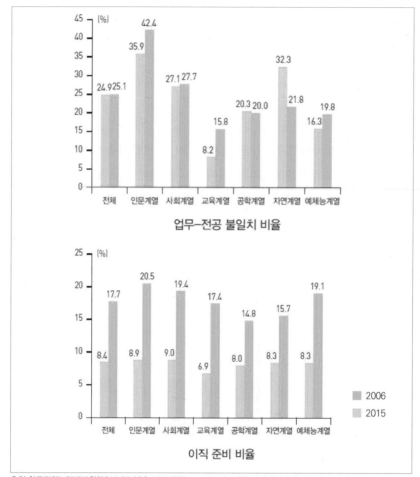

업무-전공 불일치 비율

이직 준비 비율

출처:한국직업능력개발원(2017.06.30.). KRIVET Issue Brief. 지난 10년간 4년제 대졸자 노동시장의 변화

취업만이 문제일까? SKY대학 재학 중 중도 이탈한 학생 수는 2016년 1,107명, 2017년 1,238명으로 매년 1,000명 이상이다. 이런 학생은 진학한 학과가 자신의 적성과 맞지 않거나 졸업해도 취업할 미래가 불투명해서 반수나 재수 후 의학 계열로 가거나 다른 학과로 변경하려 한다. 각 대학의 자체 조사에 따르면 수시 전형보다 정시로 입학한 학생의 이탈률이 높고 이들은 학교생활에 적응하지 못한다고 한다.

실제로 대학에서 잘 적응하는 학생도 수시 전형 합격자라는 연구 결과가 있다. 이것이 바로 대학이 수시의 학생부 종합 전형을 선호하는 이유이다. 정시와 수시로 입학한 학생의 차이는 무엇일까? 양분화하는 것이 조심스럽고 억지스러운 면도 있으나, 고등학교 재학 중 다양한 활동과 적극적인 학교생활을 한 학생(수시 전형)과 오로지 수능 시험을 위해 정답만을 암기한 학생(정시 전형)으로 생각해 볼 수 있다. 각 전형의 장단점과 '제도의 공정성'이나 '선발의 투명성' 문제는 제쳐두고, 각 전형의 목적만 따지면 나아갈 방향이 보인다.

조별 활동과 같은 협력 수업, 사고력 교육, 자기주도성, 창의성 교육 등 교육 패러다임의 변화를 인식하고 진학을 위한 진로 교육이 아닌, 진로 교육 그 자체만을 위한 학교 교육(저자는 이를 '진로 교육을 위한 진학'이라고 한다)에 초점을 맞춰야 하지 않을까? 물론 실현 가능성 여부와 학생 및ㅈ 학부모의 호응이라는 문제가 남아있기는 하다.

## 나 진학지도를 잘하는 선생님 vs 진학지도에 서툰 선생님

고3 진학 부장을 하며 가장 난감했던 기억은 대입 합격자 발표가 나오기 무섭게 교육 관련 신문사에서 우리 학교의 '서울대학교 합격자 학생 수'를 묻는 전화를 받았던 때다. 이후 1, 2학년 학부모님과 지역 내 공직자 사무실에서 '대입 진학 성적'에 대한 전화 문의가 이어진다. 오로지 진학률에만 관심을 둔 문의는 여기서 끝나지 않는다. 다음 해 신입생 모집이 끝날 때까지 계속된다. 이러한 상황이 반복되니 아이러니하게도 해당 학생보다 고3 담임은 계속 다른 반이나 인근 학교의 진학률과 비교하며 마음을 졸인다. 한 명 한 명 합격자 발표가 나올 때마다 기분은 천국과 지옥을 오간다. 소위 말하는 명문대 진학률이 높거나, 예상보다 합격자가 많으면 마치 나의 자랑인 듯 어깨가 올라간다. 진학률이 높으면 실력 좋은 선생님이고, 그렇지 못하면 진학에 서툰 선생님으로 인식되어 아이를 맡겨도 될지 학부모의 의심을 산다.

어느 날 다음 시를 읽었을 때, 누군가 내 머리를 치는 듯한 느낌을 받았다.

방 문 객

정현종

사람이 온다는 건
실은 어마어마한 일이다.
그는
그의 과거와
현재와
그리고
그의 미래와 함께 오기 때문이다
한 사람의 일생이 오기 때문이다
부서지기 쉬운
그래서 부서지기도 했을
마음이 오는 것이다
그 갈피를
아마 바람은 더듬어볼 수 있을
마음,
내 마음이 그런 바람을 흉내낸다면
필경 환대가 될 것이다

한 아이가, 한 학생이, 한 사람이 온다는 것이 이렇게 어마어마한 일이다. 고작 몇 달 동안 담임과 제자로 만나 상담 몇 번에 학생의 진로를 정해준다는 것이 가당키나 한 것인지, 한 학생의 대학 진학 여부가 담임교사 한 사람의 덕이나 탓이 될 수 있는지 의문이 들었다. '한 아이를 키우기 위해 온 마을이 필요하다'라고 하는데, 과연 온 마을이, 온 학교가, 그리고 온 나라가 노력하고 있는지 회의가 들었다. 고등학교 입학 전부터 만났을 수많은 사람과 먹거리, 놀 거리, 볼거리가 학생들의 행복과 진로에 영향을 미쳤을 것이다.

우리는 각자의 자리에서 알게 모르게 학생들에게 크고 작은 영향을 미치고 있다. 그러므로 교사로서 학생의 진로를 위해 해야 할 분명한 역할이 존재한다. 특히 고등학교는 10대의 청소년이 20대의 성인이 되면서 사회에 첫발을 내딛는 통로가 되어준다. 학교에서 학생의 강점을 발견하고 꿈을 키워주며 그 꿈을 펼칠 또 다른 세상으로 안내하는 교사의 역할은 결코 작은 게 아니다. 진학률만으로 성급히 판단할 일이 아니다. 대학 간판에 빠져서 진정한 교육이, 실제적인 진로 준비가 발을 내디딜 자리를 잃게 하지 말자.

학생을 좋은 대학에 보내는 것이 단지 몇 개월 담임으로 만나 지도하는 교사 개인만의 노력이 아니다. 그렇기에 진학률을 가지고 우쭐대서도, 대학 진학이 고등교육의 목표가 되어서도 안 될 것이다. 진학은 진로의 작은 부분일 뿐이며 학생 삶의 전반에 걸쳐 가장 중요한 기반이 되는 씨앗이다.

## 다 › 교실 속 진로 지도

요즘 학생들은 시간만 나면 무조건 잔다. 그뿐이랴 시간이 없어도, 수업 시간에도 참 잘 잔다. 그리고는 학원에 가서, 혼자 독서실에 앉아서는 열심히 공부한다고 깨어 있으려 노력한다.

수업 중 보다 못해 '시험에 나온다'라고 협박하면 자다가 깨어 그 부분만 열심히 듣고 필기도 한다. 수업하다 이러한 경험을 몇 번 하면, '이건 정말 중요해, 작년 시험에도 나온 거야'라고 비몽사몽에 있는 학생들을 깨우고 싶은 유혹이 다가온다. 그리고는 '교사로서 이것이 무기인가?', '수업에서 학생을 깨울 방법은 정말 이것뿐일까?'라고 자괴감에 빠진다. 학교생활기록부에 기재되어야만, 시험에 나와야만, 중요한 과목이어야만 열심히 한다. 우리 학생들은 어쩌다 이렇게 되었을까? 다른 과목에 비해 상대적으로 이수 단위 수가 적거나 시험에 나오지 않아 써먹을 무기가 없는 과목 교사의 시름도 만만치 않다. 주요교과가 아닌 수업에서 학생 대부분은 자거나 다른 과목 공부를 한다. 뭔가 잘못되어도 한참 잘못된 것이 분명한데, 이는 누구의 잘못일까?

진로 교육? 그것은 너무 멀게만 느껴진다. 강사 한 명이 와서 하는 진로 특강이나 하루나 이틀 정도의 행사로 진행되는 진로 체험을 통해 학생들이 진로를 찾을 것이란 막연한 기대를 하지 않았는가? 학교생활기록부의 진로 희망란을 채워주려고 '네 꿈은 무엇이냐'고 아직 꿈을 못 찾은 학생을 다그친 경험은 없는지 묻고 싶다.

근본적인 대책으로 초등학교, 중학교에서 이미 체계적이고 구체적인 진로 탐색과 지도가 이루어져야 하는데, 사실 다른 교육정책이나 과제에 밀려 아직 뒷전이다. 딱히 진로에 대해 고민해보지 않은 학생이 고등학교에 와서야 자신이 무엇에 흥미가 있는지 자신이 뭘 잘하는지도 모르다가 꿈을 빨리 찾아내라고 강요당하는 현실이 자못 씁쓸하다.

교육 선진국은 이미 1970년대부터 진로 교육의 필요성을 실감하고 온 나라가 진로 교육을 위해 힘을 쏟고 있다. 아일랜드는 중학교 졸업 후 고등학교 진학 전 1년간 진로를 탐색하는 전환 학년제를 시행한다. 직업체험, 미니 기업[1], 지역사회 봉사프로그램, 프로젝트 활동 등을 운영하는데, 성공적인 교육 모델로 주목받고 있다. 아일랜드 교육은 학교가 학교 밖 세상과 동떨어져서는 안 된다는 인식 아래 교실 안과 교실 밖 교육의 균형을 강조한다. 최근에는 토스트 마스터[2]라는 과정을 도입하여 학생 중심의 소통과 협업 수업을 한다. 덴마크에는 우리나라의 자유학년제와 유사한 10학년 과정이 있다. 의무는 아니나 상급 학교로 진학 전에 인턴십 프로그램을 경험하며 진로에 대해 탐색하는 시간을 가질 수 있다.

다른 교육 선진국도 학생이 끊임없이 자아를 탐색하고 다양한 활동과 체험을 통해 호기심을 갖고 문제를 해결하려는 도전 정신을 배우도록 진로 교육을 한다. 주목할 점은 이러한 교육 프로그램이 우리에게 생소하지 않다는 것이다. 이미 우리 교실에서 진행되고 있다. 늦게 시작하긴 했으나 유사한 프로그램을 운영하면서 어디는 교육 선진국으로 불리고, 우리는 시험 위주의 선발로 되돌아가야 공정하다는 현실이 매우 안타깝다.

교육 선진국의 사례를 보며 진정한 진로 교육이 필요하다 느끼면서도 우리를 망설이게 하는 것은 무엇일까? 시험을 통한 공정한 선발은 좋지만, 대입 정책이 바뀌면 교실 분위기가 또다시 바뀌게 되고, 학생의 꿈과 희망이 시험 성적 앞에 무너지지는 않을지 걱정이다. 이런 상황의 교실 속에서 가르치는 교사로서 현재 사회의 트렌드나 다가올 미래의 전망에 따라 교육이 변화해야 한다는 절박함이 느껴지나, 그렇지 못한 현실이 답답하다. 단순히 성적에 맞춘 진학지도가 아닌 진로에 대해 미리 탐색하고 진학을 준비하는데 이 책이 도움이 되길 바란다.

---

1) 미니 기업(Mini company)은 교실 안에서 이루어지는 체험으로 한 학급의 학생들이 모여 제품을 만들거나 직접 모의 회사를 차려 활동하는 아일랜드의 진로 교육 중 하나를 뜻한다. 창의성과 문제 해결력을 함양하기 위한 기업가 정신 교육으로 보면 된다.
2) 토스트 마스터(Toast master)의 'toast'는 '건배 제의'를 의미하는 말로 대중 앞에서 건배를 제의하듯 스스로를 자신있게 표현하면서 소통과 경청 능력 등을 함양하는 교육 프로그램이다.

# Ⅱ

# 진로기반의 진학

# 1

# 서로 알아가기

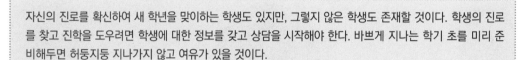

# 서로 알아가기

자신의 진로를 확신하여 새 학년을 맞이하는 학생도 있지만, 그렇지 않은 학생도 존재할 것이다. 학생의 진로를 찾고 진학을 도우려면 학생에 대한 정보를 갖고 상담을 시작해야 한다. 바쁘게 지나는 학기 초를 미리 준비해두면 허둥지둥 지나가지 않고 여유가 있을 것이다.

## 가 개별 학생 분석하기

첫 상담과 학생 스스로 자신을 분석해 보는 시간을 통해 진로에 대해 조금 더 체계적으로 계획하도록 준비하자. 상담을 위한 카드는 미리 적어오게 나눠주면 좋다. 준비된 학생부터 먼저 상담하거나 희망하는 순으로 짜는 것도 방법이다.

### 학생 기초 조사

학생 저마다 가진 역량을 끌어올려 탄탄한 진로를 다져주기 위해 상담한다. 이를 위해 학생의 다양한 상황을 바르게 파악하는 게 중요하다. 첫 대면상담을 위한 기초 조사를 할 때, 다음과 같은 상담카드 외에 과목별 이수 현황 체크리스트와 이전 학년 성적을 함께 준비하면 좋다.

# 서로를 알아가기 위한 첫 단추(상담용 카드)

( )학년 ( )반 ( )번 이름 ( ) 별명:

| | |
|---|---|
| **진로 희망 분야** | |
| **진로의 걸림돌** | 예. 성적, 공부법, 학생부 관리, 정보 부족, 동기 부족 |
| **과목 선택 현황** | |
| **경제적 지원** | ·전년도 지원 분야 : 학비 지원( ), 급식비 지원( ), 방과후 학교 지원( ), 기타( )     * 특별전형 대상자 파악<br>·올해 지원 요청 분야 : |
| **교우관계** | 친한 우리 반 친구 :     함께 밥 먹는 친구:<br>친한 다른 반 친구 :     속마음 털어놓는 친구: |
| **기상/취침/등교 시간** | ·기상 :     ·취침 :     ·등교 : |
| **학원/과외/독서실** | |
| **자습실 이용 희망** | ·새벽반 ( )     ·야간반 ( )     ·공휴일 ( ) |
| **특기적성 희망강좌** | ( ), ( ), ( ) |
| **가족과의 소통** | 모두와 원활( ), 아빠와만 원활( ), 엄마와만 원활( ), 대화 없음( ) |
| **올해 소망(목표)** | ·1st :<br>·2nd :<br>·3rd : |
| **스트레스 해소 방법** | |
| **자신의 성격** | 예. 꼼꼼, 신중, 소심, 털털, 덤벙... |
| **자신의 공부 성향** | 예. 알아서 잘함, 시켜야 함, 예습만 함, 복습만 함,<br>예습 복습 모두 함, 전혀 안 함 |
| **상담 요청 사항** | |

지난 학년 분석, 반성, 앞으로의 계획

담임 시간이나 진로시간을 통해 학생들에게 학생부를 출력하여 나눠주고 아래 표를 채워보게 하자. 학생에게 연간 학사일정표를 함께 나눠주어 새 학년 전체 목표를 스스로 세워보도록 하는 것도 필요하다. 학생들이 리더십과 자기주도성을 발휘하여 동아리나 스터디그룹을 개설하도록 조언도 아끼지 말자.

## 가) 학업 성취도 확인

| 교과 | 1학년 전체 | | |
|------|-----------|--|--|
| | 과목별 성적 분석 | 평균 등급 | 조합별 평균 |
| 국어 | | | 국영수 : |
| 영어 | | | 국영수사과 : |
| 수학 | | | 국영수사 : |
| 과학 | | | 국영수과: |
| 사회 | | | 영수사과: |
| .. | | | |

## 나) 전국연합 성취도 확인

| 교과 | | 1학년 3월 | | | | 1학년 6월 | | | | 1학년 9월 | | | | 1학년 11월 | | | |
|------|--|-----------|--|--|--|-----------|--|--|--|-----------|--|--|--|------------|--|--|--|
| | | 원점수 | 표준점수 | 백분위 | 등급 | 원점수 | 표준점수 | 백분위 | 등급 | 원점수 | 표준점수 | 백분위 | 등급 | 원점수 | 표준점수 | 백분위 | 등급 |
| 국어 | | | | | | | | | | | | | | | | | |
| 수학 | | | | | | | | | | | | | | | | | |
| 영어 | | | | | | | | | | | | | | | | | |
| 한국사 | | | | | | | | | | | | | | | | | |
| 탐구 | 사회 | | | | | | | | | | | | | | | | |
| | 과학 | | | | | | | | | | | | | | | | |

## 다) 비교과 활동 확인

| | | 활동 기록 |
|---|---|---|
| 수상경력 | | |
| 전공 관련 선택과목 | | |
| 창의적 체험 활동 | 자율활동 | |
| | 동아리활동 | |
| | 봉사활동 | |
| | 진로활동 | |
| 독서활동 | | |

## 라) 2학년 계획

| 교과 | 3월 전국연합 학력평가 목표 | 중간고사 목표 | 6월 전국 연합 학력 평가 목표 | ……… | 구체적 계획 (시간, 방법 등) |
|---|---|---|---|---|---|
| 국어 | | | | | |
| 영어 | | | | | |
| 수학 | | | | | |
| 과학 | | | | | |
| 사회 | | | | | |
| ‥ | | | | | |

| | | 구체적 계획 |
|---|---|---|
| 각종 대회 참가 희망 | | |
| 과목 선택 확인 | | |
| 창의적 체험 활동 | 자율활동 | |
| | 동아리활동 | |
| | 봉사활동 | |
| | 진로활동 | |
| 독서활동 | | |

## 상담 시작하기

첫 상담에 학생은 담임교사에게 이것저것 털어놓을 수도 있다. 하지만 이전 선생님을 그리워하거나 새 담임선생님에게 마음을 여는 데 시간이 걸리기도 할 것이다. 후자의 경우, 간접적인 질문방식을 취하거나 공통의 관심사를 찾아 라포(Rapport)를 형성해야 한다.

다음 예시의 학생 상황을 참고하여 학생과의 관계 형성과 진로 설계에 도움이 될 만한 방법에 대해 고민하여 보자.

**1** 제가 선택한 과목의 수강 인원이 적어서 과목 변경을 고려하고 있어요.

**상담 예시**

학생부 종합 전형은 단순히 교과의 등급만으로 학생의 학업역량을 평가하지 않습니다. 또한, 소수 인원이 수강하는 과목이 많은 인원에 비해 우수한 등급을 받기 힘들다는 것을 사정관들은 잘 알고 있습니다. 오히려 현재에 안주하지 않고 도전하는 자세를 우수하게 평가할 수도 있습니다. 자신을 발전시킬 수 있다면 어려운 과목이나 소수 인원 수강 과목에 도전하는 것도 좋습니다. (서울대학교 학생부 종합 전형 안내 참조)

**2** 학생부 종합 전형을 준비 중인데 활동이 많아서 공부할 시간이 부족해요.

**상담 예시**

학생부 종합 전형이 교과 성적을 정량화하여 판단하지는 않지만, 활동에 치중한 나머지 학업을 등한시하면 학생의 학업역량이나 계열(전공) 적합성을 판단할 수 있는 중요한 수단을 잃게 됩니다. 꼭 필요한 활동으로 줄이는 것이 좋겠네요. 보여주기식 활동은 긍정적 영향을 전혀 주지 못합니다.

**3** 나에게 중요한 과목, 진로에 맞는 과목에 더 집중해야 할까요?

**상담 예시**

상위권 학생이 상위권 대학에 진학하려면 과목의 편식은 좋지 않습니다. 진로가 변경될 수도 있고, 편중된 공부는 면접과 수능에서도 좋은 성적을 받기 힘들기 때문입니다. 그러나 중위권 또는 하위권 학생이라면 전략적인 집중이 필요할 수도 있어요. 그래도 첫 시험이니 최선을 다해 보도록 하고 중간고사 이후에는 맞춤별 상담에 들어가는 것이 좋겠습니다.

**4** 리더십을 보여주기 위해 동아리를 새로 만들어야 할까요?

**상담 예시**

세상에 리더만 존재하는 것은 아닙니다. 리더가 소수라면 대부분은 따르는 사람들이죠. 따라서 훌륭한 팔로십도 필요합니다. 또한, 리더십을 거창하게만 생각하지 말고, 체육대회 때 멋지게 응원을 주도하거나 학급 회의 시간에 논리적 의견을 제시하고 반대 의견에 침착하게 대응하는 것도 리더의 자질을 충분히 보여줄 수 있는 사례가 될 수 있습니다.

**신학기 마음 다잡기**

3월의 교실 분위기는 1년 동안의 분위기를 형성하는 데 매우 중요하다. 상담을 통해 학업에 관심이 없는 학생의 원인을 파악하여 용기를 주고 함께 진로를 준비해 나가고 지지해 주는 것이 필요하다. 관심 있는 대학과 학과의 홈페이지를 검색하거나, 진로 인터뷰, 독서 등을 통해 진로를 설계하도록 조언할 수도 있다. 학생이 왜 공부를 해야 하는지, 어떤 공부를 해야 하는지에 대해 깨닫는다면 더 의미가 있을 것이다.

새 학년을 맞은 교실에는 자기 주도적으로 학습하는 학생, 자신의 진로 준비가 잘 계획되어 있는 학생, 작년과 다른 진로를 희망하는 학생, 아무런 의욕이 없는 학생 등 각양각색의 학생이 존재할 것이다. 진로에 확신이 없는 학생지도를 위한 몇 가지 레시피를 소개한다.

### 진로에 불안한 학생

학생과 상담을 하면 진로에 확신이 있는 학생도 자신의 선택이 맞는지 불안하다며 '갔는데 아니면 어쩌죠?', '친구들은 저의 진로가 확실하다고 부러워하지만, 사실은 혼자서 속앓이할 때가 많아요.', '지금 진로가 바뀌었다고 하면 부모님이 실망하실 것 같아요.' 등의 다양한 속내를 꺼내 놓는다. 이런 경우, 사용하면 좋은 예시가 스티브 잡스의 연설로 유명해진 스탠퍼드 졸업식 동영상과 계획된 우연 이론이다. 스탠퍼드 대학 졸업식 연설에서 스티브 잡스는 양부모가 모아둔 평생의 재산이 모두 자신의 학비로 쓰임을 알고 대학을 중퇴해 버린다. 하지만 그는 학교를 떠나지 못하고 여러 교양 과목을 청강 혹은 도강을 하는 도중 우연히 서체(calligraphy) 수업을 듣게 된다.

그로부터 10년의 세월이 지난 후, 잡스는 매킨토시 컴퓨터를 디자인하면서 그때 들었던 캘러그래피를 응용하였다. 이 캘러그래피는 아무 글자나 그냥 편하게 자판을 통해 쳐주면 된다는 사람들의 뇌리에 아름다운 글자를 각인시켜 주었다. 잡스는 이렇게 말한다. '만약 학비가 풍부해서 자퇴하지 않았더라면, 서체 수업을 들을 기회도 없었고, 맥(Mac)은 아름다운 서체를 갖지 못했을 것이다. 그리고 컴퓨터에는 단조로운 글꼴만이 존재하였을 것이다. 과거의 무수한 일상들이 모여 현재와 미래를 연결한다'는 결론으로 마무리한다.

잡스의 우연한 일들이 새로운 창조 활동에 쓰여 세계를 변화시킨 것처럼, 학생들의 우연한 오늘과 내일이 쌓여 그들의 앞날에 크게 쓸모있게 될 것이다. 학생에게 미래를 불안하게 생각하지 말고 현실을 의연하게 받아들이라고 격려하면 좋겠다. 잡스의 실패를 두려워하지 않는 도전과 경험은 존 크롬볼츠(John Krumboltz)의 '계획된 우연(Planned Happenstance)'에[3] 딱 맞는 사례라고 생각한다

---

3) 존 크롬볼츠(John Krumboltz)의 사회학습이론 중 하나인 계획된 우연(Planned Happenstance)이란 사람의 삶에서 만나게 되는 다양한 우연적인 사건들이 긍정적인 효과를 가져와서, 그 사람의 진로에 영향을 미친다는 뜻이다. 진로 선택의 경우, 적성이나 흥미를 중요시하지만, 우연도 그와 만만찮은 큰 영향을 미치는데, 개인의 노력이나 역량에 따라 우연한 사건을 자신의 진로나 삶에 긍정적 영향을 미치게 할 수 있다.

## 좋아하는 일 vs 잘하는 일

진로에 대해 확신이 없거나, 진로가 계속 바뀌거나, 진로가 없는 학생에게 다음 질문으로 시작해 보자.

**"좋아하는 일과 잘하는 일 중 어떤 일을 해야 할까?" 정답은 좋아하면서 잘하는 일을 선택하면 된다.** 스포츠를 좋아하지만, 운동을 잘하지 못하는 학생의 꿈이 운동선수라면 피나는 노력을 하더라도 성공하기 힘들 것이다. 만약 이 학생이 정보를 분석하여 소통 및 전달하는 역량이 있다면 스포츠 기자에 도전할 수 있을 것이고, 기초과학의 습득력이 빠르며 연구 활동에 자신이 있다면 스포츠과학에 도전하라는 조언이 가능할 것이다. 하나만 보고 진로에 대해 고민했던 학생은 아마 생각보다 많은 선택권이 있음에 충분히 기뻐할 것이다.

## 스스로 하는 분위기 조성하기

학생 스스로 자기 규칙을 세워 지키는 태도를 기르기 위해 목표 세우기를 해보자. 담임 시간에 매일 지켜야 할 자신과의 약속 3가지를 적게 한다. 그리고 매일 종례 시간에 지킨 정도에 따라 스티커를 붙일 표를 만들어 교실 벽에 게시한다. 한 달간의 누적 결과에 따라 성실한 학생을 칭찬하고, 그렇지 못한 학생에게도 다음 달에는 목표점수에 도달해 보도록 노력하자는 응원을 보낸다. 이 활동의 핵심은 학생끼리 상호비교가 아니라 자신과의 약속을 지키는지에 있다. 학생 스스로 어떻게 생활했는지 시각적인 효과를 통해 스스로 반성하고 성장하게 하는 것이 목표라는 것을 학생에게 미리 안내하여야 할 것이다. 이 활동을 확장하면 학생부의 '행동특성 및 종합 의견'란의 성실, 약속 지키기를 기록할 소재가 될 수 있다.

| A 학생 규칙 | ① 수업 시간에 졸지 않기 | ② 수업 후 5분 복습 | ③ 영단어 30개 외우기 |
|---|---|---|---|
| B 학생 규칙 | ① 지각하지 않기 | ② 필기하기 | ③ 점심시간 10쪽씩 독서 |
| C 학생 규칙 | ………………………………… | | |
| | ………………………………… | | |

| 학생\날짜 | A학생 | B학생 | C학생 | D학생 | E학생 | F학생 | G학생 | H학생 | I학생 | J학생 | K학생 | L학생 | M학생 |
|---|---|---|---|---|---|---|---|---|---|---|---|---|---|
| 1 | ○ | ○ | ○ | ○ | ○ | ○ | ○ | ○ | ○ | ○ | ○ | ○ | ○ |
| 2 | X | ○ | ○ | X | ○ | △ | ○ | ○ | ○ | ○ | ○ | △ | ○ |
| 3 | ○ | ○ | ○ | ○ | △ | ○ | ○ | ○ | ○ | ○ | ○ | ○ | △ |
| 4 | ○ | ○ | ○ | ○ | ○ | ○ | ○ | ○ | X | ○ | ○ | ○ | ○ |
| ……… | | | | | | | | | | | | | |
| 27 | ○ | ○ | ○ | ○ | ○ | ○ | ○ | ○ | ○ | ○ | X | ○ | ○ |
| 28 | ○ | △ | ○ | ○ | △ | ○ | X | ○ | ○ | ○ | X | X | ○ |
| 29 | △ | △ | ○ | ○ | ○ | ○ | ○ | ○ | ○ | ○ | X | ○ | ○ |
| 30 | | | | | | | | | | | | | |

\* 3개(●), 2개(▲), 0 또는 1개(X)

**자기주도학습 실천 지도**

**자기주도학습 실천 파악하기**

학생이 자기주도학습을 얼마나 실천하고 있는지 그 실천 정도와 변화된 부분을 파악하자. 이를 통해 학생을 상담할 때 학생의 자기주도학습 실태를 점검할 수 있게 상황에 알맞은 조언을 할 수 있다. 학생이 솔직하게 내용을 작성하게 하고 이를 통해 심리적으로 긍정적인 변화가 일어나는지 확인한다. 만약 학생에게 긍정적인 생각이나 변화가 없다면 그 원인이 무엇인지 파악하여 적절한 지도와 조언을 하는 것이 필요하다.

## 자기주도학습 실천 확인

| 점검사항 | 작성유무 | 도움이<br>필요한 정도 | 보완방안 |
|---|---|---|---|
| 공부하는 이유 만들기 | O / X | 상, 중, 하 | |
| 원하는 직업의 조건 찾기 | O / X | 상, 중, 하 | |
| 시간관리 실태점검 | O / X | 상, 중, 하 | |
| 진로끝판왕 1권에<br>시간관리 매트릭스 | O / X | 상, 중, 하 | |
| 주간계획서 | O / X | 상, 중, 하 | |

| 변화된 부분 | 긍정 | |
|---|---|---|
| | 부정 | |
| 변화의 원인 | | |

자신만의 노하우를 친구에게 알려주는 활동을 학교생활기록부의 나눔과 배려로 연결 지으면 좋습니다. 자치활동을 활용하여 자기만의 공부 Knowhow를 공유하는 시간을 갖습니다. 특히, 특정 과목을 잘하는 학생들의 과목 공부 비법을 발표하여 격려하는 것도 좋은 방법입니다.

## 나만의 공부법 Knowhow

_____학년 _____반 _____번 성명 : _____

※ 공부가 잘 되는 과목의 공부법을 적어주세요.

| Knowhow | | 내 용 |
|---|---|---|
| 공부 방법 | | |
| 공부하는 순서 | | |
| 외우는 요령 | | |
| 시간관리 요령 | | |
| 필기방법 | | |
| 오답지 작성 방법 | | |
| 시험 준비 방법 | 내신 | |
| | 모의고사 | |
| 기    타 | | |

# 2

# 진로 기반의
# 진학 전략

# 2

# 진로 기반의 진학 전략

학생이 방학 동안 얼마나 열심히 공부했는지는 3월 전국 연합 평가를 통해 검증된다. 시험을 통해 학생이 자신의 위치를 점검하고 취약한 부분을 보완하도록 지도한다.

##  객관화하기

진로 끝판왕 1권에서 대입정보포털(어디가)을 통해 직업, 대학 및 학과정보에 대해 탐색해 보았다면, 이제 지금까지의 시험 결과를 통해 학생들의 실제 위치를 알아보고 남은 고등학교 기간을 어떻게 보내야 할지에 대해 계획해 보자.

### 대입정보포털로 성적 분석하기
대입정보포털 '어디가'를 이용해 전년도 성적과 자신의 위치를 파악하게 하자. 학생의 환산점수는 대학에서 제공할 경우 확인이 가능하다.

### 1. 성적분석 - 학생부 성적분석

     진로정보    대학/학과/전형    성적분석    대입상담    대입정보센터    마이페이지

**① 성적분석 – 학생부 성적입력**
대입정보포털(어디가)의 성적분석화면에서 학생부성적을 입력합니다. 추가하기+ 버튼을 이용해 전체 교과목의 성적을 모두 입력합니다. (단위수, 등급은 필수 입력) 수시 전형에서는 3학년 1학기까지의 내신 성적이 반영되지만, 졸업생은 3학년 2학기까지의 성적을 반영하는 대학도 있습니다.

**② 학생부 성적분석**
입력이 끝나고 분석 버튼을 누르면 총 7가지의 주요교과(국, 영, 수, 사, 과)분석과 교과조합으로 학생부 성적이 표와 교과 추이 그래프 등으로 분석됩니다. 각 조합 중 가장 우수한 성적순으로 표와 그래프가 제공되며, 그래프의 경우 학년별 반영비율을 선택하면 해당 비율별 우선순위로 나타납니다.

## 2. 성적분석 - 수능 성적분석

### ① 성적분석 - 수능/모의고사 성적입력
STEP1 메뉴의 수능/모의 성적입력을 눌러 성적을 입력합니다.

### ② 수능성적분석
수능성적분석을 누르면 영역별 성적에 대한 표준점수와 백분위 정보가 나옵니다. 화면 상단 왼쪽의 [반영영역수]를 선택하면 반영하는 영역에 따른 조합과 성적이 분석됩니다. '탐(1)'은 탐구 1개 반영하는 경우이고, '탐(2)'는 탐구를 2개 반영하는 경우입니다. 해당 조합으로 선발하는 대학이 있는 경우에는 붉은색 글씨로 표시됩니다. 붉은색 글씨의 조합을 클릭하면 해당 대학이 표시됩니다. 희망하는 대학교를 클릭하게 되면 해당 전형 및 학과의 성적분석 화면이 활성화됩니다.

| 국+영 | | 134(134) | | 89(89) |
|---|---|---|---|---|

ⓘ : 관심대학

| 반영비율 | 비율적용<br>백분위 | 활용지<br>표 | 반영대학 |
|---|---|---|---|
| 80/20 | 71.2 | 백분위<br>+표준<br>점수 | [1개] 한양대학교 [본교] |

위 그림은 국+영을 클릭했을 경우이며, 반영비율은 80/20은 국어 80% + 영어20%를 의미합니다. 비율적용 백분위는 반영비율을 적용했을 때의 백분위 점수이며, 위의 경우 국어가 80%로 반영되었을 때의 백분위 점수가 71.2임을 의미합니다. 정시 상담 기간에는 전년도 점수와 학생의 점수가 산출되어 비교할 수 있습니다.

## 3 성적분석 - 대학별 성적분석

대학/학과/전형에서 검색하는 화면과 같은 화면이 나옵니다. 수시와 정시로 구분하여 검색할 수 있습니다. 수시는 입력한 학생부 성적을 기반으로, 정시는 입력한 수능/모의고사 성적을 기반으로 성적이 산출됩니다.(학생의 환산점수는 수시는 7월에, 정시는 11월에 제공됨) 검색화면을 통해서 직접 대학과 학과를 검색하여 분석할 수도 있습니다. 희망하는 전형에서 [선택] 버튼을 누르고 [추가하기] 버튼을 클릭하면 나의 선택학과에 등록됩니다.
나의 성적에서 입력한 성적을 확인하고 분석을 클릭하면 해당 전형의 분석결과를 볼 수 있습니다.

### 03 나의 성적

**학생부성적**

ⓘ 입력이 안되거나 과목수가 충분하지 않은 경우 다른 성적을 참조하게 되므로 정확도가 떨어집니다

| 1학년 | | 2학년 | | 3학년 | | 비교과 | |
|---|---|---|---|---|---|---|---|
| 1학기 | 2학기 | 1학기 | 2학기 | 1학기 | 2학기 | | |
| 보기 | 보기 | 보기 | 보기 | 보기 | 입력 | 입력 | 분석하기 |

분석

대학/학과/전형 메뉴를 활용해서 관심 사항으로 등록해 놓은 경우, 나의 관심 전형에서 [선택] 메뉴를 통해서 분석할 수 있습니다. [선택]을 누르고 [추가하기]를 클릭하면 나의 선택학과에 등록되며, 나머지 과정은 전형 직접검색과 동일합니다.

* 대입정보포털의 성적 분석을 통해 현재 학생의 위치와 희망 대학/학과에 대해 조사해 봅시다.

## 학생부 성적 분석 - 주요교과분석

| | | | |
|---|---|---|---|
| 상승 중인 교과목 | | 하락 중인 교과목 | |
| 유지 중인 교과목 | | 가장 우수한 교과목 | |

## 학생부 성적 분석 - 교과조합분석

| | | | |
|---|---|---|---|
| 가장 유리한 조합 | | 가장 유리한 반영비율 | |
| 학습 계획 | 상승중인 교과:<br>하락중인 교과:<br>유지중인 교과:<br>더 집중해야할 교과 : | | |

## 수능 성적 분석

| | | | | |
|---|---|---|---|---|
| 반영 영역수 2인 경우<br>관심 대학(    ) | 영역 조합 | | 반영비율 | |
| | 비율적용<br>백분위 | | 활용지표 | |
| 반영 영역수 3인 경우<br>관심 대학(    ) | 영역 조합 | | 반영비율 | |
| | 비율적용<br>백분위 | | 활용지표 | |
| 반영 영역수 4인 경우<br>관심 대학(    ) | 영역 조합 | | 반영비율 | |
| | 비율적용<br>백분위 | | 활용지표 | |

## 대학별 성적분석 - 수시

| | | | |
|---|---|---|---|
| 관심대학:<br>관심학과: | 관심 전형 | | |
| | 학년별 반영비율 | | |
| | 전년도 결과 | | |
| | 내점수 | 환산점수 : | 등급: |
| 관심대학:<br>관심학과: | 관심 전형 | | |
| | 학년별 반영비율 | | |
| | 전년도 결과 | | |
| | 내점수 | 환산점수 : | 등급: |

## 대학별 성적분석 - 정시

| | | | |
|---|---|---|---|
| 관심대학:<br>관심학과: | 관심 전형 | | |
| | 과목별 반영비율 | | |
| | 전년도 결과 | | |
| | 내점수 | 환산점수 : | 등급: |
| 관심대학:<br>관심학과: | 관심 전형 | | |
| | 과목별 반영비율 | | |
| | 전년도 결과 | | |
| | 내점수 | 환산점수 : | 등급: |
| 학습 계획/목표 | | | |

**집중할 전략 세우기**

학생이 활동한 비교과를 분석하고 대입정보포털(어디가)의 희망 직업 및 대학/학과 탐색 결과
와 성적분석을 통해 남은 기간 무엇에 더 집중할 것인지 파악하도록 지도해야 한다. 현재 학생
의 위치에서 대학과 학과를 추린 뒤 학교별 평가 요소를 비교해 보자.

인문계열인 A 학생의 내신 등급이 2등급 초반이고, 희망 대학이 다음과 같다고 가정해보자.[4]

| 대학 | 전형 | 전형방법 | 산출지표/학년별비율 | 수능최저학력기준 |
|---|---|---|---|---|
| 국민대 | 교과성적우수자 (교과100%) | 국어, 영어, 수학, 사회과에 속한 전과목 | 석차등급/학년구분없음 | 국어, 수학(가/나), 영어, 사/과탐 1과목 3개 영역 중 2개 영역 등급 합이 50이내 |
| 단국대 (죽전) | 학생부교과우수자 (교과100%) | 국어 30%, 영어 30%, 수학 20%, 사회 20%에 속한 전과목 | 석차등급/학년구분없음 | 국어, 수학(나), 영어, 사/과탐1과목 중 2개 영역 등급 합이 6 이내 |
| 세종대 | 학생부 우수자 (교과100%) | 국어, 영어, 수학, 사회, 과학 교과에 속한 전과목 | 석차등급/학년구분없음 | X |

이 경우 A학생이 수능 최저 학력 기준을 충족할 가능성이 희박하다면 세종대가 더 유리할 것이
기에 내신 성적에서 과학과목을 포함한 5과목에 더 집중해야 할 것이다. 반대로 수능 최저기준
을 충족할 가능성이 있을 경우는 국, 영, 수, 사 4과목의 내신 성적과 수능 공부에 더 집중해야
한다. 학생의 비교과 실력이 우수하면 학생부 종합 전형 대비도 병행하면 좋다. 하지만 다른 활
동이 없다면 내신과 수능최저학력기준 충족에 집중하는 것이 유리하다. 학년별, 성적 등급별 과
목 학습법과 진로 희망에 따른 이와 같은 공부 로드맵을 '공부끝판왕(꿈두구)'에서 제공하니 참
고하자.

---

4) 전년도 합격자 성적이 막연할 때에는 대학 입학처의 자료실에서 입시 결과를 활용하거나 대학어디가(www.adiga.kr)의 자료를 참고하면 좋다.

각 대학은 해당 대학의 재학생을 교육하고자 하는 방향을 인재상에 담고 있다. 대입에서 학생 선발 시 인재상을 비중있게 평가하기도 하지만, 학생부 종합 전형을 위한 인재상이 별도로 존재 하거나 인재상 없이 학생을 선발하는 경우도 있다. 학생이 대학에서 학업을 이어갈 때에 필요한 역량을 미리 갖출 수 있도록 도와주자.

학생부 종합 전형 준비를 위한 조언(출처 : 대입정보 119)

**가) 진로희망 분야를 구체화하라.**

학생부 종합 전형은 학업역량 외 전공적합성, 발전가능성 등의 요소를 종합적으로 평가하므로 방향성 을 가지고 준비를 하는 것이 바람직하다. 따라서 학교생활과 교과학습에 대한 기본을 바탕으로 막연한 성 실성보다는 구체적인 관심분야를 가지고 학교생활을 하는 것이 학생부 종합 전형의 출발로 볼 수 있다.

**나) 교과 수업시간에 충실하라.**

학생부 종합 전형에서 가장 핵심적인 것은 교과 수업과 학교 활동의 연계를 통한 성장과 발전이다. 따 라서 평소 학교수업에 적극적으로 참여하고, 수업시간에 느낀 지적호기심을 다양한 자료, 질문과 독서 등을 통해 해결하면서 역량을 길러야 한다. 자기소개서를 통해 그 과정이 설명되면 좋은 평가를 받을 수 있다.

**다) 수능 최저학력기준은 여전히 중요하다.**

학생부 종합 전형에서 수능 최저학력기준을 적용하지 않는 경우가 많지만 서울대(지역균형선발), 고려 대, 부산대, 충북대, 홍익대 등 일부 대학은 수능 최저학력기준을 적용하므로 수능최저학력 기준 충족 에 대한 준비가 필요하다.

**라) 자기소개서를 미리 작성해 본다.**

2학년 말에 자기소개서를 미리 작성하며 학교생활 중 의미 있는 활동에 대해서 왜 했는지, 무엇을 느 끼고 배웠는지에 대해 점검할 필요가 있다.

**마) 대학별 학생부 종합 전형 평가요소를 확인한다.**

학생부 종합 전형을 진행하는 평가요소가 대학별로 약간의 차이를 보이 있어, 평가요소에 따른 서류 점검도 고민해 볼 수 있다. 각 대학에서는 학생부 종합 전형 가이드북을 통해 정보를 제공하고 있으며, [대입정보포털 '어디가' - 대입정보센터 - 대학별입시정보 - 학생부 종합 전형]에서도 대학별 학생부 종합 전형의 전형요소, 전형방법, 준비방법 및 사례를 확인할 수 있다.

**다** 외부자원 이용하기

어느 학교나 진로특강, 진로 캠프가 하나쯤은 계획되어 있을 것이다. 외부인을 초청하기보다 졸업생이나 학부모를 활용하는 방법도 있다. 꿈길, 위메이저 (www.wemajor.or.kr)나, 커리어넷의 직업인 및 학과 인터뷰를 활용해도 좋다. 요즘은 학생이 직접 계획을 세우고 그룹별로 진행되는 진로 체험활동이 많다. 학생의 진로 희망은 다양하고 원하는 장소도 가지각색이나 지도 교사수에 맞춰 체험 장소나 종류가 제한적일 수밖에 없다. 진로체험을 기획할 때, 학부모를 명예교사로 위촉하면 함께 체험활동을 떠날 수 있어 체험 장소가 풍성해진다.

각 대학에서 다양한 체험활동과 캠프를 진행하여 학생들에게 전공 관련 진로체험 거리를 제공해준다. 이러한 내용은 공문으로 오기도 하지만, '대학어디가(www.adiga.kr)'의 '대입정보센터'에서 대학별로 제공하는 다양한 정보를 확인할 수 있다. 또한, 공교육 교사 중심의 교육연구 봉사단체인 '오늘과 내일의 학교'에서도 다양한 특강이나 캠프, 지역별 체험 자료가 올라온다. 좋은 자료를 공유하는 이런 밴드에 가입하여 도움을 받는 것도 필요하다.

### 취업과 대학

대학과 연계된 취업에 관심이 있고 특정 분야에서 역량이 뛰어난 학생이라면 대학의 간판 학과인 특성화학과를 추천해주자. 산업의 수요에 맞춘 이러한 학과는 대학의 지원과 특화된 커리큘럼으로 각종 장학금과 취업의 혜택이 주어진다.

교사의 Tip

특성화학과는 국가 주도 특성화, 계약학과, 기업 차원의 후원, 대학 자체 개발〈자유전공학부 개편형, 인재학부형〉 등 보통의 학과와는 다른 특성을 가진 학과를 일컫습니다. 보통 우수 학생 유치를 위해 풍부한 장학 혜택, 많은 해외 연수 기회 등의 혜택을 줍니다. 이 중 계약학과는 대학이 기업과 계약을 맺고 기업이 요구하는 특정 분야를 전공으로 개설하여 취업이 100% 보장되는 학과를 의미합니다. 이런 특성화학과에 관심이 많은 학생이라면 '공학계열 진로, 진학, 직업(꿈구두)'이라는 책을 추천해 주세요. 특성화 학과에 대한 자세한 소개와 더불어 학생부 작성 팁도 세세하게 알려줍니다.

## ● 상위 15개 대학 주요 특성화학과 ●

인문계열 ← | → 자연계열

| 인문계열 | 대학 | 자연계열 |
|---|---|---|
| 글로벌비즈니스학과, 기술경영학과, 부동산학과 | 건국대 | KU융합과학기술원, 생명과학특성화학과 |
| 국제학과 | 경희대 | 소프트웨어융합학과, 정보디스플레이학과 |
| - | 고려대 | 사이버국방학과, 컴퓨터학과, 반도체공학과(신설) |
| 경찰행정학부 | 동국대 | 바이오시스템대학 융합에너지신소대공학과 |
| | 서강대 | |

글로벌한국학전공 아트&테크놀로지 전공

| 세무학과, 도시행정학과, 도시사회학과, 도시공학과, 교통공학과 | 서울시립대 | - |
| 글로벌경영학과, 글로벌경제학과, 글로벌리더학부 | 성균관대 | 반도체시스템공학과 소프트웨어과, 글로벌바이오메디컬공학과 |
| 글로벌서비스학부, 문화관광외식학부, 사회심리학과 테슬(TESL)전공 | 숙명여대 | 공과대학 |
| - | 연세대 | 시스템반도체공학과 |
| 국제사무학과 | 이화여대 | 융합학부 소프트웨어학부(사이버보안전공), 차세대기술공학부(전자전기공학전공) |

스크랜튼학부 미래사회공학부(기후/에너지시스템전공), 휴먼기계바이오공학부

| 글로벌금융학부, 아태물류학부 | 인하대 | 에너지자원공학 |
| 공공인재학부, 국제물류학부, 글로벌금융 미디어커뮤니케이션학부, 산업보안학과* | 중앙대 | 에너지시스템공학부, 융합공학부, 소프트웨어대학산업보안학과* |
| LT학부, LD학부, ELLT학과, EICC학과 | 한국외대 | |
| 행정학과, 정책학과, 파이낸스경영학과 | 한양대 | 데이터사이언스학과, 미래자동차공학과, 융합전자공학부, 에너지공학과, 컴퓨터소프트웨어학부 |

*중앙대 산업보안학과-인문/자연계열 동시 선발 진행  *2021학년도 기준
출처 :베리타스알파(2020-02-19) http://www.veritas-a.com/news/articleView.html?idxno=313519

| 대학 | 조기취업형 계약학과 |
|---|---|
| 경일 대학교 | 스마트팩토리융합, 스마트전력인프라, 스마트푸드테크 |
| 목포 대학교 | 첨단운송기계시스템, 스마트에너지시스템, 소프트웨어, 스마트비즈니스 |
| 전남 대학교 | 기계IT융합공학, 스마트융합공정공학, 스마트전기제어공학 |
| 한국 산업 기술 대학교 | ICT융합공학, 창의디자인, 융합소재공학 |
| 한양 대학교 에리카 | 소재부품공학, 로봇공학, 스마트ICT융합, 건축IT융합 |

# III

# 고등학교의 진학 전략

# 1

# 선택 과목과
# 진학 체계 준비

가. 진로에 필요한 교과 선택

나. 진로 희망 분야와 대학 그리고 전형

다. 학생부, 자소서, 면접

# 선택 과목과 진학 체계 준비

고3이라는 터널에 진입하는 길목에서 학생 각자가 자신의 위치에서 점검해야 할 최종 포인트를 확인해 준다.

 **가** 진로에 필요한 교과 선택

2015 개정 교육과정은 창의융합형 인재 양성을 위해 배움을 즐기는 행복교육을 목표로 한다. 문이과 구분 없는 공통과목을 도입하고 학생의 적성과 진로에 따라 선택 가능한 진로 선택 과목 제는 교육과정 개정의 큰 줄기이기도 하다. 전국의 고등학교는 학생 수는 감소하는데 과목을 선택함으로 인한 내신의 불리함과 다양한 과목을 개설하는 문제로 고민에 빠져있다.

## 과목 선택의 중요성

학생 수의 감소로 인한 최상위권이 없는 상태에서 교육부는 학생부 기재 간소화 방안을 발표하고 대입에서 학교 프로파일을 폐지시켰다. 무엇으로 학생을 평가하는가에 대한 고민은 전국의 고등학교뿐만 아니라 대학에서도 하고 있다. 평가기준이 애매한 상황에서 어떤 과목 선택이 유리할지, 대학은 이 부분을 어떻게 평가에 반영할 것인지에 대해 '대입정보 119'에 실린 예시를 통해 살펴보도록 하자.

| 대학 입시에서 과목 선택의 중요성 |

## (1) 학생부 종합 전형에서 서류 평가와 선택과목

### 가) 학업역량

#### 1) 학업 성취도

· 전체적인 교과성적은 다른 지원자들에 비해 어느 정도인가?

· 학기별/학년별 성적은 고르게 유지되고 있는가?

· 학기별/학년별 성적은 상승/하락하고 있는가?

· 대학 수학에 필요한 기본 과목(예: 국어 수학 영어 사회/과학 등)성적은 어느 정도인가? 그 외 과목 성적은 전반적으로 무난한가? 유난히 소홀함을 보인 과목은 없는가?

· 희망 전공과 관련된 기본 과목은 어느 정도 이수했는가?

· 희망 전공과 관련하여 도전적인 과제나 과목을 이수하기 위해 어떤 노력을 하였는가?

· 희망 전공과 관련된 과목과 다른 과목의 성적 차이는 어느 정도인가?

· 과목별 이수자 수의 규모는 어느 정도인가?

· 과목별 등급 외에 원점수(평균/표준편차 포함)는 적절한가?

● S대학은 교과목 이수 내용을 지식의 양과 폭, 사고의 깊이에 대한 평가 요소 중 하나로 제시했다.

● M대학은 학업역량의 평가 요소로 대학 학업역량에 필요한 기초 학업 능력 이수를 평가 요소로 명시했다.

● 전공과 관련한 과목이라면 비록 그 과목이 어렵더라도 이수하기를 바란다.

● D대학은 소속학교에서 제공된 교육과정에서 듣고 싶은 과목을 선택한 과정, 학교 및 소속학교 계열의 규모 등도 함께 고려함을 명시했다.

● K대는 대입 교과 이수 기준에서 '진로 희망에 따라 과학Ⅱ 과목 이수를 권장한다.'라고 명시하여 학생의 도전적인 과목 이수를 권장하고 있다.

● S대는 대학 전공 기초 소양이라고 하여 전공 관련 교과 학업성취도 및 성적 추이, 주요교과의 이수 상황 및 심층 내용을 제시한다.

#### 2) 학업태도 및 학업의지

· 새로운 지식을 획득하기 위해 자기 주도적인 태도로 노력하고 있는가?

· 자발적인 성취동기와 목표의식을 가지고 넓고 깊게 학습하려는 의지와 열정이 있는가?

· 교과 활동을 통해 지식의 폭을 확장하고 새로운 것을 창출하려는 노력을 하고 있는가?

· 교과 수업에서 적극적이고 집중력이 있으며 스스로 참여하고 이해하려는 태도와 열정을 보이는가?

- 학업에 대한 내적 동기와 의지를 학생의 과목 선택을 통해서 짐작할 수 있다.
- 학생이 어떤 교과목을 어떻게 선택하여 이수하였는지를 살펴 학생의 자기주도성을 확인할 수 있다. 자발적인 성취동기와 목표의식을 가진 학생은 진로에 필요한 과목을 스스로 선택하여 이수할 것이다. 학생은 자신의 과목 이수 이력을 통해서 자신의 학업에 대한 동기나 목표를 제시할 수 있다.
- S대는 지원자의 선택과목/선택 학습활동 이수 내용과 이수 과정을 고려한 개인 역량 파악, 학생의 교과목 선택 주도성, 도전 의지 등을 평가 세부내용으로 제시했다.
- K대학은 선택 가능 과목 등을 고려하여 지원자의 학업에 대한 의지와 열정 등을 평가한다고 밝혔다.
- M대는 도전 정신을 학생부 종합 전형의 가장 핵심적인 평가 요소로 제시했다.

### 3) 탐구 활동 : 세부 평가 내용은 아래와 같다.

· 교과에서 이루어지고 있는 탐구활동에 적극적으로 참여하고 있는가?
· 각종 교과 탐구활동을 통해 창의적인 결과물을 산출하고 있는가?
· 탐구 활동에서 표출되는 학문에 대한 열의와 지적 관심을 가지고 있는가?
· 성공적인 학업 생활을 위해 적극적인 탐구 의지와 호기심을 가지고 있는가?

### 나) 전공 적합성

- 전공적합성은 고교 교육과정에서 전공 관련 활동과 준비를 완료하는 것이 아니라 대학 공부에 필요한 기초 소양을 쌓아가는 과정을 평가한다.
- 전공적합성은 대학 입학 후 해당 전공을 수학(修學)할 때 필요한 기초 소양과 자질을 의미한다.

### 1) 전공 관련 교과목 이수 및 성취도 : 세부 요소는 아래와 같다.

· 지원 전공(계열)과 관련된 과목을 어느 정도 이수하였는가?
· 지원 전공(계열)과 관련해 스스로 선택하여 수강한 과목은 얼마나 되는가?
· 지원 전공(계열)과 관련된 교과 성적이 우수한가? (이수단위, 수강자수, 원점수, 평균, 표준편차 참고)

- 통계학이나 경제학 등을 전공할 경우 미적분 수준까지의 수학 교과의 학습이 필요하다.
- 산업디자인과 등의 전공에서는 정보와 관련한 교과의 이수가 필요할 수 있다.
- D대에서는 2020 학생부 종합 전형 가이드북에서 일부 모집 단위의 전공 관련 교과를 밝혔다.
- 전공 관련 교과의 성취가 낮고, 전공 관련 과목이 학교에 개설되어 있음에도 해당 학생이 이수하지 않았을 경우 평가에서 좋은 점수를 받기 어렵다.
- H대학의 2017년 조사에서 '학생이 이수한 선택 과목을 학생부 종합 전형 서류 평가에 반영한다면 어떠한 평가요소에 반영하겠습니까?'라는 질문에 전공적합성이 42.2%로 가장 높았고, 학업역량이 31.4%로 다음을 이었다.
- K대학 자연계열 합격자의 과학Ⅱ 과목 이수 상황을 분석한 결과에 의하면 물리Ⅱ는 합격자의 이수 비율이 지원자의 이수율에 비해 높다.

## 자연계열 전체 지원자와 합격자 간 과학Ⅱ 이수비율 차이

| 과목 | 과학Ⅱ 이수 비율 | | |
|---|---|---|---|
| | 지원자 | 합격자 | 합격자 비율 - 지원자 비율 |
| 물리Ⅱ | 35.57% | 46.75% | 11.18 |
| 화학Ⅱ | 72.70% | 75.32% | 2.62 |
| 생명과학Ⅱ | 68.94% | 65.80% | −3.14 |
| 지구과학Ⅱ | 27.45% | 32.47% | 5.02 |

● 교과목의 이수 여부뿐만 아니라 과목의 수준과 질을 개별적으로 평가한다.

〈 전공 관련 교과목의 범위 〉
· 전공에 필요한 과목을 너무 제한적으로 해석하지 말아야 한다.
· 과목 선택은 학생의 진로 목표에 따라 달라질 수 있다.
· 같은 전공을 지망하더라도 개인적 지향점이 다르면 다른 과목을 선택할 수 있다.
· 학생 자신이 좋아하는 과목을 엮어 전공 적합성을 만드는 것이 옳다.

'지향점에 따라 다양한 과목을 선택해 보세요.'
여러분의 목표와 그 과정에 필요한 사회 교과의 다른 과목이 있다면 그 과목을 공부하시는 게 나을 수 있습니다. 저와 다르게 여러분들은 '경제학 이론을 한국사에서 활용하고 싶다.', '한국의 철학사 연구를 해보고 싶다.', '지리학을 활용한 한국사 연구를 해보고 싶다.' 등의 목표를 가졌을 수도 있는 것 아닌가요? 그렇다면 여러분에게 필요한 과목은 「동아시아사」나 「세계사」가 아닌 「실용 경제」나 「윤리와 사상」 또는 「한국지리」가 될 수도 있습니다.

*서울대학교 2015 개정 교육과정에 따른 고교생활 가이드북 中*

## 2) 전공에 대한 관심과 이해

● 전공에 대한 관심과 이해는 지원 전공(계열)에 대한 궁금증을 해결하기 위해 주의를 기울인 태도와 알고 있는 정도를 의미한다. 이에 대한 평가 세부내용은 아래와 같다.

· 지원 전공에 대한 흥미와 관심이 있는가?
· 지원 전공에 대해 올바르게 이해하고 있는가?
· 자신의 경험과 지원 전공의 연관성을 설명할 수 있는가?

## (2) 선택 과목과 서류 평가에 대한 오해

### 가) 과목 인원수에 대한 오해

- 학생의 과목 선택을 확대하는 것에 대해 반대하는 가장 큰 논리는 이수 인원이 줄어들면서 상위 등급의 숫자가 줄어든다는 것이다. 300명이 한 과목을 이수하면 4%인 12등까지 1등급인데, 100명이 이수하면 4등까지만 1등급이니 등급을 받기가 어려워진다는 식의 주장이다.

- 대학들은 이미 평가 요소에서 과목의 인원을 고려함을 명시하고 있다. 서울대학교는 학업능력의 우수성을 판단하기 위한 평가 기준과 세부적인 평가 요소 중의 하나로 교과 성취도의 정성적 평가를 제시하면서 단순 석차등급 평균으로 판단하지 않음(학생 특성, 과목 특성, 시험 유형, 이수자 수 등 고려)을 명시하고 있다.

> **〈 이수 인원이 적어서 불리하다는 주장의 함정 〉**
>
> 학교 전체의 인원이 300명인데, 100명이 어떤 과목을 이수한다면 다른 200명은 무엇을 하고 있느냐? 300명을 단일한 과목을 이수할 경우와 100명으로 분할된 과목을 이수한 경우는 직접 비교할 수 없다. 300명이 A과목을 듣는 경우와 100명은 A과목, 200명은 B과목으로 나누어서 이수하는 경우로 보아야 한다. 100명이 이수하는 A과목에서 1등급은 4명, 200명이 이수하는 B과목에서 1등급 8명이 나온다. 총 12명의 1등급이 나오므로 300명의 학생이 모두 A과목을 듣는 것과 결국 동일하다.

### 나) 전문 교과의 이수가 유리하다는 오해

- 진로선택 과목으로 인정되는 전문 교과Ⅰ이나 전문 교과Ⅱ의 과목을 이수하면 대입에 유리하다고 생각하는 경우가 있다. 대학이 평가할 때에는 이수 인원, 과목별 세부능력 및 특기사항 등을 통해서 학생의 선택 여부, 실질적 수업내용을 살피고 있다.

- 대학들은 학생이 전문 교과Ⅰ을 이수한 경우 면접 등에서 확인하고 있다.

- D대는 2019 대입에서 수학과 지원 학생에게 '고급 수학을 학교에서 이수하였는데 어떤 내용을 배웠는지?'를 질문했다.

- 위계가 높은 과목을 이수한 학생이 그에 합당한 실력을 갖추지 못했다면, 학생에게는 불이익이 돌아갈 수 있다. 편성과 운영의 실제 다른 경우 대학은 해당 고등학교를 교육과정을 허위로 운영하는 학교로 평가할 수 있다.

(출처 : 대입 정보 119)

학생이 방학 중 학습 계획을 세우는 것에 대한 조언을 돕기 위해 선택형 수능 시험에 응시하게 되는 2022 대입에서 고려해야 할 몇 가지 사항을 정리한다. 수능 선택과목의 구조와 범위는 아래의 표와 같다.

● 수능 과목 구조 및 출제 범위 ●

| 과목(영역) | 2021학년도 | 2022학년도 | 점수체제 |
|---|---|---|---|
| 국어 | 독서, 문학, 화법과작문, 언어와 매체 中 언어 | 공통: 독서, 문학<br>선택: 화법과작문, 언어와 매체 中 택1 | 상대평가 |
| 수학 | 가(이과): 수학I, 확률과 통계, 미적분<br>나(문과): 수I, 수II, 확률과 통계 | 공통: 수학I, 수학II<br>선택: 확률과통계, 미적분, 기하 中 택1 | 상대평가 |
| 영어 | 영어I, 영어II | 영어I, 영어II | 절대평가 |
| 한국사 | 한국사 | 한국사 | 절대평가 |
| 탐구 | 일반계 : 사회/과학 중 택2<br>– 사회 9과목<br>– 과학 8과목(과학I, II) | 일반계: 사회, 과학 계열 구분없이 택2<br>– 사회 9과목<br>– 과학 8과목(과학I, II) | 상대평가 |
| | 직업계: 직업계열 중 택2<br>– 직업 10과목((농업, 공업, 상업, 수산, 가사 5개 계열별 2과목씩) | 직업계: 전문공통(성공적인 직업생활) + 선택(5개 계열중 택1)<br>– 직업: 6과목 (성공적인 직업생활, 농업기초기술, 공업일반, 상업경제, 수산/해운산업의 기초, 인간발달) | |
| 제2외국어 한문 | 9과목 中 택1<br>(독일어I, 프랑스어I, 중국어I, 일본어I, 러시아어I, 아랍어I, 베트남어I, 한문) | 9과목 中 택1<br>(독일어I, 프랑스어I, 중국어I, 일본어I, 러시아어I, 아랍어I, 베트남어I, 한문) | 절대평가 |

표에서 보듯이 국어와 수학에서 학생은 공통과목을 제외하고 선택과목 중 각각 한 과목씩 결정해야 한다. **학교에 개설된 과목을 이수한 후 자신에게 잘 맞는 과목을 선택하는 것이 합리적이다.** 하지만 선택과목을 3학년 때 이수해야 하거나 과목 수가 많은 경우 학습에 대한 부담이 커질 수 있다. 2학년 말이 되기 전에 대입 구조와 선택과목에 대해 진지하게 고민하도록 지도하자.

인문계열의 학생은 국어와 수학, 탐구(사탐과 과탐)의 선택에 크게 영향을 받지 않는다. 가장 자신 있는 과목으로 선택하면 된다. 하지만 수학의 미적분과 기하, 과탐 과목을 선택하면 자연계열 학생과 경쟁하여 상대평가로 점수가 산출되므로 불리하다. 인문계 학생은 수학의 확률과 통계와 사탐 과목을 선택하는 게 좋다.

자연계열 학생은 국어는 인문계열 학생처럼 자신 있는 과목을 선택하게 한다. 상위권 대학을 포함한 일부 대학은 수학에서는 미적분과 기하(확률과 통계를 선택하면 지원불가)를 과탐은 2과목(사탐 선택 시 지원 불가)을 지정하고, 과학에서 동일과목 I과 II과목 조합(예, 지구과학 I+지구과학 II)을 금지한 대학(고려대, 서울대, 성균관대, 연세대, 이화여대, 중앙대)이 있다. 상위권 학생은 이에 대비한 선택과목을 하도록 지도해야 한다.

중상위권 학생들은 기하보다 미적분을 선택하는 것이 공부하기에 수월하다. 중하위권 대학에 지원하는 학생은 확률과 통계를 고려해보는 것이 좋다. 탐구의 경우 2학년부터 과탐 대신 사탐을 선택하여 미리 포기하기보다 2과목을 모두 공부해두는 것이 선택의 폭이 넓음을 이해시키자. 서울대학교 진학을 희망한다면 II과목을 반드시 응시해야 함을 알려주고, 동일대학 내에서도 모집 단위에 따라 지정과목이 달라질 수 있으니 꼭 확인하도록 교사의 조언이 필요하다.

## ● 2022학년도 수능 과목 지정 현황(대학어디가 자료 中) ●
실제 전형 시행시 변경될 수 있으므로 반드시 대학별 입학처 홈페이지 참조 바랍니다.

| | 영역 | 지정여부 | 대학명 | 비고 |
|---|---|---|---|---|
| 인문사회계열 | 국어 | 화법과 작문, 언어와 매체 중 택1 | 경기대, 경남대, 경희대, 계명대, 고려대(서울), 공주대, 군산대, 극동대, 꽃동네대, 동국대, 동명대, 동서대, 동의대, 루터대, 목원대, 배재대, 부산대, 삼육대, 서강대, 서울과기대, 서울대, 서울시립대, 선문대, 성결대, 성균관대, 세종대, 수원가톨릭대, 안양대, 연세대(서울), 용인대, 이화여대, 인천대, 중부대, 중앙대, 청운대, 청주교대, 한국산업기술대, 한국외대, 한려대, 한신대, 한양대(서울), 한양(ERICA), 호남대 | 밑줄: 수학 미반영 |
| | 수학 | 확률과 통계, 미적분, 기하 중 택1 | | |
| | 탐구 | 사회, 과학계열 구분 없이 반영 | 경기대, 경남대, 경희대, 계명대, 고려대(서울), 공주대, 군산대, 극동대, 꽃동네대, 동국대, 동명대, 동서대, 동의대, 루터대, 목원대, 배재대, 부산대, 삼육대, 서강대, 서울과기대, 서울대, 서울시립대, 선문대, 성결대, 성균관대, 세종대, 수원가톨릭대, 안양대, 연세대(서울), 용인대, 이화여대, 인천대, 중부대, 중앙대, 청운대, 청주교대, 한국산업기술대, 한국외대, 한려대, 한신대, 한양대(서울), 한양(ERICA), 호남대 | 직탐 반영여부, 탐구반영 과목수는 대학별 홈피 참조 |

| | 영역 | 지정여부 | 대학명 | 비고 |
|---|---|---|---|---|
| 자연계열 | 국어 | 화법과 작문, 언어와 매체 중 택1 | 경기대, 경남대, 계명대, 고려대(서울), 공주대, 군산대, 극동대, 꽃동네대, 동국대, 동명대, 동서대, 동의대, 루터대, 목원대, 배재대, 부산대, 삼육대, 서강대, 서울과기대, 서울대, 서울시립대, 선문대, 성결대, 성균관대, 세종대, 연세대(서울), 이화여대, 인천대, 중부대, 중앙대, 청운대, 청주교대, 한국산업기술대, 한국외대, 한려대, 한신대, 한양대(서울), 한양대(ERICA), 호남대 | |
| | 수학 | 확률과 통계, 미적분, 기하중 택1 | 경기대, 경남대, 경희대, 계명대, 공주대, 군산대, 극동대, 꽃동네대, 동국대_바이오시스템대학, 동명대, 동서대, 동의대, 목원대, 배재대, 삼육대, 서강대, 서울과기대, 서울대, 서울시립대_조경학과, 선문대, 성결대, 안양대, 용인대, 인천대, 중부대, 청운대, 청주교대, 한국산업기술대, 한국외대, 한려대, 한신대, 한양대(ERICA), 호남대 | |
| | | 미적분, 기하 중 택1 | 경희대,계명대_의예/약학/제약학과, 고려대(서울), 공주대_수학교육과, 동국대, 부산대, 서강대, 서울대, 서울과기대, 서울시립대, 성균관대, 세종대, 연세대(서울), 이화여대, 중앙대, 한양대(서울) | |
| | 탐구 | 과학 중 택2 | 경희대,계명대_의예/약학/제약학과, **고려대(서울)**, 동국대, 부산대, 서강대, **서울대**, 서울과기대, 서울시립대, 성균관대, 세종대, **연세대(서울)**, **이화여대**, **중앙대**, 한양대(서울), 한양대(ERICA) | 굵은글씨 동일분야 I+II 응시 불인정 |
| | | 사회, 과학 계열 구분 없이 반영 | 경기대, 경남대, 계명대, 공주대, 군산대, 극동대, 꽃동네대, 동명대, 동서대, 동의대, 루터대, 목원대, 배재대, 삼육대, 선문대, 성결대, 안양대, 용인대, 인천대, 중부대, 청운대, 청주교대, 한국산업기술대, 한국외대, 한려대, 한신대, 호남대 | 직탐 반영여부, 탐구반영 과목수는 대학별 홈피 참조 |

학생의 성적대별 지원 준비 전략이 달라져야 하는 이유는 강조하지 않아도 이미 충분할 것이다. 자연계열의 최상위권 학생들의 경우 좋은 점수를 받고도 과학II를 응시하지 않아 정시에서 서울대와 KAIST에 지원조차 못하는 경우가 왕왕 있다. 학생의 위치에 따른 세심한 안내를 통해 학생이 희망하는 분야를 잘 준비하도록 돕자.

**진로 희망 분야와 대학, 그리고 전형**

1년 간의 활동과 성적이 마무리되면 아무리 열심히 했다고 하더라도 후회와 아쉬움은 남기 마련이다. 평범한 보통의 학생은 순수한 노력보다 점수와 등급으로 평가되는 상황에 절망한다. 더 안타까운 일은 그렇게 힘들게 준비해서 대학에 들어간 학생이 학과에 적응하지 못하는 것이다. 중도이탈이나 반수를 선택한 학생이 자신의 길이 아닌 것 같다고 말하면 그 3년간의 노력은 누구를 위해, 무엇을 위한 것인지 같이 허탈한 마음에 빠진다.

### 진로 희망 분야 재점검의 필요성

막연하게 드라마나 영화 속에서 나온 직업이 멋있어서 혹은 특강을 들어보니 좋아서 등 추상적인 느낌으로만 진로를 희망한 학생은 대학에서 적응하기 힘들고, 대학 졸업 후 취업 전선에서의 불안감은 더욱 커지게 마련이다. 자소서와 면접 준비를 위해 학생이 희망하는 진로 분야에 대한 깊이 있는 탐색이 필요하다. 진로희망 탐색은 사실 시기가 정해진 것이 아니라서 1학년이나 2학년 초에 해도 좋다. 워크넷이나 커리어넷 검사를 이용하거나, 학생이 지원하고자 하는 분야의 학과와 대학을 중심으로 어떤 공부를 하는지, 졸업 후 어떤 분야로 진출할지 알아보는 과정을 통해 자신의 진로를 깊이 이해하게 될 것이다.

### 대학별 안내자료 탐색

대학에서 배부하는 안내자료는 다음과 같다. 관련 자료는 대학별 입학처 홈페이지의 자료실에서 받을 수 있다.

학생부 종합 전형 가이드
(동국대학교)

고교생활 가이드
(서울대학교)

전공 가이드
(숭실대학교)

전공 가이드
(한국 외국어대학교)

이 자료를 보고 학생은 앞으로의 학교생활과 진로 관련 활동을 계획하고, 지원 분야에 대해 더 자세히 알아볼 수 있다. 대학별 안내자료를 탐색할 때 학생에게 지원하고자 하는 대학뿐만 아니라 다른 대학이나 학과도 폭넓게 조사하고 서로 발표하면서 관심을 확장하게 지도하는 것이 좋다.

## 1) 전공제도

**01 전과제도**
나에게 맞는 배움을
스스로 찾다

재학 중 2학년 또는 3학년 진급 시 소속 모집단위에서 다른 모집단위로 전과를 신청할 수 있습니다.

모집단위별 입학정원의 20% 범위 내에서 재학 중 1회만 가능합니다. 전과하고자 하는 학생은 해당 학년 전까지의 과정(전공필수 및 교양필수 포함)을 * 수료해야하고, 총 평점평균이 2.50이상이어야 합니다. 편입학생, 군위탁생, 예술체육대학 소속 재학생 및 휴학생은 전과가 불가합니다.

*수료: 학칙 제20조(수료학점) 조건도 충족해야 함.

**02 다전공제도**
더 넓게, 더 깊이
배움을 설계하다

**다전공**

**복수전공**
- **일반형 복수전공** 일반전공을 복수전공으로 선택하여 이수하는 것을 의미합니다.
- **통섭형 복수전공** 일반전공과 *통섭전공을 복수전공으로 선택하여 이수하는 것을 의미합니다.

**부전공**
- **일반형 부전공** 일반전공을 주전공과 부전공으로 선택·이수하는 것을 의미합니다.
- **통섭형 부전공** 일반전공과 통섭전공을 부전공으로 선택·이수하는 것을 의미합니다.

*통섭전공: 빅데이터분석학, 국제도시개발학, 환경생태도시학, 동아시아문화학, 동시부동산기획경영학, 보험수리학, 도시역사경관학, 동아시아경제학, 법규범제도학, 서울학, 창업학, 미래자동차공학, 나노반도체물리학, 도시문화컨텐츠학

## 2) 장학금 + 등록금 + 취업률

### 71.86%

장학금 수혜율

서울시의 든든한 재정 지원으로 우수한 인재들에게 안정적인 면학 환경을 제공할 뿐아니라 장학금 수혜율 역시 전국 최고 수준을 자랑합니다.

### 102만원

학기당 등록금

2019년 기준 인문사회계열 학과의 한 학기 등록금입니다. 2012년 국공립대 최초로 반값 등록금을 실현했습니다. 재학생들은 등록금 걱정에서 벗어나 자신이 하고 싶은 학업과 활동에 매진하고 있습니다.

### 88.7%

유지 취업율

2018년 대학 정보 공시 기준 88.7%의 유지 취업율을 기록했습니다.
유지 취업율은 취업의 질을 말해주는 수치로 서울 소개 주요 대학 중 5위에 해당하는 성적입니다.

| 교과과정 | 1학년 | 학업설계상담 I·II, 문화개론, 언어의 이해 |
| | 2학년 | 국문학개론, 국문학사1, 현대시론, 새롭게읽는고전문학, 희곡과영상문학, 고전명시감상, 국어음운론, 문학비평및문화론, 방언과사회 |
| | 3학년 | 국어문법론, 국어사, 고전시가론, 고전소설론, 국문학사2, 현대작가론, 문헌자료와해석, 현대시인론, 한문독해연습과작품감상, 세계문화와인생경영, 동아시아각국문화의비교이해, 국제화시대의한국어 |
| | 4학년 | 구비문학과스토리텔링, 국어의미론, 문자와언어생활, 동아시아문자와문화사, 동아시아근현대와한국문학, 현대시강독, 국어국문학종합설계 |

| 재학생이 말하는 이 과목! | 문학개론 | 본격적으로 국문학의 맛을 볼 수 있다. 문학의 3요소인 시, 소설, 희곡에 대해 기본적인 지식을 함양하고, 여러 작품을 경험해보며 인문학의 기초를 쌓는 시간이다. |
| | 언어의이해 | 1학기에는 문학이라면, 2학기에는 어학에 대해 배운다, 국어학에 대한 전반적 흐름과 기본적인 어학 지식을 익히며 발을 담가보는 시간이다. |
| | 국문학개론 | 국문학에 대해 통시적으로 바라보며 주로 고전문학에 대해 탐구한다. |
| | 현대시론 | 현대시에 관한 교수님의 전문적 지식을 얻을 수 있다. 현대시에 대해 개인적으로 고찰해보고, 현대시 관련 문제를 조별과제를 통해 풀어가는 시간을 갖는다. |
| | 방언과 사회 | 국어학의 살아 있는 자료인 방언(사투리)의 가치를 이해하고 계속 진행 중인 언어 변이의 사회적 요인을 공부한다. |
| | 새롭게 읽는 고전문학 | 현대문화콘텐츠에서 고전문학 모티프를 찾아 새롭게 변화된 고전문학의 미학을 느낄수 있는 시간이다. 평소 접하지 못했던 여러 재밌는 고전문학을 만나볼 수 있다. |

**졸업 후 진로**

**교육, 연구 분야**
국어학 및 국문학, 한국어교육 등의 전문 연구자뿐 아니라 영화나 연극, 문화 콘텐츠와 같은 국어국문학 응용 분야로 진출

**방송, 언론 분야**
PD, 아나운서, 리포터, 기자 등

**문화, 창작 분야**
문화 평론가, 방송작가, 다큐멘터리 감독, 출판사, 잡지사 편집자 등

**일반기업체 및 공무원**
일반기업체의 홍보팀이나 영업직, 금융권, 공무원 등 다양한 직종으로 사회에 진출

**4)** 국어국문학과 인재상

한국어문학
소양이 우수한
학생

언어능력과 문학적
감수성을 지닌 학생

의사소통능력과
봉사정신을 갖춘
학생

**5)** 타 대학이 말하는 국어국문학과

순수 인문학의 단점을 보안해주는 수행인문학 수업

한양대학교 인문대학은 순수학문이 가지는 한계점을 보안하기 위해 수행인문학이라는 학과를 개설하였습니다. 수행인문학은 순수한문과 실용 학문을 합친 간학문적인 학과로, 미디어 커뮤니케이션, 공공 수행 인문학 등 인문대학 재학생들이 취업을 하는 데 있어 도움이 되도록 만들어졌습니다. 인문대 학생들은 제 2전공으로 수행인문학 전공을 택하여 들을 수 있습니다.

**특장점**

다양한 공부를 할 수 있는 과 활동

국어국문학과는 문학에 대해 토론하고, 문학 활동을 하는 문학회, 시사에 대해 공부하고, 토론하는 시사토론학회, 대중문화를 함께 감상하고 토론하는 대중문화학회 이렇게 총 세 개의 학회가 있습니다. 국어국문학과 재학생은 자신이 활동하고 싶은 학회에 가입하여 활동을 하면서 학과 외의 공부를 할 수 있습니다. 또한 국어국문학과는 답사, 국문인의 밤 등 다양한 활동을 진행하여 즐거운 과생활을 즐기며 친목을 다질 수 있습니다.

**FAQ**

Q1. 글쓰기에 자신이 없는데, 국어국문학과에 가도 괜찮을까요?
A1. 많은 학생들이 책을 읽고, 글 쓰는 것을 좋아하는 것에 비하여 글쓰기에 대해 자신이 없어 국어국문학과에 가는 것을 거정합니다. 하지만 글쓰기의 기초부터 배우게 되며 4년 동안 글을 많이 읽고, 글쓰기를 하며너 글쓰기실력을 다듬게 되고 기르게 되니 자신이 지금 부족하다고 해도 걱정하지 않아도 됩니다.

Q2. 국어국문학과와 문예창작학과의 차이점은 무엇인가요?
A2. 두 학과의 차이점은 창작에 얼마나 더 중점을 두고 있느냐 입니다. 사실 국문학과에서 창작 수업은 많지 않습니다. 4년 동안 시 창작 수업과 소설 창작 수업, 두 개의 수업이 전부입니다. 그래서 '글쓰기'에 확실히 뜻을 두고 있는 사람이라면 문예창작학과에 진학하는 것이 도움이 될 것입니다. 문화에 대해서 전반적으로 관심이 있는 학생이라면 국어국문학과에 오는 것이 더 좋을 것입니다

Q3. 국어국문학과를 졸업하면 취업하기 힘들지 않나요?
A3. 그렇지 않습니다. 지금은 학문 사이의 경계가 사라지고 있는 추세입니다. 국어국문학은 언어와 사유를 폭넓게 공부하는 학문이기에 현실 적용 범주가 매우 넓습니다. 국어국문학과 학생들은 원하는 분야에 따라 다중전공, 부전공, 교환학생 등의 기회를 통하여 정밀하고 정확하게 취업을 준비할 수 있습니다. 실제로 지금도 많은 선배님들이 자신이 원하는 기업에 취업을 하고 있습니다.

출처 : 서울시립대학교, 한양대학교 입학처

## 나의 희망 진로 진학 탐색 활동지

| | | |
|---|---|---|
| 희망 대학 전공제도 | 1)<br>2)<br>3) | |
| 희망 대학 등록금 | | 희망 대학 장학금 |
| 희망학과의 인재상 | | |
| 희망학과 교육과정 | | |
| 교과목 정리 | ex) 문학개론 :<br>　　국문학 개론 : | |
| 졸업 후 진로 | | |
| 희망 대학의 다른<br>관심 학과 장단점 | | |
| 타 대학이 말하는<br>희망 학과 정보 | A 대학 사례 :<br><br>B 대학 사례 : | |
| 희망 학과의 비전 | | |
| 방학 중 할 일 | | |
| 대학 졸업 후 계획 | | |

여러 대학이나 학과의 자료를 보면 학생이 앞으로 준비해야 할 것에 대해 정리할 수 있고 자기소개서의 방향도 가닥을 잡을 수 있다. 특히 서울시립대학교의 학과별 인재상과 동국대학교 학생부종합전형 가이드북, 고려대학교의 전공 가이드북이 비교적 자세히 안내되어 있어 이를 활용하게 하면 좋다. 그 외에도 대학별 자료에 고교생활 안내자료도 많아서 이를 보고 대비하면 체계적인 준비가 가능하다.

**다 학생부, 자소서, 면접**

대학별 자료를 통해 학생이 지원하고자 하는 대학과 학과의 교육과정, 인재상에 대해 파악하도록 지도하였다면, 이제 3학년의 학업과 학생부 계획, 자소서의 방향을 어느 정도 잡을 수 있을 것이다. 현직 공교육 교사들이 주축이 되어 집필과 검토를 하는 끝판왕 시리즈[5]가 이런 학생의 활동과 대입 준비에 도움을 주는 자료로 구성되어 있다. 교사의 조언 없이 따라하기만 해도 쉽게 가능하도록 준비된 책이니 학생에게 안내하자.

## 학생부 관리

앞에서 서울시립대학교와 한양대학교의 국어국문학 전공자료를 살펴보았다. 대학에서 배우는 국문학, 국어학, 고전문학 등의 학문을 연구하려면 고등과정에서 기본적 학업역량을 갖춰야 할 것이다. 국어국문학 전공을 희망하고자 하는 학생이라면 관련 교과목을 이수하여, 해당 과목에서 좋은 성적을 받고, 수업 시간에 열심히 활동한 흔적이 교과별 세부 능력 및 특기 사항에 드러나야 한다. 교사가 학생의 역량이 잘 드러날 평가계획과 활동을 준비하여 수업을 진행하고 학생부에 기록하는 것도 매우 중요하다. 학생도 동아리활동이나 독서를 통해 자신의 관심사를 확장하고 탐구한 노력이 담기도록 자기 주도성을 발휘하여야 한다. 어느 학생이 학과 탐색과 메이저맵(www.majormap.net) 결과를 활용하여 계획을 세운다고 하자. 이 학생은 '책과 지식의 역사'라는 책을 읽고 우리말의 유래에 대해 친구들과 토론하거나 고3 1학기 동아리활동을 그 내용으로 계획할 수도 있다. 관련 내용으로 자기소개서의 공통문항을 작성하고 자율 문항 중 진로나 학업계획으로 작성이 가능할 것이다. 다음처럼 메이저 맵에서 제시된 타 학교의 관련 학과를 조사하여 진로의 폭을 넓혀가는 것도 의미 있는 과정이 될 수 있음을 알려주자.

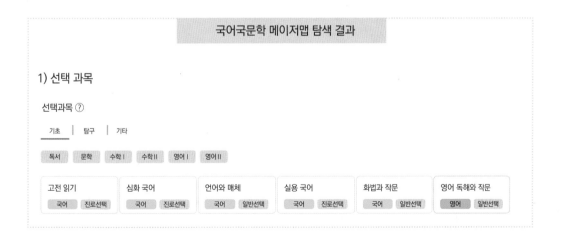

국어국문학 메이저맵 탐색 결과

1) 선택 과목

선택과목 ⓘ

기초 | 탐구 | 기타

독서  문학  수학Ⅰ  수학Ⅱ  영어Ⅰ  영어Ⅱ

| 고전 읽기 | 심화 국어 | 언어와 매체 | 실용 국어 | 화법과 작문 | 영어 독해와 작문 |
|---|---|---|---|---|---|
| 국어  진로선택 | 국어  진로선택 | 국어  일반선택 | 국어  진로선택 | 국어  일반선택 | 영어  일반선택 |

5) 꿈구두 출판사의 책으로 현직교사들이 고등학생의 학업과 학교 활동 도움을 주기 위해 쓴 시리즈로 자소서 끝판왕, 면접 끝판왕, 학생부 끝판왕, 공부 끝판왕, 과제탐구 끝판왕이 출간되었다.

## 2) 관련 도서

추천도서 ⑦

그리스인 조르바

조선시대 책과 지식의 역사 - 조
선의 책과 지식은 조선사회와 …

언어능력을 기르는 국어수업

말들의 풍경 - 고종석의 한국어
산책, 개정증보판

한국문학통사 1 (제4판) - 원시
문학 ~ 중세 전기문학

## 3) 전국의 관련 학과

성균관대학교
국어국문학과

강릉원주대학교
국어국문학과

고려대학교
국어국문학과

광운대학교
국어국문학과

충북대학교
국어교육과

동국대학교
국어국문문예창작학부

선문대학교
국어국문학과

국민대학교
국어국문학전공

홍익대학교
국어국문학과

충북대학교
국어국문학과

건국대학교
국어국문학과

숭실대학교
국어국문학과

아주대학교
국어국문학과

전북대학교
국어국문학과

성결대학교
국어국문학과

안동대학교
국어국문학과

한남대학교
국어국문창작학과

세종대학교
국어국문학과

이화여자대학교
국어국문학과

성신여자대학교
국어국문학과

자기소개서는 글로 자신을 나타내는 것이다. 교사의 입장에서 제한된 글자 수로 학생부에 기록한 결과 중심의 내용을 학생 자신의 언어로 역량과 활동을 구체적으로 보여줄 수 있는 좋은 기회가 된다. 3학년 여름방학 때 급하게 쓰느라 시간에 쫓긴 자기소개서는 억지로 끼워 맞춰진 '자소설'이 되기 쉽다.

2학년 겨울방학 동안 미리 자기소개서를 작성해 보는 것이 매우 중요하다. 자소서를 미리 써 보면 지금까지의 활동한 결과를 파악하고 자소서의 부족한 부분을 보완할 3학년의 활동을 미리 계획해 볼 수 있는 이점이 있다. 대학의 전공가이드 안내자료를 보고 학생 스스로 자신의 역량 중 어떤 부분을 부각하면 좋을지 미리 계획하는 방법도 있다.

### A. 미리 써 보는 자기소개서

**1. 지난 2년간의 학교생활기록부를 분석한 뒤, 자신의 진로를 위해 3학년에 실시할 학교 활동 계획을 미리 수립하여 자기소개서를 작성해 봅니다.**

\* 다음을 고려하여 작성합니다.

> 1) 본인이 3학년 1학기 여름방학을 맞이한 수험생이라고 가정하여 써 볼 것
> 2) 실제 자신이 지원하고자 하는 대학 및 학과를 탐색하여 반영한 내용을 작성할 것
> 3) 자신이 진로 희망 분야를 위해 노력한 구체적인 과정이 드러나도록 1,500자 이내로 작성

**2. 공동체 활동 중 자신의 인성, 사회성 및 대인관계 능력을 가장 잘 보여줄 수 있는 활동과 이유를 작성해 봅니다.**

> 1) 활동 자체보다는 자신이 기여한 점, 배운 점, 변화한 점을 중심으로 작성할 것
> 2) 자신의 역량 키워드를 반드시 염두에 두고 800자 이내로 작성할 것

### B. 관련 학과의 다양한 전공 소개 조사

**K대학교 전공 가이드 자료**

#### 이런 학생 국어국문학과에 딱!

· 우리말의 유래·구조·원리, 문학 작품 읽기, 창작에 관심이 많다.
· 외래어의 범람 속에서 오염되고 있는 우리말을 지키고 싶다.
· 한국 문학 속에서 흥미로운 이야기를 찾아내 블록버스터 영화, 드라마를 만들고 싶다.
· 한류 열풍 시대에 한국어와 문화를 세계화시키고 싶다.

**Y대학교 전공 가이드 자료**

#### 어떤 친구들이 오면 좋을까요?

고등학교 국어 교과서를 읽다가 감동하거나 재미를 느낀 누구나 국어국문학과에 들어올 수 있습니다. 말씀 드렸듯이 언어능력은 후천적으로 노력해서 얻을 수 있어요.
성격적인 측면에서 보면 대체로 언어학을 공부하는 사람들과 문학을 공부하는 사람들은 성향이 완전 달라요.
문학 쪽에는 '자유로운 영혼'들이 많은 반면에 언어학 쪽에는 '꼼꼼한 모범생' 스타일이 많습니다.
전혀 다른 사람들이 어우러지는 곳이 바로 국어국문학과 입니다.
어떤 친구라도 환영이에요. '열린 마음'만 갖고 오세요!

자소서의 양식이 조금 변경되었는데, 개선된 자기소개서 공통양식은 아래와 같다. 1번 문항의 '지원한 분야와 관련하여'라는 문구를 통해 전공적합성의 의미가 드러난다. 학생이 지원한 분야를 위해 얼마나 노력했는지와 지원한 분야에 대한 이해도가 중요하다.

**2022학년도 개선된 자기소개서 문항**

1. 고등학교 재학 기간 중 지원한 분야와 관련하여 어떤 노력과 준비를 해왔는지 지원 동기와 본인에게 의미가 있는 학습경험, 교내 활동 등을 중심으로 기술하여 주시기 바랍니다.(1,500자 이내)

2. 고등학교 재학 기간 중 공동체(동아리, 학급, 학교 등)에 기여한 교내활동(수업활동 포함)을 본인의 특성이 잘 드러나도록 기술하여 주시기 바랍니다.(800자 이내)

하드웨어를 주로 다루는 컴퓨터공학과에 지원한 학생이 소프트웨어에 관심이 있다고 한다면 전공에 대한 이해가 부족하다는 인상을 줄 것이다. 국어를 좋아해서 국어국문과를 지원하는 학생이라도 학생의 성향에 따라 정적인 분야인 국어국문학과에 어울릴 수도 있고 동적인 언론 홍보에 더 적합할 수 있다. 따라서 학생이 자신의 성향에 맞는 진로를 택했는지 졸업 후의 진로가 어느 정도 학생에게 맞는지 함께 고민해야 한다.

## 학교생활기록부 분석
# 자기소개서 소재 찾기

| 순서 | 자소서문항 | 학생부항목 | 학생부 기재 내용 | 자소서에서 드러낼 수 있는 역량 | | | |
|---|---|---|---|---|---|---|---|
| | | | | 학업 역량 | 전공 (계열) 적합성 | 발전 가능성 잠재력 | 인성/ 공동체 의식 |
| 1 | | | | | | | |
| 2 | | | | | | | |
| 3 | | | | | | | |
| .. | | | | | | | |

# 활동 내용 마인드맵(구체화하기)

| | |
|---|---|
| 활동 내용(주제) | |
| 활동 시기 | |
| 학생부 기록 내용 | |
| 관련 역량 | 학업역량(  )  전공적합성(  )  발전가능성(  )  인성(  ) |
| 활동 계기 | |
| 맡은 역할 | |
| 역경 어려웠던 점 노력한 점 | |
| 활동 결과 | |
| 활동 후 배운 점 변화/성장한 점 | |

## 면접 준비 /

자소서까지 준비되면 이제 면접을 고민할 때다. 앞으로 자기소개서의 유사도 검증과 확인 면접이 강화될 것이라는 발표가 있었다. 과장되거나 허위 내용을 작성한다든지, 확인 면접에서 엉뚱한 내용을 답하게 되면 탈락하거나 입학이 취소될 수 있다. 학생이 자기소개서를 작성하거나 실제 학교 활동에서 수박 겉핥기식의 참여는 면접에서 좋지 않은 결과를 낳게 할 것임을 지도하자. 학생과 기본적인 면접 예절을 익히고 서류 기반의 모의 면접을 진행하면서 앞으로 갖춰야할 것에 대해 고민해보도록 한다.

교사의 Tip

학년이 끝나기 전에 학교생활록부에 1년 간의 활동이 제대로 기록되었는지 확인하고, 기말 고사 후 진행되는 경시 대회, 탐구 활동, 각종 발표 대회 등을 통해 부족한 부분을 보완할 수 있도록 조언하자.

# 2

# 미리 진단하고
# 준비하기

# 2

# 미리 진단하고 준비하기

수능이 끝나면 2학년 학생은 바로 고3이 되는 것과 다를 바 없다. 예비 고3이 겨울방학을 어떻게 보내는지에 따라 고3의 1학기가 달라진다. 수능이 끝나면 바로 3학년이라는 마음으로 준비하도록 다독인다.

| 예비 고3 1, 2월 주요일정 | 학생부 종합 전형을 위한 학생부 기록 및 점검  /  미리 써보는 자기소개서  국·영·수 개념 정리  /  수능 탐구과목 선택 및 학습 지도  /  독서활동 지도 |
| --- | --- |

## 1. PMI로 보는 장단점

학생이 자신을 점검하고 돌아볼 수 있는 시간이다. 지난 2년간의 행적을 정리하여 자신의 장단점과 보완할 점을 찾아 채워보는 시간이 되도록 지도하자.

### PMI로 보는 자신의 장단점

뚜렷한 목표를 갖고 정주행한 학생이든, 그냥 열심히만 한 학생이든, 고등학교 생활에 아쉬움이 많이 남는 학생이든 간에 과거에 비추어 자신이 얼마나 성장했는지, 앞으로 성장할 가능성이 있는지 알아보면 자존감이 향상되고 할 수 있다는 자신감이 생긴다. **PMI 기법은 Plus(강점), Minus(단점), Interesting(흥미로운 점)**의 약자로 강점과 단점을 중점적으로 알아보는 방법이다. 희망하는 직업이나 전공선택 결정이 되지 않았을 경우 PMI를 하도록 제안해보자. 이를 통해 버릴 것과 취할 것을 눈으로 직접 확인하여 진로 선택에 도움이 된다. 그리고 남은 한 학기에 집중할 핵심과제가 정해지기도 한다.

## ✽ 학생부 종합 전형 준비 정도

| Plus (강점) | 학업 및 세특내용 | |
| | 학교행사/교내활동 | |
| | 시상/대회 | |
| | 독서 | |
| Minus (단점) | 학업 및 세특내용 | |
| | 학교행사/교내활동 | |
| | 시상/대회 | |
| | 독서 | |
| Interesting (의미있었던 점) | 학업 및 세특내용 | |
| | 학교행사/교내활동 | |
| | 시상/대회 | |
| | 독서 | |

## ✽ 학습 부분 및 학습 습관

| Plus (강점) | 국·영·수 주요과목 | |
| | 진로관련 과목 | |
| | 기타 과목 | |
| | 학습 습관 | |
| Minus (단점) | 국·영·수 주요과목 | |
| | 진로관련 과목 | |
| | 기타 과목 | |
| | 학습 습관 | |
| Interesting (의미있었던 점) | 국·영·수 주요과목 | |
| | 진로관련 과목 | |
| | 기타 과목 | |
| | 학습 습관 | |

## * 희망 직업/학과 분석 및 진로 준비 정도

| Plus (강점) | 희망하는 학과의 강점 | |
| | 희망하는 직업의 강점 | |
| | 희망 분야에서 나의 강점 | |

| Minus (단점) | 희망하는 학과의 강점 | |
| | 희망하는 직업의 강점 | |
| | 희망 분야에서 나의 강점 | |

| Interesting (의미있었던 점) | 희망하는 학과의 강점 | |
| | 희망하는 직업의 강점 | |
| | 희망 분야에서 나의 강점 | |

**방학 기간 진학, 진로 공부**

PMI를 통해 자신과 희망 분야의 장단점 파악이 되었다면 방학의 구체적인 계획을 세우게 하자. 다음 자료를 방학 과제로 제시해주어도 학생 스스로 진로를 탐색할 의미 있는 시간이 될 것이다.

진학 공부

대학 입학처 자료, 대입정보포털 프로그램, 워크넷과 커리어넷 등을 활용한 자아 및 직업탐색 활동 등을 꾸준히 해왔다면 이제 학생 스스로 진학에 대해 찾을 능력이 될 것이다. 다음 활동지를 내어주고 학생의 희망 진학에 대해 정리하고 방학 중 준비할 부분에 대해 파악하도록 지도하자.

## 나의 진로 진학 로드맵 작성하기

희망직업 및 관련 희망 학과와 대학 탐색을 통해 로드맵을 작성해 보세요.

| | | 제 1 희망 | 제 2 희망 |
|---|---|---|---|
| 희망 직업 | | | |
| 희망 학과 | | | |
| 희망 대학 | | | |
| 입시 문의 전화 (대학 전화번호) | | | |
| 지원 입시 전형 유형 | | 교과전형 (　　　　) 종합전형 (　　　　) ＿＿전형 (　　　　) | 교과전형 (　　　　) 종합전형 (　　　　) ＿＿전형 (　　　　) |
| 요구 성적 | 수능 | 수능 최저기준 (O, X) | | |
| | | 요구하는 수능최저기준 | | |
| | 내신 | 요구하는 내신 등급 | | |
| 잘 해야하는 과목 | | | |

(출처 : 경남진로교육센터 창체 진로활동 교수학습 및 활동 프로그램 워크북)

# 관심 학과(전공) 알아보기

부록 1의 〈진로 리터러시〉를 참고하여 관심을 가진 학과(전공)와 관련된 내용을 정리해보자.

✅ 학과(전공) 선택할 때 유의사항

| | | | |
|---|---|---|---|
| 1 | | 5 | |
| 2 | | 6 | |
| 3 | | 7 | |
| 4 | | 8 | |

✅ 관심 대학에서 개설해 놓은 학과나 학부를 보고 계열에 따른 학과와 관련된 직업을 기록해 보세요.

| 계열 | 관심있는 학과 또는 학부 | 관련된 직업 |
|---|---|---|
| | | |
| | | |
| | | |
| | | |

✅ 가장 관심있는 학과를 조사해 보고 빈칸을 완성해 보세요.

| 학과명 | | 세부 관련학과 (유사학과) | |
|---|---|---|---|
| 교육 내용 | | | |
| 개설 대학 | | | |
| 취득할 수 있는 자격증 | | 취업현황 및 학과전망 | |

(출처 : 경남진로교육센터 창체 진로활동 교수학습 및 활동 프로그램 워크북)

방학을 이용해 구체적인 커리어 패스(Career Path)를 제작해 보거나 영역별 추천 롤모델(부록 2)을 참조하여 독서나 보고서 작성 활동을 지도한다.

## 커리어 패스 제작

탐색 직업 :

| 구분 | 고등학교 | 대학교 | 대학 이후 | 취직 |
|---|---|---|---|---|
| 경로 | | | | |
| 요구조건 (전공, 학과, 인턴경험 등) | | | | |
| 필요자격 | | | | |
| 학교내/외 진로활동 | | | | |
| 관련 사례 (동영상, 인터뷰 기사 등) | | | | |
| 유사직업찾기 (커리어넷 직업정보 참조) | | | | |

(출처 : 경남진로교육센터 창체 진로활동 교수학습 및 활동 프로그램 워크북)

**3학년 미리 겪어보기**

고2의 겨울방학은 고3 생활의 시작이라 생각하고 계획을 세우는 것이 좋다. 특히 학습계획을 세울 때 개학 이후에도 학업을 이어 나가도록 지도가 필요하다.

## 학습계획 세우기

길고 긴 겨울방학을 자칫 휴식 기간으로 여기는 것은 금물. 개학하자마자 3월 모의고사를 치러야 하니 방학부터 쭉 이어진 공부계획이 실행되도록 격려하자. 무작정 공부계획을 세우기보다 주요 과목의 개념 정리부터 시작해야 한다. 개념은 여러 종류가 있을 수 있는데, 잘 알고 있다고 착각하는 개념, 헷갈리는 개념, 정말 모르는 개념 등 차분히 개념 공부에 힘써야 한다. '이건 아는 것이야', '이건 시험에 안 나오겠지'하고 제외하면 나중에 공부할 양은 산더미처럼 불어나게 된다는 것을 이해시키자.

방학 중에 탐구과목 선택을 미리 하고 방학 동안 전반적인 개념 이해와 암기를 병행하고 개학 후에는 반복하는 전략을 사용하도록 지도하자. 탐구 선택과목은 내신과목과 관련된 것이 3학년 내신관리에 좋으나, 수능 시험의 탐구 2과목 모두 3학년 내신과목으로 선택한다면 부담이 클 수 있다. 학생이 가장 자신 있거나 이미 이수한 과목을 하나 선택하는 것이 부담이 덜함을 알려주어야 한다. 이런 기초공부가 방학 동안 탄탄히 다져져야 실전 문제 풀이가 가능하다.

## 자기소개서 기초 작업

앞서 PMI를 통해 자신의 학생기록부를 분석하여 자기소개서에 쓸 소재를 선정하고 부족한 부분을 메우는 3학년 1학기 계획을 세우도록 조언하자.

> **자기소개서**
>
> **가)** 제출서류 중 유일하게 지원자의 생각과 경험을 본인의 관점에서 학교생활을 보여줄 수 있는 평가 자료이다. 학생부를 보완하는 자료로 자신의 경험이나 역량, 특성 등이 기록되어야 한다. 각 문항에서 요구하는 질문에 대해 활동의 동기, 과정 후의 변화 등 학생부에 기재되지 않은 내용 또는 학생부에 기재되어 있더라도 강조하고 싶은 내용을 중심으로 작성하면 된다. 교내 활동을 중심으로 자신이 변화하고 성장한 부분이 잘 드러나도록 작성하여야 한다.
>
> **나)** 글쓰기의 형식이나 솜씨보다는 고교 기간 중 의미 있는 경험을 자기소개서 양식의 각 항목 주제에 맞는 내용과 분량으로 진솔하게 구체적으로 자신만의 이야기로 작성해야 한다.
>
> **다)** 자기소개서 작성 과정에서 공통사항과 문항별로 점검해야 하며 항목은 다음과 같다.

| 문항 | 점검사항 |
|---|---|
| 공통사항 | · 수험생 자신이 직접 고민한 성장의 기록인가?<br>· 정해진 분량에 맞으며 질문의 내용에 맞추어 서술되었는가?<br>· 기본적인 어법인 맞춤법과 띄어쓰기는 잘 되었는가?<br>· 각 항목이 일관성을 가지고 어울리도록 작성되었는가?<br>· 쉬운 단어 대신 어려운 전문 용어의 남발 등으로 현학적인 글쓰기는 아닌가?<br>· 활동의 동기와 과정, 결과가 아닌 활동의 나열은 아닌가? |
| 학습 경험 관련 | 〈학업에 기울인 노력과 학습 경험〉<br>· 스스로 어떤 노력을 하였는지 드러나게 작성하였는가?<br>· 모집단위와 관련한 지적 호기심과 탐구심이 나타나고 있는가?<br>· 세부 능력 및 특기 사항을 통해 교과와 연계된 활동에 대한 기록인가?<br>· 학업 노력이 지속적이며 학습 경험 과정의 내용이 구체적인가?<br>· 현재의 경험을 통해 발전의 가능성이 서술되어 있는가? |
| 교내활동 관련 | 〈의미를 두고 노력한 교내 활동〉<br>· 동기와 과정, 결과가 일관성 있게 기록이 되어 있는가?<br>· 나만의 차별화된 경험이 서술되어 있는가?<br>· 장황한 활동의 과정에 대한 설명으로 평가자가 지루하게 생각할 점은 없는가?<br>· 활동을 통해 얻은 성장의 경험을 구체적인 실례를 들어 작성하였는가? |
| 공동체 활동 | 〈배려, 나눔, 협력 등을 실천한 사례와 느낀 점〉<br>· 자신이 경험한 과정을 현실감 있게 서술하였는가?<br>· 구체적인 사례가 없이 형식적이고 일반적인 내용으로 구성되어 있지 않은가?<br>· 하나의 문제에 대해 다양한 해법을 제시하는 융통성과 문제해결력, 진정성이 있는가?<br>· 실천 경험을 통해 느낀 점을 진정성 있게 논리적으로 작성하였는가? |
| 자율문항 | 〈지원동기 및 학업계획〉<br>· 자율 문항의 질문에 대한 이해를 바탕으로 작성하였는가?<br>· 지원동기와 노력의 과정이 설득력이 있는가?<br>· 전공 적합성이나 계열 적합성이 보이는가? |

(출처 : 대입정보 119)

## 면접 및 논술 준비

면접과 논술에 지나치게 많은 시간을 쏟을 수는 없지만, 면접 문제의 유형을 익히고 기본태도를 익혀둔다면 도움이 된다. 논술은 평소에 닦은 실력이 아니라면 힘든 분야이지만, 논술 전형에 관심이 있는 학생에게 대학 입학처 홈페이지에서 기출 문제를 받아 작성하게 하자. 이는 학생이 논술에 응시할 것인지를 판단하는데 도움이 된다.

## ● 면접 준비 방법 (출처 : 대입정보 119)

### 가) 서류 기반 면접

- 제출서류 진위 확인이 주목적이며, 통상 면접위원 2~3인에 의한 개별 면접의 형태로 진행된다.
- 지원자는 학생부와 자기소개서를 제출하기 때문에 학생부와 자기소개서에 대한 꼼꼼한 점검이 필요하다.
- 학생부에서는 여러 항목에서 공통으로 기록된 내용, 반복적으로 등장하는 부분, 전공과 관련된 심화된 경험 및 리더십이 포함된 인성을 나타낼 수 있는 분야에 대하여 질문할 가능성이 크다.
- 경험 또는 사례에 대한 질문에 대해서는 단순하게 소개하기보나 동기, 역할, 배우고 느낀 점과 이후 확장 경험을 통해 스토리를 구성해 말해보는 연습이 필요하다.
- 자기소개서는 자신의 역량을 드러내는 의도를 가지고 작성하기 때문에 면접을 통해 작성된 내용의 진정성과 신뢰성을 확인하게 된다. 자기소개서 내용에 대한 학교생활기록부의 근거를 기반으로 학교생활기록부에 기록되지 않은 '나'를 나타내 줄 수 있는 답변을 준비하면 유리할 수 있다.
- 자기소개와 지원동기, 학업계획, 진로 계획, 가치관 등을 간단하게 준비하여 추가 답변 기회가 주어질 때 활용할 수도 있다.

### 나) 제시문 기반 면접

- 선행학습영향평가 확인으로 인해 제시문과 면접 내용은 '고교 교육과정 범위'에서 구성되고 있다. 따라서 수업 시간에 충실히 참여하여, 수업내용에 대한 명확한 이해가 필수적 요소이다. 또한, 전공과 관련되면서 여러 교과에서 공통으로 다루고 있는 소재가 있다면 이에 대한 내용을 정리해보는 것도 도움이 된다.
- 각 대학에서는 선행학습영향평가 결과를 입시가 진행된 이듬해에 홈페이지에 공지하므로 이를 통해서 전년도 면접 문항의 변화를 확인하고 답변을 준비하는 것이 필요하다.
- 심층면접은 말로 대답하는 논술고사에 해당하기 때문에 논술 문항을 활용하여 준비하는 것도 하나의 방법이다.

### 다) 토론(토의) 및 상황제시 면접

- 교육대학 및 의학계열이나 일부 대학에서 활용하고 있는 면접형태이다.
- 토론(토의) 면접은 면접장에서 1인이 답변하는 개별면접과 다르게 여러 지원자가 하나의 면접장에서 동시에 진행하기 때문에 답변의 내용과 함께 진행 과정에서 적극성, 주도성, 배려심 등 정의적 특성도 관찰된다. 따라서 토론(토의)을 주도하고 싶은 생각에 다른 지원자를 무시하려는 태도는 주의가 필요하다. 또한, 일부 대학에서는 개인별 토론(토의) 시간을 제한하고 있기 때문에 제한된 시간 내에 자신의 의견을 표현하는 연습이 중요하다.
- 사람의 생명을 다루게 되는 의사의 특성으로 인해 여러 상황에서 빠른 판단을 통해 문제해결 능력을 파악하기 위한 상황면접을 실시한다. 10분 정도의 짧은 시간으로 5~7개 상황(면접장)을 구성하여 지원자가 이동하며 면접을 진행하게 되며, 이를 통해 의학을 전공하는데 필요한 자질, 가치관 등을 평가한다.

### 라) 면접의 기본자세

- 개인의 인적사항, 출신고등학교, 지역 등이 나타나지 않도록 블라인드 면접이 진행되기 때문에 이에 대한 주의사항을 확인한다.
- 학생으로서 과하지 않은 단정한 복장을 착용하되 대학에 따라 특정 복장이 지정될 수 있으니 이를 확인한다.
- 제출한 서류를 꼼꼼히 점검하여 예상 문항을 작성하고 답변을 준비한다.
- 평소 말하는 습관을 점검하여 불필요한 언행으로 인해 명확한 의사 전달이 방해되지 않도록 주의한다.
- 면접 시간보다 조금 일찍 도착하여 편안한 마음가짐으로 면접에 임할 수 있도록 하며, 수험표와 신분증 등 준비물을 반드시 확인한다.

종업식을 하면 '하루 이틀만 놀아야지' 하는 마음과 함께 여유가 생긴다. 그렇게 되면 그동안 열심히 했던 공부의 맥이 끊겨서 3월에 학업을 이어가기 힘들다. 학습지도와 학생부 입력 및 마감에서 자소서 지도에 이르기까지 3학년 담임을 맡게 될 선생님과 협조하여 학생이 겨울방학을 효율적으로 지내도록 지도해야 한다.

중앙대학교 전공가이드 자료에 따르면 다양한 전공 탐색의 필요성에 대해 다음과 같이 말합니다.

* 사정관이 들려주는 다양한 전공을 탐색하는 과정의 중요성

① 고등학교 과정에서 진로를 탐색해 가는 과정은 일단 내가 어떤 사람인가를 아는 것이 중요

② 어떤 사람인지를 안다면 나와 맞는 직업이 어떤 직업인가를 생각해 볼 수 있음

③ 직업을 선택할 때, 대학진학을 목표로 하게 된다면 그 과정에서 관련 전공을 선택해야 하는 것이 필수임

④ 대학에는 여러 가지 전공이 있음. 이는 선택의 폭이 넓다는 이야기도 되지만, 전공에 대한 이해가 부족하다면 자신의 적성이나 성격과 관계없는 학과를 선택하게 될 수 있다는 것임

⑤ 전공과 관련된 내용을 알고 본인의 적성과 흥미 있는 학과를 선택하는 것은 대학 생활의 적응을 결정할 수 있는 중요한 부분임

⑥ 다양한 전공에 대해 알게 된다면 선택의 폭이 넓어지게 됨

# IV

# 고등학교 진학의 시작

# 1

# 고3 학기초
# 대학과 전형

# 1

# 고3 학기초 대학과 전형

수시와 정시, 학생부 종합전형과 학생부 교과전형 등에 대해 잘 모르는 학생이 많다. 고등학교 3학년은 전반적인 대입 전형을 이해하고 자신의 진로에 맞는 전형, 학과, 대학을 구체적으로 찾아보는 것이 더 중요함을 알린다.

| 학기초 주요일정 | 자기소개서 기초자료 확인 및 1학기 활동계획<br>탐구 영역 및 제2외국어 선택 확인 및 상담<br>선행학습 영향평가 보고 탑재 확인<br>(대학별 홈피 참조) | 전국연합학력평가 실시 및 결과상담<br>특수대학 모집 요강 확인<br>대학별 모의 논술 등 신청 |
|---|---|---|

 **가** **고3 교사의 준비**

처음 고3을 맡으면 두려움이 앞서고 학생의 미래를 책임져야 한다는 부담감에 밤잠을 설치기도 한다. 경험이 있는 교사라도 계속해서 변화하는 입시에 적응하고 준비해야 하는 것은 마찬가지 이다. 하나하나 차근차근 준비해가자.

### 진학지도 프로그램 활용능력

입시를 이해하려면 실제로 부딪혀보는 것만큼 좋은 방법이 없다. 대학 어디가, 대학 알리미, 대교협과 같은 프로그램은 이미 1, 2학년을 지도하면서 사용한 경험이 있을 수 있다. 학생의 궁금 증 해소와 신뢰를 주려면 각 시도 교육청별 연수자료, 지역별 진로진학정보센터, 각종 온라인 연수, 각 학교의 졸업생 진학자료 등을 참고하여 대입에 대해 충분히 익혀두는 것이 좋다. 대입 용어 정리집을 읽어보고 대학별 모집요강에 대한 이해도 필요하다. EBS원격교육연수원의 '진 학 마스터 핵심, 심화 과정'을 추천한다.

## 대입 용어 간단 정리
(대학 입학 용어 사전 참조)

| | |
|---|---|
| **전형** | 대학에서 요구하는 인재를 선발하기 위해 지원자가 가지고 있는 역량을 평가하여 선발 여부를 결정하는 일련의 과정(예: 학생부 종합 전형, 논술 전형 등) |
| **전형요소** | 학생을 선발하기 위해 고려되는 전형자료, 전형요소, 반영비율, 선발단계 등 일련의 절차나 과정(수시는 학생부위주(학생부교과, 학생부종합), 논술위주, 실기위주; 정시는 수능위주, 실기위주 등) |
| **선발방법 (전형방법)** | 학생을 선발하기 위해 고려되는 요소(예: 학교생활기록부 교과, 비교과, 면접평가 성적, 수능 성적 등) |
| **모집 계열** | 인문계열, 공학계열, 예체능 계열 등으로 대학 자체에서 선발의 용의성을 위해 구분한 것으로 대학마다 분류가 다름 |
| **모집 단위** | 대학에서 학생을 모집하는 단위. 주로 학과 단위로 모집을 하지만, 학부 단위나 계열별로 통합하여 모집하는 경우도 있음 |
| **모집 인원** | 모집 단위에서 선발하고자 하는 인원. 지난 2년간의 모집인원 변화률 보고 입학결과와 경쟁률을 예측함. 모집인원이 작년에 비해 감소하면 입학성적은 올라가고 경쟁률도 증가하는 가능성이 있음 |
| **정원내** | 대학이 허가된 입학정원 내에서 선발하는 전형 |
| **정원외** | 고등교육을 받을 기회를 균등하게 제공하기 위하여 소득, 지역 등의 차이를 고려하여 고등교육법 시행령 제 29조에 따라 대학에서 자율적으로 실시하는 전형. (예: 농어촌학생, 특성화고 교졸업자, 재외국민과 외국인, 북한이탈주민, 외국인 부모, 귀화허가를 받은 외국인, 기초 생활수급자, 차상위계층, 한부모가족, 특성화고 등을 졸업한 재직자, 장애 및 지체로 인한 특수한 교육적 필요 대상자 등) |
| **단계별 전형** | 입학 전형 과정에서 여러 관계를 거쳐 합격자를 선발하는 과정(1단계 서류 +2단계 면접 등) |
| **일괄 합산 전형** | 전형이 단계별로 이루어지지 않고 일괄적인 성적처리를 통해 이뤄지는 전형(예: 서류 100%, 수능 100% 등) |
| **복수 지원 가능** | 같은 학교 안에서 모집 단위가 다르면 여러 번 지원 가능함을 의미. 각 전형별로 하나의 모집 단위에 복수 지원 가능한 대학이 많음 |
| **학생부 교과** | 학생들이 각 교과목의 교육과정을 통해 얻은 학업성취의 수준. 등급이라는 수치로 명확하게 표현되는 개념임 |
| **학생부 비교과** | 학생들이 교육과정에서 경험한 모든 활동 내용. 수치로 나타나는 교과 성적 외에 다양한 교내 활동을 포함하는 개념(예: 출결현황, 봉사활동 등) |

| 교과 vs 과목 | 교과는 학교에서 배우는 내용을 국어교과, 수학교과 등 일정한 분야로 구분해 놓은 것을 의미함. 과목은 교과의 하위 개념으로 국어교과를 화법과 작문, 문학 등으로 세분한 것을 의미함. 예를 들어 수학에서 상위 3과목을 반영한다는 것은 수학에 해당하는 과목 중 가장 성적이 좋은 3과목을 반영한다는 뜻 |
|---|---|
| 교차 지원 | 본인의 계열(고등학교의 인문/자연 등)과 다른 모집 단위에 지원하는 경우(예: 수학 가형과 과학탐구 영역을 응시한 자연계열 학생이 인문계열에 지원함) |
| 추가합격 (충원합격) | 합격자가 등록하지 않아 결원이 생겼을 경우 해당 대학의 예비 합격자가 추가로 합격됨 |
| 변환표준점수 | 주로 탐구과목의 경우에 난이도와 응시인원 등에 따라 선택과목 점수의 유불·리가 있을 수 있으므로 이를 보정하여 대학별로 산출하는 점수. 백분위를 기준으로 변환표준점수를 산출해서 과목 간 표준점수 차이를 보정함 |
| 대학별 환산 점수 | 지원자의 성적을 대학별 점수 반영 방법에 맞춰 변환한 점수. 보통 대입 관련 프로그램에 학생의 점수를 넣으면 자동 산출됨 |
| 수시 이월 인원 | 수시 전형에서 선발하지 않은 학생 수만큼 정시 전형에서 선발되는 인원 |
| 등록(확인) 예치금 | 수시모집 본등록 이전에 등록 의사를 밝히는 의미에서 일정 금액을 납부하는 것으로, 합격통지를 받아도 예치금을 납부하지 않으면 등록 포기로 간주하여 불합격되므로 반드시 입금하도록 함. 다른 대학에 추가 합격한 경우, 납부한 등록 예치금 반환 신청을 하고 추가 합격한 대학에 다시 등록 예치금을 납부함 |

특별전형은 차등적 보상 기준에 따라 경력, 자격, 소질 등을 가진 학생을 대상으로 선발하는 전형을 의미하며, 2021학년도부터 고른 기회 특별전형을 실시하게 된다. 따라서 선발 비율이 계속해서 증가할 것으로 예상된다. 지원자격이 제한적이라 지원하는 학생은 진학에 유리할 수 있지만, 모집 인원수가 상대적으로 적어 전년도 합격자 성적만 믿고 있으면 안된다. 학기 초 상담을 통해 특별전형 조건에 해당하는 학생이 있는지 파악하고 모집인원, 지원자격, 수능 최저 학력 기준 등의 모집 요강과 학생의 위치에 따라 특별전형과 일반전형 중 어떤 전형이 유리할지에 대해 고민해야 한다.

일부 특별전형은 관공서에서 발급하는 증명서가 필요(예. 농어촌, 저소득지원 대상자, 국가 보훈 대상자 등)하기도 하며, 지역인재 전형의 경우는 대학이 위치한 권역을 기준으로 하되, 구체적 해당 지역은 대학이 설정하므로 각 대학의 홈페이지를 미리 참고해야 한다.

| 특별전형 예 | · 국가 보훈 대상자<br>· 농어촌학생<br>· 기초수급자, 한부모가족, 차상위계층 지원 대상자<br>· 특성화고교 졸업자<br>· 특성화고 등을 졸업한 재직자 | · 장애인 등 대상자<br>· 서해 5도 학생<br>· 만학도<br>· 지역인재 |
|---|---|---|

**지역인재 전형**

① 해당 지역의 고교 졸업(예정)생을 의대, 치대, 한의대 등 인기 학과에서 일정 비율 이상을 선발하는 전형으로 고등학교 전 과정을 해당 지역에서 이수해야 지원 가능함

② 지역 고교, 대학 및 전문 대학원의 의견을 수렴하여 인재선발 해당 지역의 범위를 광역 단위로 6개 권역으로 지정함(아래 표 참조)

③ 학부(의과, 한의과, 치과 및 약학대학)는 모집 전체 인원의 30% 이상을 해당 지역 고교를 졸업한 학생을 선발함. 또한, 전문대학원(법학, 의학, 치의학, 한의학)은 20% 이상을 해당 지역 대학을 졸업한 학생을 선발함. 단 구체적인 방법은 지방 대학의 장이 학칙으로 결정함. (강원 및 제주권은 지역의 여건을 고려하여, 학부의 경우는 15% 이상, 전문대학원의 경우는 10% 이상을 하한으로 함)

**지역 인재 선발 기준**

| 권역 | 지역 | 선발권고비율 |
|---|---|---|
| 충청권 | 충북 충남 대전 세종 | 30% |
| 호남권 | 전북 전남 광주 | |
| 대구/경북권 | 대구 경북 | |
| 부산/울산/경남권 | 부산 울산 경남 | |
| 강원권 | 강원 | 15% |
| 제주권 | 제주 | |

* 구체적 지원 자격은 대학별 홈페이지 참조

고3 첫 상담에서 학생의 진로를 파악하는 것이 가장 중요하다. 무조건 좋은 대학, 아무 대학에 진학시키는 것을 목적으로 하면 진학은 성공할지 몰라도, 학생의 진로는 실패한다. 아마도 반수생과 중도 이탈자를 양성하는데 일조하게 될 것이다.

각종 사관학교와 경찰대 같은 특수대학은 수시 지원 횟수 6회에 해당하지 않는다. 이들 대학은 수능과 별개로 학교별 시험과 일정이 존재하므로 미리 파악하여야 한다. 이 외에 과학기술원(수시 6회 지원과 무관), 의학계열, 교육대학, 예체능계열에 희망 학생이 있는지를 파악하여 남은 한 학기를 어떻게 준비할지 상담을 통해 함께 고민하고 계획하자.

수시 '6회 지원 제한'을 적용받지 않고 추가로 지원이 가능한 대학 및 전형은 다음과 같습니다.

· 산업대학: 청운대(충남 홍성, 인천), 호원대(전북 군산)
· 전문대학: 136개 대학
· 특별법에 의해 설치된 대학 (하단 참조)
· 각종학교: 순복음총회신학교(충북 제천)
· 전공대학: 국제예술대학, 정화예술대학, 백석예술대학 (하단 참조)
· 사이버대학교
· 일반대학의 '부모 모두 외국인인 외국인 전형'

<예시1> 카이스트(한국과학기술원; KAIST)는 특별법에 의해 설치된 대학이므로 복수지원 금지에 해당되지 않습니다. 그러므로 4년제 일반대학에 6회 지원 후 추가적으로 카이스트 수시에 지원 가능하여 총 7회 지원이 가능합니다.

<예시2> 수시 4년제 일반대학 6회 지원 후 전문대학은 횟수에 관계없이 추가적으로 지원이 가능합니다.

[참조]특별법에 의해 설치된 대학
· 특별한 설립취지와 목적을 가지고 특별법 및 개별 설치령에 의해 설립된 대학
· 학사운영, 입학업무, 전형 및 접수일정, 등록기간 등이 일반대학과 다르게 운영

| 대학명 | 설립근거 | 주관부서 |
|---|---|---|
| 광주과학기술원(GIST) | 광주과학기술원법 | 과학기술정보통신부 |
| 대구경북과학기술원(DGIST) | 대구경북과학기술원법 | |
| 울산과학기술원(UNIST) | 울산과학기술원법 | |
| 한국과학기술원(KAIST) | 한국과학기술원법 | |
| 경찰대학 | 경찰대학 설치법 | 행정안전부 |
| 육·해·공군사관학교 | 사관학교 설치법 | 국방부 |
| 국군간호사관학교 | 국군간호사관학교 설치법 | |
| 한국예술종합학교 | 한국예술종합학교 설치법 | 문화체육관광부 |
| 한국전통문화대학교 | 한국전통문화대학교 설치법 | |
| 한국폴리텍대학교 | 근로자직업능력개발법 | 고용노동부 |
| 한국방송통신대학교 | 한국방송통신대학교 설치령 | 교육부 |
| 한국농수산대학교 | 한국농수산대학교 설치법 | 농림축산식품부 |

[참조]전공 대학
① 고등교육법이 아닌 평생교육법에서 인가받은 평생교육시설
② 학생모집은 전문대학 모집방법과 동일하게 실시
③ 전공대학: 국제예술 대학, 정화예술대학, 백석예술대학

〈출처/대입정보포털(www.adiga.kr)〉

상담을 통해 눈높이 맞추기

학생별 희망 대학 및 진로 사전 조사 /

상담을 위한 준비가 되었다면 학생에게 가장 적합한 전형을 함께 찾아 추천해 줄 수 있어야 한
다. 앞서 언급했듯이 학생별 희망 진로 및 학과를 미리 조사해야 한다. 그렇지 않으면 다시 일일
이 묻는 번거로움과 소통에서 오해가 생길 여지가 있다.

| 이름 | | 연락처 | |
|---|---|---|---|
| 학생의 진로희망 | | 부모님의 진로희망 | |
| 진로 희망 사유 | | | |
| 희망 전형 | 수시(종합, 교과, 실기, 논술), 정시(수능, 실기) | | |
| 희망 학과 | 1순위 | 희망대학 | 1순위 |
| | 2순위 | | 2순위 |
| | 3순위 | | 3순위 |
| | … | | … |
| 하고 싶은 말 | 예) 국공립 희망 여부 등<br>* 하고 싶은 말을 이용해 학생의 개인 상황을 고려하는 것이 좋다. 예를 들어 가정형편이나 지리적 여건상 국공립이나 집 근처의 대학을 선호하는 학생들이 있기 때문 | | |
| 특별전형 해당 여부 | 국가보훈대상자, 농어촌학생, 기초생활수급자, 차상위계층, 한부모가족 지원 대상자, 특성화고교 졸업자, 특성화고 등을 졸업한 재직자, 장애인 등 대상자, 서해 5도 학생, 만학도, 지역인재, 다문화가정, 다자녀 등 | | |
| 내신 성적 | (대교협이나 유니브 등의 자료를 이용하여 통계치 제시) | | |
| 모의고사 성적 | (1, 2학년 누적 기록 및 3월 결과 활용) | | |
| 수상실적 | | | |
| 전공독서 및 기타 독서 특이사항 | | | |
| 자율활동 특이사항 | | | |
| 동아리 활동 특이사항 | | | |
| 봉사활동 특이사항 | | | |
| … | | | |

개인 상담 카드를 이용해 학생의 희망 진로가 파악되면 개별상담을 시작한다. 학생부 기록과 내신 성적 및 모의고사 점수를 활용해 다양한 시각으로 분석하자. 상담시 준비물은 상담카드, 모의고사 성적표, 내신 추이 및 통계자료(대교협이나, 유니브 등 활용)등이다.

| 1 상담 카드 | 앞서 제시한 상담 카드나 개별 양식을 활용하여 이용한다. 상담용 카드를 작성하면 학생도 자신을 돌아볼 수 있고, 남은 1학기를 어떻게 채워야 할지 계획할 수 있다. |

| 2 모의고사 성적표 | 모의고사 성적표는 그동안의 추이를 알도록 1, 2학년 성적도 함께 보는 것이 좋다. 3월의 고3 학생은 뭐든지 할 수 있고 성적도 향상되리라는 자신감에 충만하다. 희망과 격려도 중요하지만, 실제 수능시험에 들어오게 될 N수생의 영향과 다양한 원인으로 하락하는 모의고사 점수에 대한 현실을 알려주어야 한다. |

각 대학 입학처 홈페이지에 전년도 입시 결과가 공개되므로 학생의 현재 위치를 알려주기 위한 자료로 활용하면 좋다. 상담 시 학생이 더 이상 노력할 필요가 없다고 느낄 정도로 의욕을 꺾어버리면 학생이 담임교사를 배제하고 희망을 주는 다른 교사나 사교육에 의지할 가능성이 크다. 이는 학생뿐 아니라 학부모님과의 신뢰마저 낮아져 상담이 무의미해질 수 있다. '현재의 위치는 이러하나 앞으로 OO한 부분을 보완하여 OO 대학 혹은 OO전형을 준비해보자'고 말하는 것이 좋다. 다음의 예를 살펴보자.

### ● K대학교 정시전형 최종등록자 상위 80% 성적 ●

※ 국어/수학/탐구 평균: 각 계열별 반영영역(영어 제외)의 백분위 평균

| 모집단위 | 최종등록자 상위 80% 평균 성적 | | | | 등급 |
|---|---|---|---|---|---|
| | 백분위 점수 | | | | |
| | 국어 | 수학 | 탐구 | 국어/수학/탐구/평균 | 영어 |
| 국어국문학과 | 98.2 | 87.7 | 88.9 | 91.8 | 1.3 |
| 사학과 | 99.0 | 86.6 | 87.7 | 91.2 | 1.3 |
| 철학과 | 98.3 | 85.2 | 93.0 | 92.3 | 1.2 |
| 영어영문학과 | 97.9 | 87.3 | 92.3 | 92.5 | 1.4 |
| 정치외교학과 | 94.6 | 95.9 | 92.3 | 94.3 | 1.2 |
| 행정학과 | 94.2 | 96.3 | 90.6 | 93.8 | 1.2 |
| 사회학과 | 89.3 | 98.0 | 93.4 | 93.5 | 1.5 |
| 경제학과 | 92.2 | 97.7 | 94.1 | 94.6 | 1.1 |
| 무역학과 | 93.1 | 96.9 | 93.2 | 94.5 | 1.4 |
| 언론정보학과 | 95.6 | 95.7 | 90.2 | 93.7 | 1.0 |
| 경영학과 | 92.3 | 97.1 | 92.2 | 93.9 | 1.2 |

K대학교 정시전형 최종등록자 상위 80%의 국수탐 백분위 점수와 평균 백분위 및 영어 등급점수와 A학생의 모의고사 성적표이다. 표에서 학과별 국수탐 평균 백분위와 학생의 모의고사 백분위 점수인 98.27을 비교하자. 여기에 공개된 대학의 입시결과는 최종 등록자의 80%이기 때문에 충원 합격자의 성적이 포함되어 있음에 유의하자.

94.6점을 받은 수험생이 경제학과에 지원하더라도 실제 입시에서는 탈락의 가능성이 있음을 유념한다. 학생의 98.27점이라는 점수는 수험생들의 평균적인 점수등락 정도, N수생 유입 등을 고려했을 때 실제 수능에서는 94~96점 정도를 받을 것으로 예상해야 한다.

다음에서 보듯 내신 성적은 이수 과목의 단위 수, 원점수, 평균, 표준편차, 등급, 수강자 수 등을 모두 고려한다. 학생부 종합 전형에 응시 예정이라면 학년이 올라갈수록 성적의 추이가 어떻게 달라지는지도 중요하다.

## ● A 학생의 내신 성적(대교협 자료) ●

교과정보

| 학년 | 교과 | 과목 | 1학기 | | | | | 2학기 | | | | |
|---|---|---|---|---|---|---|---|---|---|---|---|---|
| | | | 단위수 | 원점수/과목평균(표준편차) | 등급 | 수강자수 | 성취도 | 단위수 | 원점수/과목평균(표준편차) | 등급 | 수강자수 | 성취도 |
| 1 | 국어 | 국어I | 4 | 93 / 78.8 ( 11.6 ) | 2 | 105 | A | | | | | |
| 1 | 국어 | 국어II | | | | | | 4 | 95 / 81.2 ( 11.9 ) | 1 | 102 | A |
| 1 | 영어 | 영어I | 4 | 98 / 83 ( 15.3 ) | 2 | 105 | A | | | | | |
| 1 | 영어 | 영어독해와작문 | | | | | | 4 | 100 / 85.8 ( 15.6 ) | 1 | 102 | A |
| 1 | 수학 | 수학I | 4 | 93 / 86.5 ( 7.8 ) | 3 | 105 | A | | | | | |
| 1 | 수학 | 수학II | | | | | | 4 | 93 / 88.7 ( 7.9 ) | 4 | 102 | A |
| 1 | 과학 | 물리I | 3 | 84 / 76.3 ( 13.7 ) | 4 | 105 | B | 3 | 88 / 72.9 ( 15.6 ) | 3 | 102 | B |
| 1 | 과학 | 생명과학I | 3 | 86 / 83.4 ( 11 ) | 5 | 105 | B | 3 | 97 / 83.6 ( 13.8 ) | 2 | 102 | A |
| 1 | 사회(역사/도덕포함) | 경제 | 3 | 95 / 81.3 ( 9.5 ) | 1 | 105 | A | 3 | 92 / 76.7 ( 11.4 ) | 2 | 102 | A |
| 1 | 사회(역사/도덕포함) | 한국사 | 2 | 95 / 89.6 ( 9.2 ) | 4 | 105 | A | 2 | 98 / 88.6 ( 11.8 ) | 2 | 102 | A |
| 1 | 체육 | 스포츠문화 | 2 | 0 / 0 ( 0 ) | 0 | 0 | A | 2 | 0 / 0 ( 0 ) | 0 | 0 | A |
| 1 | 기술·가정/제2외국어/한문/교양 | 기술·가정 | 2 | 99 / 91.6 ( 6.6 ) | 1 | 105 | A | | | | | |
| 1 | 예술(음악/미술) | 미술창작 | 3 | 0 / 0 ( 0 ) | 0 | 0 | A | | | | | |
| 1 | 예술(음악/미술) | 음악과생활 | | | | | | 3 | 0 / 0 ( 0 ) | 0 | 0 | A |

## ● A 학생의 내신 그래프(대교협 자료) ●

# 개인 성적표

3학년 반 번 이름 :

교과별 등급 그래프(이수단위 적용)

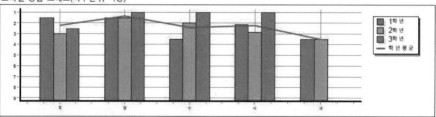

조합별 등급 그래프(이수단위 적용)

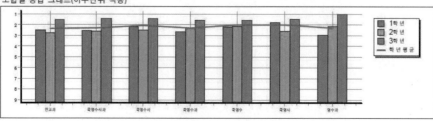

앞의 예시에 있는 A학생의 성적은 이해를 돕기 위해 3학년 1학기 내신 성적을 포함한 것이다. 따라서 이제 막 3학년이 된 학생의 성적표에는 1, 2학년 두 개의 막대(빨간색과 초록색)만 존재할 것이다. 이 학생은 국어를 제외한 모든 과목의 성적이 학년이 올라갈수록 향상되고 있고, 3학년의 과학 점수가 없는 것으로 보아 인문계열 학생임을 알 수 있다.

하단에 있는 그래프는 과목별 조합으로 국·영·수만 조합하였을 때, 가장 높은 점수를 보인다. 국어 과목이 하락세를 보였던 학생이라 국어를 뺀 영수과목의 조합에서 가장 많이 향상되었음을 확인할 수 있다.

마지막으로 학생의 비교과 활동(수상, 자율, 동아리, 봉사, 독서, 교과세특 등)을 분석하여 보자.

| 1번 *** 학생<br>상담자료 분석 예시 | 교과 분석 – 영수사 과목 평균 2.6, 국어과목 약세<br>비교과 분석 – 영어 멘토링활동, 영자 신문부, 영어 경시대회 수상, 깊이 있는 독서 등<br>모의고사 분석 – 국어 2등급, 수학 2등급, 영어 1등급 |
|---|---|

# 다 ▶ 개별상담 들어가기

개별상담은 학생과의 대화를 통해 남은 기간동안 어떤 방향으로 나아갈지 결정하고, 학생과 학부모님의 생각을 파악하는 귀중한 시간이 된다. 학생을 상담하다 보면 '어떻게 해야 고3 성적을 올릴 수 있는지', '과연 성적이 올라갈지', '남은 한 학기에 어떤 활동을 채우면 좋을지'에 대한 질문이 많다. 교사의 진학지도에 매우 유용한 선생님을 위한 책 '학생부 끝판왕[6]'을 참고하여 진로와 전공에 맞게 조언해 주는 것이 좋겠다.

3학년은 내신 성적을 향상시킬 수 있는 마지막 절호의 기회이다. 고학년이 될수록 점차 향상되는 성적은 긍정적 이미지를 줄 수 있으며, 모든 교과를 편식 없이 고르게 잘하는 것도 학생의 역량이나 인성평가에 있어 긍정적인 영향을 미칠 수 있다. 학교장 추천 전형 및 특별전형 대상자들은 성적에 더 관심을 쏟도록 지도하자.

또한, 등급별로 다른 접근이 필요하다. 상위권 학생들은 부족한 과목이나 개념 그리고 학교생활기록부를 채워나가도록 하고, 중위권 학생들은 학생의 현실적 위치와 함께 학습법을 수정하고 집중할 과목을 정하는 게 좋다. 중하위권 학생들은 대학 진학에 대한 목표 의식을 점검하고 잘못된 학습 태도를 개선하는 방법을, 하위권 학생들은 동기부여와 고등학교 졸업후 계획부터 시작해야 할 것이다.

교사의 Tip

바쁜 고3의 일정 속에 3학년의 학교생활기록부는 자칫 부실할 수 있다. 학급의 조, 종례 시간에 1분 또는 3분 speech를 진행하여 매일 한 명씩 발표를 시키면 매달 새로운 주제를 통해 학생별로 다양한 기록이 나올 수 있습니다. 첫 주제는 담임교사가 정해주고 나머지는 학생들이 정하는 것도 좋고, 1인 1역할을 이용해 speech 도우미를 선정하여 주제와 순서를 정하게 하는 것도 또 하나의 역량 계발이 될 수 있을 것입니다.
*주제 : 존경하는 인물, 진로 선택의 이유, 감명 깊게 본 영화나 책 소개 등

6) 꿈구두 출판사(2019)

### 사례A 내신 성적은 좋은데 활동이 없어요.(교과성적〉비교과)

학생의 내신 성적은 좋은데 비교과 활동이 없다면 전형적인 학생부 교과 전형에 어울리는 학생입니다. 남은 기간도 더 나은 내신 성적을 위해 공부하도록 조언해주시고, 수능 최저 학력 기준이 있는 학교를 희망할 경우, 모의고사 점수를 바탕으로 어느 정도 도전이 가능한지 상담해주도록 합니다(대학 입시결과나, 전년도 배치표, 소속학교 졸업생들의 대입 결과 등 활용). 일반적으로 학생부 교과 전형은 수능 최저 학력 기준을 맞추지 못한 학생들의 탈락 사례가 많아 추가 합격률이 높은 편입니다. 이러한 점들을 고려하여 학생에게 맞는 학교를 추천해주시되, 수시 6회 지원 중 1~2곳 정도는 살짝 높은 최저 등급을 목표로 공부하는 것도 학생에게 자극이 되고 정시를 대비할 방법이기도 합니다.

### 사례B 두루두루 활동은 많은데 두드러진 특징이 없어요.(비교과 우수)

다양한 활동을 많이 한 학생들을 '자기계발 의지나 활동의 다양성' 또는 '적극적이고, 진취적으로 학교생활을 한 학생' 등으로 긍정적인 평가를 하는 대학이 있는가 하면, 반대로 하나의 분야를 깊이 있게 공부한 학생을 선호하는 대학도 있습니다. 여기에서 다 다룰 수 없으므로, 각 대학의 입학처에 게시된 평가방법이나 평가영역을 참고하시면 됩니다. 단, 활동에 치중한 나머지 학업역량에서 학생의 역량을 보여주지 못한다면 학업역량과 전공(계열) 적합성 측면에서 불리할 수 있기에 3학년 내신 성적향상을 위해 힘쓰도록 조언해주는 것이 좋겠습니다.

### 사례C 내신은 좋은데 모의고사 성적이 낮아요.

내신 성적에 비해 모의고사 성적이 낮은 학생이라면 가능한 수능 최저 학력 기준이 없는 학교에 지원하는 것이 좋겠습니다. 또한, 면접이 있는 대학이나 오로지 서류 100%로만 선발하는 대학에 적절히 조합하여 지원하도록 조언합니다. 하지만 학생이 수능을 포기하는 쪽으로 오해하게 되면, 수시에서 모두 탈락할 경우 정시 지원에 어려움을 가져올 수 있기 때문에 학생별로 세심한 상담이 필요합니다.

# 2

# 고3 내신 끝장

# 고3 내신 끝장

5월과 6월은 1차 지필고사와 N수생도 참여하는 첫 모의고사를 치르게 되는 중요한 시점이다. 날씨는 점점 더워지고 고교 시절의 마지막 행사를 치르면서 조금씩 풀어지는 학생이 눈에 띄기 시작할 것이다. 무엇보다 중요한 이 시기를 좀 더 알차게 보내도록 격려한다.

| 1학기 중 주요일정 | 학습 습관 점검<br>경찰대 원서접수 | 모의평가 및 분석<br>정시와 수능 최저 학력 기준 고려<br>사관학교 원서 접수 |
| --- | --- | --- |

 **선택과 집중 내신**

학급에는 각자 준비하는 전형에 따라 내신 성적에 의미를 두는 학생과 그렇지 않은 학생이 존재한다. 6회의 수시 지원 기회를 버리고 정시나 논술을 준비하는 학생에게도 내신은 유의미한 것임을 알려주어야 한다. 그 이유를 살펴보자.

**학년으로 올라갈수록 향상되는 내신이 주는 의미**

앞서 언급했듯이 학생부 종합전형을 준비하는 학생에게 점점 향상되는 성적이 긍정적인 이미지를 줄 수 있다.

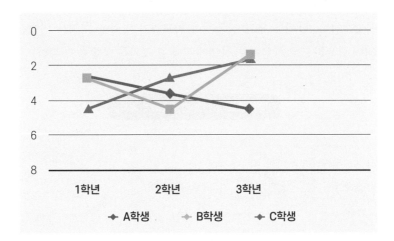

● 내신 성적 향상 정도 ●

그래프를 보자. A학생은 학년이 올라갈수록 성적이 3등급→4등급→5등급으로 떨어진다. B학생은 2학년 때 떨어진 성적을 3학년에서 극적으로 끌어올렸다. C학생은 꾸준히 성적이 향상되고 있다. A, B, C 학생 중 누가 좋은 평가를 받을까? C학생이다. 이 학생은 꾸준함으로 노력하는 모습과 점차 향상되는 성적 추이로 인해 학업 역량과 잠재성이 뛰어나다고 평가를 받을 것이다. 이러한 성적향상도는 대학에 입학해서도 어려운 공부를 잘해 나갈 것으로 판단될 근거가 된다.

B학생의 경우도 좋은 이미지를 보일수 있다. 2학년 때 성적이 확 떨어졌다가 다시 극복한 소감을 어필하는 전략을 쓰는 것이다. 학생의 성적이 갑자기 떨어진 이유와 극복사례를 학교생활기록부의 행동 특성 및 종합 의견이나 자기소개서에 설명해 주면 된다.

### 학생부 종합 전형은 두루 잘하기

전국 대학 모집비율은 학생부 교과 전형의 비율이 높지만, 서울 경기지역의 대다수 대학은 학생부 종합 전형으로 학생을 선발한다.

학생부 종합 전형은 교과 성적을 정량화하여 평가하지는 않으나, 이를 잘 드러내는 것이 필요하다. 자신의 학생부가 잘 준비되고 있는지 궁금하다면 [My Best 학생부 가이드][7]로 점검해보자. 학생부 가이드는 정성적인 학생부를 평가하여 정량화된 수치로 알려주고 부족한 점에 대한 조언을 개인별 맞춤형으로 제공한다.

## 요즘 대학은 계열적합성을 본다.
학생이 희망하는 계열의 과목은 무조건 열심히 해야 한다고 조언하자. 평균 등급이 높아도 학생 희망하는 계열의 성적이 상대적으로 낮으면 선발에서 불이익을 당하기 때문이다. 또 일부 대학은 전공적합성과 특정 과목의 우수함을 높이 평가하므로 학생 스스로 희망 대학과 학과를 살피고 해당 학교 홈페이지 입학처를 방문하여 세세하게 파악하도록 조언하자.

## 학생부 교과 전형은 특정 과목을 잘해야?

학생부 교과 전형의 특징은 모든 과목을 정량화하여 평가한다는 것이다. 다만 대학에 따라 일부 과목만 평가하기도 한다. 학생부 교과 전형에서 비교과가 당락에 미치는 영향은 그리 크지 않다. 과목의 성적이 중요하므로 학생이 자신에게 유리한 교과목 조합을 생각하도록 해야한다.

**학생부 교과 전형 반영교과목 예시**

**1** 국어, 영어, 수학, 과학 교과에 속하는 전 과목

**2** 국어, 영어, 수학, 사회 교과별 상위 5과목

**3** 국어/수학 교과 중 3과목, 영어 교과 중 3과목, 사회/과학 교과 중 3과목

교과 등급의 정량화된 평가방식을 사용하므로 합격 예측이 비교적 쉽다. 수험생 대부분이 안정 지원하려는 경향을 보여서 중복합격자가 많고, 충원합격자도 이에 비례한다. 이 전형은 전형 요소와 수능 최저 학력 기준, 모집인원 변화 등에 따라 경쟁률과 합격선이 달라진다. 모집인원이 적고 수능 최저 학력 기준이 낮은 경우는 경쟁률이 높아서 합격선이 올라가고, 수능 최저 학력 기준이 높고 면접이 있으면 경쟁률이 감소하고 덩달아 합격선이 내려가는 경향이 있다.

교과전형은 수능 최저 학력 기준 충족율이 낮아서 학생부 교과전형을 지원하려면 수능 최저 학력 기준 충족이 가장 중요한 변수가 된다. 희망하는 대학의 전형과 특징을 파악하고 해당 대학 기준으로 성적을 산출하여 전년도 합격선과 비교해 보는 과정이 필요하다.

## ● 학교생활기록부 교과 성적산출 (전형요소 및 평가방법) 예시 ●

### 1) 전형요소별 반영비율

| 구분 | 전형요소별 반영비율 | 비고 |
|---|---|---|
| 1단계 | 학교생활기록부(교과) 100% | 모집단위별 모집인원의 3배수 내외 선발 |
| 2단계 | 1단계 성적 50% + 면접 50% | |

※ 동점자는 모두 선발함

### 2) 서류

가) 학교생활기록부(교과)

| 반영교과 | 학년별 반영비율 | | |
|---|---|---|---|
| | 1학년 | 2학년 | 3학년 |
| 원점수, 평균, 표준편차, 석차등급이 기재된 모든 교과 | 20% | 40% | 40% |

나) 활용지표: 석차등급

다) 교과 성적 산출 방법

| 등급 | 1 | 2 | 3 | 4 | 5 | 6 | 7 | 8 | 9 |
|---|---|---|---|---|---|---|---|---|---|
| 석차등급점수 | 100 | 98 | 94 | 86 | 70 | 55 | 40 | 20 | 0 |

(1) 학년별 석차등급 점수 $= \dfrac{\sum(\text{과목별 석차등급 점수} \times \text{이수단위})}{\sum \text{이수단위}}$

(2) 학교생활기록부(교과) 성적 $= \sum(\text{학년별 석차등급 점수} \times \text{학년별 반영비율})$

(3) 이수자 수에 따른 조정등급

| 석차등급 / 이수자 수 | 1 | 2 | 3 | 4 | 5 | 6 | 7 | 8 | 9 |
|---|---|---|---|---|---|---|---|---|---|
| 1명 | | | | | 4 | | | | |
| 2명 | | | | 3 | | 3 | | | |
| 3~4명 | | | 2 | 2 | 2 | 2 | 2 | | |
| 5~12명 | | 1 | 1 | 1 | 1 | 1 | 1 | 1 | |

※ 과목별 조정등급 = 석차등급 – 조정점수

예) 최고려 학생이 이수한 "문학" 과목의 이수자 수가 3명이고, 석차등급이 5인 경우 위의 표에 의해 조정등급은
5 – 2 = 3등급으로 반영됨

## 1차 지필 고사 성적에 따른 2차 지필 고사 준비

고3은 거의 매월 모의고사가 진행된다. 5월과 8월이 시험이 없는 달이다. 5월의 1차 지필 고사는 수능에 대비한 학습 정도를 파악할 수 있는 시험이 된다. 내신 성적에 큰 의미가 없다고 생각하는 학생도 수능 대비라는 의미를 받아들이게 하자.

1차 지필 고사를 치른 후에 성적을 확인하면서 바로 2차 지필 고사를 위한 전략을 세우도록 지도한다. 학생이 부진한 과목과 그 이유를 파악하여 끝까지 포기하지 않게 도와주는 것이 고3 교사의 가장 큰 역할이다. 그냥 말로 하는 지도보다 적당한 양식을 가지고 체크하면서 학생이 부족한 점을 스스로 알고 보완하도록 상담하는 것이 좋다. 다음의 양식을 활용해보자.

1. 책상에 앉고나서 마음 잡기까지 시간이 많이 걸리나요? (Y/N)

2. 책장에 꽂힌 책을 훑어보고 이것저것 꺼냈다 덮었다를 반복하고 있나요? (Y/N)

3. 오늘의 계획표에 혹시 '국영수' 또는 '국어숙제', '영단어'라고 적혀 있지 않나요? (Y/N)

4. 한 번 공부한 내용은 다시 보기 싫은가요? (Y/N)

5. 좋아하는 과목 또는 잘하는 과목에 투자하는 시간이 제일 많은가요? (Y/N)

6. 싫어하는 과목 또는 성적이 낮은 과목은 손에 잘 잡히지 않거나 뒤로 미루나요? (Y/N)

7. 국영수 과목 중 몇일 째 공부하지 못한 과목이 혹시 있나요? (Y/N)

8. 수업 중 노트 필기는 선생님이 칠판에 적어주신 것만 하나요? (Y/N)

9. 선생님이 설명을 이어가시는데 앞 부분의 필기를 하느라 바쁜가요? (Y/N)

10. 방과 후 노트 필기를 정리하느라 하루가 다 갔나요? (Y/N)

# 학습 점검표

그렇다고 생각하면 ✓ 표시해보세요.

| 구분 | | 전형요소별 반영비율 | ✓ |
|---|---|---|---|
| 학습 목표와 계획 수립 | 1 | 장래에 무엇이 되고 싶다는 목표나 희망이 뚜렷하다. | |
| | 2 | 시험에서 몇 등 또는 몇 점을 받아야겠다는 뚜렷한 목표가 있다. | |
| | 3 | 아침마다 오늘 해야 할 일을 머릿속에 떠올린다. | |
| | 4 | 학습계획표를 작성하는 편이다. | |
| | 5 | 학습 계획을 세우고 얼마나 실천했는가를 평가한다. | |
| 학습환경 | 6 | 공부하는 장소가 일정하게 정해져 있다. | |
| | 7 | 책상 위나 주변을 깔끔하게 정리한 다음 공부를 시작한다. | |
| | 8 | 자신을 격려하는 글귀를 눈에 잘 띄는 곳에 붙여 놓는다. | |
| | 9 | 학습 장소에서는 마음이 차분히 가라앉는다. | |
| | 10 | 공부에 싫증이 나지 않게 가끔 학습 장소에 변화를 준다. | |
| 끈기와 집중력 | 11 | 공부하거나 책을 볼 때 책상 앞에 30분 이상 앉아 있을 수 있다. | |
| | 12 | 공부하는 중에 텔레비전 소리가 나도 참을 수 있다. | |
| | 13 | 수업 시간에 비교적 집중을 잘하는 편이다. | |
| | 14 | 친한 친구가 공부하는 것을 보면 더욱 공부를 열심히 하게 된다. | |
| | 15 | 버스나 지하철 등에서도 집중하여 공부할 수 있다. | |
| 학습방법 | 16 | 교과목마다 특성에 맞는 학습 방법을 알고 있다. | |
| | 17 | 여러 교과목을 학습할 때 우선순위를 정하고 순서에 따라 한다. | |
| | 18 | 학습 내용이 어려워도 쉽게 포기하지 않는다. | |
| | 19 | 적어도 시험 2주 전에는 시험공부를 시작한다. | |
| | 20 | 틀린 문제는 반드시 표시해 두고 다시 한번 확인한다. | |
| 학습 태도 및 의지 | 21 | 공부하면서 새로운 것을 깨닫는 기쁨을 느껴 본 적이 있다. | |
| | 22 | 공부에 중요한 것은 머리보다 노력이라고 생각한다. | |
| | 23 | 공부는 장래의 꿈을 이루는 데 필요하다고 생각한다. | |
| | 24 | 공부를 잘하는 친구를 보면서 나도 언젠가는 그렇게 될 수 있다고 생각한다. | |
| | 25 | 모르는 것을 질문하는 것이 별로 쑥스럽지 않다. | |

출처 : 경기도교육청 고등학교 진로 활동 워크북

점검 결과 항목별 ✓가 3개 미만이면 학생의 학습 습관을 개선해야 한다. 각 항목에서 개선할 점과 그 방법을 학생과 상담하면서 작성하게 하자.

| 내용 | 개선해야 할 점 | 개선 방법 |
|---|---|---|
| 학습 목표와 계획 수립 | | |
| 학습환경 | | |
| 끈기와 집중력 | | |
| 학습방법 | | |
| 학습 태도 및 의지 | | |

## 나 수능과 연결하기

학교에서 이루어지는 대부분의 수업은 수능과 동떨어진 내용이 아니다. 매 순간을 수능 시험과 연결하고 노력하여 나날이 발전하는 학생이 되도록 교사의 격려가 필요한 시점이다.

### 대수능 시뮬레이션 / 6월 대수능 모의 평가

드디어 대수능 모의 평가이다. 이미 3, 4월 모의고사를 통해 학생의 장단점과 성향을 파악하였 겠지만 6월 시험은 N수생도 참여하는 첫 모의평가라 긴장한 학생이 많을 것이다. 수능을 출제 하는 한국교육과정평가원 주관의 첫 시험이라 의미가 있다. 학생이 수능 당일과 같은 마음가 짐으로 전날 취침 시간, 당일 아침 기상 시간, 아침과 점심 식사량 조절 등을 연습하고 최적의 컨 디션을 유지할 방법을 찾도록 조언해야 한다.

가채점표 작성 연습도 필요하다. 가채점 결과는 수능 성적표가 나오기 전 학생의 수능점수를 파악 하여 수시 면접 참가 여부, 논술 시험 여부를 결정할 수 있는 지표가 된다. 또, 대략의 정시 전략 을 수립할 자료로도 사용한다. 하지만 문제를 푸는 시간이 부족한 학생에게는 가채점표 작성에 부 담을 주지 않는 것이 좋다.

**가채점표 양식**

| 국어 | 수학 | | 영어 | 탐구1( ) | 한국사 |
|---|---|---|---|---|---|
| 1-5 | 1-5 | | 1-5 | 1-5 | 1-5 |
| 6-10 | 6-10 | | 6-10 | 6-10 | 6-10 |
| 11-15 | 11-15 | | 11-15 | 11-15 | 11-15 |
| 16-20 | 16-21 | | 16-20 | 16-20 | 16-20 |
| 21-25 | 22 | 23 | 21-25 | **탐구1( )** | **제2외국어** |
| 26-30 | 24 | 25 | 26-30 | 1-5 | 1-7 |
| 31-35 | 26 | 27 | 31-35 | 6-10 | 8-14 |
| 36-40 | 28 | 29 | 36-40 | 11-15 | 15-21 |
| 41-45 | 30 | | 41-45 | 16-20 | 22-30 |

### 수능 최저 학력 기준 / 6월 성적과 비교

학기 초에 학생과 의논했던 6장의 수시 카드 중 수능 최저 학력 기준이 있는 전형이 있나 확인이 필요하다. 6월 모의 평가 성적을 중심으로 최저를 맞출 수 있는지와 상향 전략을 쓸 것인지 혹은 하향 지원으로 갈지를 판단할 중요한 자료가 나오기 때문이다.

시험 결과를 보고 수시보다 정시에 더 집중할 것인지도 결정하는 중요한 시점이 된다. 학생과 상 담하며 포기할 것은 포기하고 집중할 것은 집중하도록 하되, 2차 지필고사와 9월 모의평가를 통해 최선의 선택을 하도록 학생을 지지해 주어야 한다.

## 밤공, 새공, 시간관리

6월 모평 성적을 통해 남은 기간 더 집중해야 할 과목은 무엇인지를 파악하게 하자. 학생의 일과 중 버려지는 시간은 없는지 스스로 점검하도록 조언도 필요하다. 학생의 집중시간을 파악하는 방법은 이렇다. 스톱워치를 켜고 학생이 진짜 집중하는 시점부터 'start'를 누른다. 화장실에 가거나 집중력이 흐려지면 'stop'을 누른다. 다시 공부를 시작하면 'start', 또 'stop' 이런 방법으로 모은 하루 공부량을 측정하면 더 공부할 빈 시간을 찾을 수 있다.

또 학생의 수면 패턴에 따라 밤공부(밤공)와 새벽 공부시간(새공), 자투리 시간 사용을 조정한다. 일반적으로 학생이 못하는 과목은 과목 선호도가 떨어지고 잘하는 과목에 비해 공부량이나 집중도도 낮아진다. 학생이 싫어하고 부족한 과목일수록 먼저 시작해서 끝내도록 지도하자.

## 오답 노트

오답 노트 작성법은 다양한 방법이 알려져 있다. 오답 노트를 만들기만 하고 다시 보지 않으면 만드는 의미가 없다. 문제를 모두 오답 노트에 적기 힘들면 가채점표로 채점하고 시험지는 남겼다가 틀린 문제만 표시해서 푸는 것도 방법이다. 이를 통해 다시 복습하는 기회가 생긴다. 6월 모의고사는 평가원에서 출제하는 양질의 문항으로 구성되어 여러 번 풀어도 의미가 있다. 굳이 오답노트를 정리한다면, 6월의 오답 노트에는 개념 정리보다 학생이 실수한 내용과 문제 출제 방향이나 원리를 기록해두는 것이 좋다. 수능날 이렇게 적어둔 오답노트가 쉬는 시간마다 공부할 유용한 자료가 된다. 보통의 학생은 같은 문제를 반복해서 틀리고 실수의 패턴도 유사하기 때문이다.

**학교생활기록부와 연결하기**

## 자율활동 작성하기

고3의 학교생활기록부는 생각보다 실속이 없이 양만 많은 경우가 많다. 학생의 진로에 맞춘 후속 활동을 유도해주면 좀 더 풍부한 학습경험이 학생부에 녹여질 것이다. 학교에서 화재 대피 훈련을 하였다면, 방화복의 소재나 불에 타지 않는 원리에 대해 연구하거나 효과적인 대피 방법 안내에 대해 고민도 가능하다. 문헌 조사를 통해 화재 사고를 겪은 피해자들의 심리상태와 이를 극복한 방법에 대해 발표하는 시간을 가질수도 있을 것이다. 학교에서 연례적으로 이루어지는 일반적 활동이라도 이런 활동 후, 학생의 진로와 연결하여 생각할 거리를 제공하거나 탐구할 문제를 찾는 시간을 가지도록 지도하면 학교생활기록부에 기재할 수 있는 다양한 소재가 된다.

### ●자율활동 보고서●

학년 반 이름 : _____

**활동명 : 흡연 예방 교육**

*오늘 교육을 듣고 더 조사해보고 싶은 내용을 골라 보고서를 작성해보자.
 (아래의 예시가 아닌 학생이 선택한 내용도 좋습니다.)

① 효과적인 의사전달 방법은 어떤 것이 있을까?

② 학생들을 대상으로 교육을 할 때 집중하게 하는 방법은 어떤 것이 있을까?

③ 니코틴이 건강에 미치는 영향은 무엇일까?

④ 금연을 유도하기 위한 홍보 문구와 포스터 디자인은 어떤 것이 좋을까?

⑤ 우리나라의 담배에 실린 그림과 경고 문구가 금연에 어느 정도 영향을 미칠 수 있을까?

⑥ 다른 나라의 금연 캠페인 사례는 어떤 것이 있을까?

⑦ 담배를 끊지 못하는 사람들의 심리는 무엇일까?

⑧ 나라의 금연 정책과 실제 금연자들 사이의 상관관계는 어느 정도일까?

⑨ 담배값 인상이 금연에 미치는 효과는 얼마나 될까?

⑩ 금연 보조제의 원리는 무엇일까?

⑪ 기타

### 독서활동 작성하기

고3 학생은 공부하기에도 바빠서 책을 읽을 엄두를 내기도 어렵다. 많은 시간 투자보다 하루 5분 독서나 수업 중 5분 독서 시간을 정기적으로 확보해주면 좋다. 1차 지필 고사 후, 수업 한 시간은 간략하지만 울림이 있는 글을 읽고 소통하는 내용으로 진행해도 좋을 것 같다. 소통의 방법은 비경쟁 독서 토론이나 거미줄 독해 모형을 이용하는 등 다양할 것이다. 또는 진로가 비슷한 학생이 모여 하나의 주제를 정해 글을 읽고 토론하고, 그 결과를 발표한다면, 자연스레 면접 준비도 되고 학교생활기록부에 기록할 다양한 소재가 될 것이다.

● **거미줄 독해 모형** ●

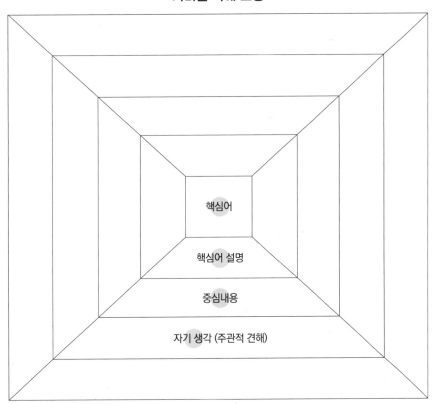

핵심어

핵심어 설명

중심내용

자기 생각 (주관적 견해)

수업 시간에 배우는 다양한 주제와 소재를 바탕으로 논문 읽기 활동을 하거나, 발표 시간을 주고 학생의 진로에 대한 개인 발표와 다른 학생의 진로 계획을 경청하는 시간을 주자. 학생들은 친구의 발표를 통해 알게 된 사실로 다양한 배경지식도 쌓을 수 있고, 발표하는 학생은 면접 준비가 된다. 혹은 각 학생이 지원하는 대학 홈페이지를 참고하여 면접 기출 자료를 활용 잠깐 읽을 시간을 주고 그 답을 발표하게 하는 방법도 있다.

**\*다음 글을 읽고, 각 질문에 답하시오.**

**(A)** 교사는 자신을 초월하는 위대한 도덕적 인간, 즉 사회의 전도자이다. 성직자가 신의 해석자인 것과 마찬가지로 교사도 그 시대와 국가의 위대한 도덕 사상의 해석자인 것이다. 교사에게 이러한 사회의 도덕 사상에 숙달하도록 하고, 이 사상의 향기를 느끼도록 해야 한다. 그러면 이 사상이 갖고 있는 권위와 그것에 대해 교사가 느끼는 권위는, 교사의 모든 행동으로 표출되고 아동에게 반드시 전달되고야 말 것이다.

– 뒤르켕(E. Durkheim)의 '교육과 사회학' 중에서–

**(B)** 제 6조(교육의 중립성) ① 교육은 교육 본래의 목적에 따라 그 기능을 하도록 운영되어야 하며, 정치적·파당적 또는 개인적 편견을 전파하기 위한 방편으로 이용되어서는 아니 된다. 「교육기본법」 중에서

[질문 1] (A)에서 제시된 '위대한 도덕적 인간'으로서의 교사의 특성을 추론하여 설명하시오.

[질문 2] (A)의 내용을 바탕으로 (B)에 제시된 법조항의 의미를 해석하시오.

(출처 : 서울교육대학교 교직 적성 면접 문항(선행학습 영향평가) 中)

교과 관련 논문이나 특강(TED, K-MOOC)을 찾아보고 탐구한 내용을 수행평가에 활용 후 이를 교과세특에 기록하는 것도 좋다.

## 교과 관심 키워드 선정 – 논문 읽기 활동지

| 교과 | | 담당 선생님 | |
|---|---|---|---|
| 단원 | | | |

● 수업 중 관심, 호기심, 흥미 가졌던 부분



● 위의 관심 부분에 대한 키워드 선정 및 선정 이유

1. 관심 키워드 : ex) 인공지능, 사물인터넷, 3D 프린터, 미세먼지, 공유경제, 1인 미디어

2. 키워드 선정 이유 :

● 관심 키워드와 연관된 관련 논문 3편 이상 탐색(DBpia 학술 논문 사이트 접속)
 (논문 제목/저자)



● 탐색한 논문 중 1편 이상 선정하여 기술

1. 논문 요약

2. 새롭게 알게 된 용어 및 개념

3. 새롭게 알게 된 점, 흥미로운 점

● 향후 전공과 관련하여 연구하고 싶은 점



● 기타의견 : 교과 주제탐구 및 과제탐구 활동으로 연계할 경우 연구주제 등 기재



(출처 : DBPia 논문 활동지)

5월과 6월에는 중요한 시험과 동시에 학교 체육대회 등 다양한 행사가 진행된다. 시험을 통해 학생은 현재 상태 점검과 새로운 전략 수립으로 전반적인 성장에 의미 있는 시간이 될 것이다. 각 시험의 의미와 그 결과에 따른 적절한 피드백과 격려를 통해 남은 기간 최선을 다할 수 있도록 지도하는 것이 가장 중요하다. 학생뿐만 아니라 교사도 지치기 쉬운 계절이 다가오니 체력관리에 유의해야 하겠다.

교사의
추천
Tip

학생의 1차 지필고사 점수에서 잘 나온 과목과 부족한 과목 중 어느 과목에 더 집중하여 2차 지필 고사를 준비해야 할까요? 정답은 잘 나온 과목을 더 잘 할 수 있도록 그 성적을 유지하도록 하는 것이 유리하다.

상대적으로 뒤처진 과목을 올리는 것도 중요하나, 자칫 잘한 과목의 점수까지 하락한다면 오히려 더 불리하기 때문입니다. 아래의 사례와 같이 표를 만들어주고 학생과 대화해보세요.
(과목 이수자 인원이 38명과 99명인 경우)

|  | 비율 | 인원(38명 기준) | 인원(99명 기준) |
|---|---|---|---|
| 1등급 | 4% | 2 | 4 |
| 2등급 | 11% | 4 | 11 |
| 3등급 | 23% | 9 | 23 |
| 4등급 | 40% | 15 | 40 |
| 5등급 | 60% | 22 | 59 |
| 6등급 | 77% | 29 | 76 |
| 7등급 | 89% | 34 | 88 |
| 8등급 | 96% | 36 | 95 |
| 9등급 | 100% | 38 | 99 |

# V

## 학기 마무리로 든든한 진학

# 1

# 다시 공부를 알다

# 1

# 다시 공부를 알다

 **1학기 돌아보기**

그래프로 성적 분석하기

고3 여름방학은 '방학이 방학이 아닌' 고3에게 매우 중요한 시기다. 한 학기를 돌아보도록 지도해야 한다. 방학 동안 학생이 스스로 평가하고 진로진학 전략을 세울 수 있도록 하자. 기회를 효율적으로 활용하려면 학생 스스로 자신의 성적 향상도를 그리고 3월에 세웠던 목표와 비교하여 잘한 점과 못한 점을 파악하도록 지도한다.

## 1. 나의 성장 돌아보기

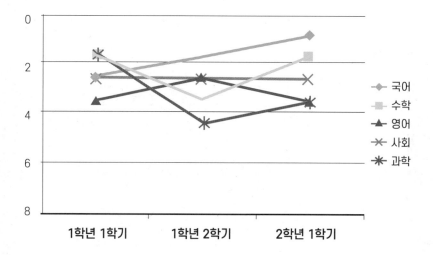

## 2. 나의 목표 달성 정도

| 교과 | 3월 전국연합 | | 6월 모의평가 | | 1차 지필고사 | | 2차 지필고사 | |
|---|---|---|---|---|---|---|---|---|
| | 목표 | 달성도 | 목표 | 달성도 | 목표 | 달성도 | 목표 | 달성도 |
| 국어 | | | | | | | | |
| 수학 | | | | | | | | |
| 영어 | | | | | | | | |
| 과학 | | | | | | | | |
| 사회 | | | | | | | | |
| … | | | | | | | | |

## 3. 나의 진로 활동

| | 진로를 위해 노력한 부분 |
|---|---|
| 학업 | |
| 대회 및 수상 | |
| 독서 | |
| 진로활동 | |
| 과목별 활동 | |

대입정보포털 프로그램

학생의 희망 진로 분야와 대학 및 학과 탐색을 위해 대입정보 포털(http://adiga.kr)의 활용방법을 알아보자. 학습 진단 코너를 통해 학생은 성적에서 현실적인 위치를 파악하여 자신을 객관화할 수 있다. 대입정보 포털사이트를 이용해 직업, 대학, 학과검색을 통해 희망 분야에 대해 조사하는 활동을 학생에게 소개해 주자.

# 대입정보포털 (어디가) 사후 활동지

🔍 대입정보포털 사용 방법을 익히고, [진로정보] 탐색을 통해 자신의 희망 직업에 대해 조사해 봅시다.

| 나의 제1 희망 관심 직종 | | | | |
|---|---|---|---|---|
| 하는 일 | 교육/자격/훈련 | 임금/만족도/전망 | 능력/지식/환경 | 성격/흥미/가치관 |
| | | | | |

| 나의 제2 희망 관심 직종 | | | | |
|---|---|---|---|---|
| 하는 일 | 교육/자격/훈련 | 임금/만족도/전망 | 능력/지식/환경 | 성격/흥미/가치관 |
| | | | | |

| 나의 제2 희망 관심 직종 | | | | |
|---|---|---|---|---|
| 하는 일 | 교육/자격/훈련 | 임금/만족도/전망 | 능력/지식/환경 | 성격/흥미/가치관 |
| | | | | |

1. 나의 성격/흥미/가치관에 가장 알맞은 직종은?

2. 조사 후 가장 희망하는 직종과 이유 3가지는?
   희망 직종 :

   이유 ①
       ②
       ③

3. 나의 희망 직종을 위해 갖춰야 할 지식 및 기술은?

대입정보포털 사용 방법을 익히고, [대학/학과/전형] 탐색을 통해 자신의 희망 직업과 연관된 대학/학과/전형에 대해 조사해 봅시다.

| 나의 제1 희망 대학/학과 | | | | |
|---|---|---|---|---|
| 희망대학/희망학과 | 모집시기 | 전형유형/전형명 | 전형상세 | 취업률/등록금/장학금 |
| 희망대학:<br><br>희망학과: | 수시:<br>정시(가):<br>정시(나):<br>정시(다): | 전형유형:<br><br>전형명: | 전형요소:<br><br>수능 반영 영역:<br><br>최저학력기준: | 취업률:<br><br>등록금:<br><br>장학금: |
| 나의 제1 희망 대학/학과 | | | | |
| 희망대학/희망학과 | 모집시기 | 전형유형/전형명 | 전형상세 | 취업률/등록금/장학금 |
| 희망대학:<br><br>희망학과: | 수시:<br>정시(가):<br>정시(나):<br>정시(다): | 전형유형:<br><br>전형명: | 전형요소:<br><br>수능 반영 영역:<br><br>최저학력기준: | 취업률:<br><br>등록금:<br><br>장학금: |
| 나의 제2 희망 관심 직종 | | | | |
| 희망대학/희망학과 | 모집시기 | 전형유형/전형명 | 전형상세 | 취업률/등록금/장학금 |
| 희망대학:<br><br>희망학과: | 수시:<br>정시(가):<br>정시(나):<br>정시(다): | 전형유형:<br><br>전형명: | 전형요소:<br><br>수능 반영 영역:<br><br>최저학력기준: | 취업률:<br><br>등록금:<br><br>장학금: |

1. 조사 후 가장 희망하는 대학/학과와 이유 3가지는?

    희망 대학 :                    희망 학과 :

    이유 ①

        ②

        ③

2. 나의 희망 대학/학과에서 현재 보완해야 할 점은?

    노력으로 가능한 것 :

    외부자원이 필요한 것 :

**혼자 공부(혼공) vs 함께 공부(함공)**

공부에는 여러 가지 방법이 있는데, 우리는 전통적으로 조용히 혼자 앉아서 하는 것을 진짜 공부라고 생각해 왔다. 물론 혼자 생각을 정리하고 복습하는 공부도 필요하다. 하지만 공부한 것을 기반으로 친구들과 생각을 나누고 확장하는 시간도 의미가 있다. 4차 산업혁명의 시대를 이끌 미래 역량을 4C로 표현하는데 이는 창의력(Creativity), 협업(Collaboration), 의사소통(Communication), 비판적 사고력(Critical Thinking)을 말한다. 이러한 역량은 어느 때 더 잘 발휘될까? 정답은 이미 나와 있다는 것을 눈치챘을 것이다. 4C는 함께 공부할 때 발휘될 핵심역량이다.

혼자 배우고 익히는 것은 학교라는 장소가 아니어도 얼마든지 가능하다. 그런데 학교라는 울타리 안에서 친구와 생각을 나눌 기회를 혼공으로 써버린다면 너무 아깝지 않을까? 함께 성장하는 4C의 역량을 기르기 위해서라도 함께 공부하고 문제를 해결해 볼 수 있는 기회를 제공하는 것이 요즘 교육의 대세임을 잊지 말자.

### 함께 진로 독서 연구

독서도 마찬가지이다. 혼자 읽는 것보다 친구와 함께 읽으면 더 재미있는 독서가 된다. 방학을 이용하여 진로가 비슷한 학생끼리 모둠을 구성하고 진로에 맞는 도서를 선택하는 '진로 독서'를 열어볼 수 있다. 실제 대학생이나 연구원처럼 계획서를 받아두면 학생이 책임감있게 실현 가능한 계획을 세울 것이다.

모둠별 회의를 통해 독서 계획서를 작성해 오면 학생들의 희망 도서를 구입해주면 좋다. 진로 관련 책은 다소 어려울 수 있어서, 집단 지성의 힘을 발휘하여 함께 읽고 나누는 시간은 매우 유용하다. 같이 즐겁게 읽고 학생의 진로와 평소 흥미 있었던 관심의 영역을 더 넓게 확장할 수 있다. 이렇게 활동한 내용을 발표하도록 간단한 발표자료 제작법과 발표매너를 미리 알려주면 면접이나 대학 수업에도 도움이 된다. 활동한 내용은 독서상황, 진로 활동란에 기재할 수 있다. 대회를 열고 싶다면 1학기 중으로 개최 시기를 조절하여 실시하면 좋다.

| 발표자료 제작 팁 | 발표 매너 |
| --- | --- |
| 1. 글자는 핵심 문구만 (뒤에서도 잘 보이게)<br>2. 이미지나 사진, 표 등을 활용하여 시각화<br>3. 애니메이션은 적당히 | 1. 복장 단정<br>2. 시작과 마무리 시 인사 확실히<br>3. 목소리는 크고 또박또박 (비속어 쓰지 않기)<br>4. 한 쪽으로 다리를 짚거나 PPT 화면만 보지 않기<br>5. 청중과 아이컨택 하기 |

# 독서 연구 대회 계획서

| | |
|---|---|
| 팀명 | 예) 드론는 봤니? |
| 팀원 | 예) 김진로, 이진학... |
| 희망 도서 | 예) 아두이노 스타팅<br>예) 드론 만들어 조종까지 |
| 연구 목적 | 예) 독서를 통해 진로를 탐색하고 진로에 대해 심화 학습함.<br>프로그래밍, 드론 제작 및 원리 학습 등 |
| 연구방법/계획 | (연구 진행방식- 모임 시간 및 횟수, 토론/실험, 전문가 인터뷰, 논문 검색 등 구체적으로 작성)<br>①<br>②<br>③ |
| 기대효과 | 예) 드론의 원리를 익혀 집적 제작할 수 있음.<br>4차 산업혁명이해, 창의력 함양, 집단 지성 발휘 등 |

공부한 내용을 함께 나누고 배경지식을 확장하는 방법으로 학생에게 스터디그룹을 구성해주어도 좋다. 스터디를 하면서 학생들은 서로 하루 동안 공부한 시간 또는 양을 비교해 보기도 하고 공부한 내용을 묻고 답하는 시간을 가질 수 있다. 관심사가 비슷한 학생이나 희망자별로, 혹은 성적으로 나누어도 좋다. 성적이 부진한 학생과 우수한 학생이 모둠이 된다면 멘토링활동으로 연결지을 수 있다.

공부한 것을 기억하는 가장 좋은 방법은 바로 아는 것을 다른 사람에게 설명하는 것이다. 어떤 방식으로든 함께 하는 공부는 혼공보다 의미가 있음을 학생이 이해할 수 있게 설명하는 것이 중요하다.

## 노트 정리 활용 모둠활동

1. 방금 요약한 내용을 친구들과 공유해보고 다시 작성한다.
2. 친구들과 공유하고 느낀 점을 써 본다.

3. 친구들과 공부 모임을 만든다면 어떤 것들을 공부하고 싶은지 작성해 본다.

4. 같이 공부할 과목과 함께할 친구 그리고 이유를 적어본다.

| 과목 | 친구 | 이유 |
|------|------|------|
|      |      |      |
|      |      |      |
|      |      |      |
|      |      |      |

출처 : 경남진로교육센터 학급경영에 도움이 되는 진로코칭(고등학교용 워크북)

**진로 설계를 위한 자아 이해**

후회 없는 전공 선택과 대학 공부를 위해 학생에게 직업 성향 파악과 직업을 탐색하는 시간이 필요하다. 이미 이전 학년에서 다양한 검사를 진행했을 수도 있다. 하지만 학생의 관심사는 달라질 수 있는 부분이다. 같은 검사를 다시 진행도 좋으나, 윗 학년에서 내용을 심화하거나 상담 시 더 깊이 내용을 준비해야 한다.

### 워크넷(www.work.go.kr) 활용

워크넷의 직업·진로 중 청소년 심리검사로 들어가면 다음과 같은 다양한 검사가 나온다. 청소년 직업흥미검사는 Holland 검사로 커리어넷에서 진행하였다면 생략해도 괜찮다. MBTI, 에니어그램, DISC, Big 5, LCSI 검사로도 학생의 성격 유형을 파악해 보는 것은 학생의 직업 선택에 도움을 줄 수 있다.

워크넷의 고등학생 적성검사는 직업에서 요구되는 9개의 적성 능력을 측정하여 어떤 분야의 일을 잘 해낼 수 있는지 파악할 수 있는 도구이다. 학생의 적성 요인별 능력 수준을 동일 계열의 동일 학년 집단 및 동일 성별과 비교한 점수가 제공되고, 적성에 맞는 직업을 추천해준다. 그리고 학생의 희망 직업과 비교해 보완이 필요한 부분을 안내해 준다.

직업 가치관 검사는 직업을 선택할 때 중요하게 여기는 가치관을 파악하여 가장 만족도가 높은 직업을 추천한다. 이를 통해 희망 직업에서 요구하는 가치점수와 자신의 가치점수를 비교할 수 있다.

대학 전공(학과) 흥미검사는 학생의 적성 중 흥미에 기초한 전공계열 흥미 점수를 이용해 전공을 선택하고 결정하는 데 도움이 되는 검사 도구이다. 전공계열 흥미 점수를 통해 학생은 전공에 대한 상대적인 흥미 정도를 직관적으로 파악할 수 있다. (아래 1번 참조) 또한 전공(학과) 흥미 점수를 통해 학생의 구체적인 전공(학과) 선호 경향성을 알 수 있고, 각 전공(학과)에서 행해지는 주요활동, 교과목, 졸업 후 진출 직업에 대한 선호도를 고려하여 학생에게 맞는 학과를 순위별로 추천해준다. (다음 페이지 2번)

**1. 워크넷 전공 계열 흥미 점수**

| T점수 | 교육 | 예술 | 인문사회 | 점검 | 이공 | 의료보건 | 서비스학 |
|---|---|---|---|---|---|---|---|
| 총합 | 23.47 | 75.73 | 70.36 | 64.82 | 110.87 | 82.11 | 68.98 |
| 활동 선호도 | 19.66 | 61.93 | 65.93 | 67.32 | 112.57 | 96.36 | 63.39 |
| 교과목 선호도 | 29.12 | 67.16 | 78.32 | 63.51 | 89.19 | 68.85 | 68.01 |
| 직업 선호도 | 31.13 | 102.1 | 59.99 | 58.18 | 112.2 | 69.2 | 68.88 |
| 순위 | 7 | 3 | 4 | 6 | 1 | 2 | 5 |

## 2. 워크넷 전공(학과) 흥미 점수

| T점수 | 지구/지질학 | 우주/천문/기상학 | 수리/통계학 | 컴퓨터공학 | 기계공학 | 전기/전자공학 | 화학공학 | 에너지공학 | 재료/소재공학 | 건축/토목/도시공학 | 농수산/축산학 | 수의학 | 의학 |
|---|---|---|---|---|---|---|---|---|---|---|---|---|---|
| 총합 | 58.68 | 61.89 | 59.65 | 64.06 | 61.05 | 60.25 | 62.5 | 62.51 | 62.72 | 68.19 | 63.06 | 60 | 55.39 |
| 순위 | 34 | 19 | 29 | 6 | 23 | 24 | 12 | 11 | 9 | 1 | 8 | 25 | 43 |

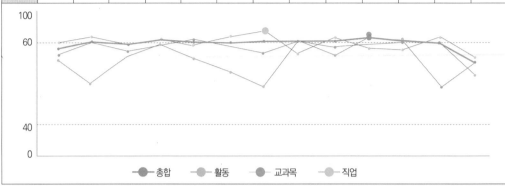

이 외에도 '워크넷-직업진로-직업정보-직업정보찾기' 또는 '워크넷-직업진로-학과정보-학과검색'을 통해 직업과 학과에 대한 정보를 찾아볼 수 있다.

# 워크넷 검사 활동지

## 2. 직업 가치관 검사

### 1) 나의 직업 가치관

| 순위 | 적성 능력 | 순위 | 하위 검사별 적성 능력 |
|---|---|---|---|
| 1순위 | | 1순위 | |
| 2순위 | | 2순위 | |
| 3순위 | | 3순위 | |

예시   적성 능력 : 언어력, 수리력 등
       하위 검사별 적성 능력 : 성냥개비 검사, 지각 속도 검사 등

### 2) 적성 영역별 추천 직업군

| 1순위 | 2순위 | 3순위 |
|---|---|---|

### 3) 추천받은 직업 중 관심 있는 직업

| 추천받은 순위 | 직업명 | 관련 직업군 | 중요 적성 요인 |
|---|---|---|---|
|  |  |  |  |
|  |  |  |  |
|  |  |  |  |

### 4) 희망 직업을 위해 노력해야 할 점

 

## 2. 직업 가치관 검사

### 1) 나의 직업 가치관

| 순위 | 나의 중요한 직업 가치 | 가치 설명 | 관련 직업 |
|---|---|---|---|
| 1순위 |  |  |  |
| 2순위 |  |  |  |
| 3순위 |  |  |  |

### 2) 우선 추천 직업

| 고교 졸업시 |  |  |  |
|---|---|---|---|
| 대학 졸업시 |  |  |  |

### 3) 나의 가치점수와 희망 직업의 가치점수 비교

| 순위 | 나의 중요한 직업 가치 | 가치 설명 | 관련 직업 |
|---|---|---|---|
| 1순위 |  |  |  |
| 2순위 |  |  |  |
| 3순위 |  |  |  |

### 3. 대학 전공(학과) 흥미검사

| 순위 | 추천 계열 | 순위 | 추천 학과 |
|---|---|---|---|
| 1순위 | | 1순위 | |
| 2순위 | | 2순위 | |
| 3순위 | | 3순위 | |

※ 검사를 통해 알게 된 점, 느낀 점, 보완할 점에 대해 자유롭게 작성해 봅시다

_____

_____

_____

_____

### 4. 직업인 인터뷰

워크넷 직업진로- 직업정보-직업인 인터뷰 활용하여 관심있는 직업인의 인터뷰를 감상하고 소감을 작성해 봅시다.

| | |
|---|---|
| 직업명 | |
| 해당 직업이 하는 일, 직업 선택의 계기 등 | |
| 준비해야 할 사항, 과정 | |
| 느낀 점 더 알고 싶은 점 | |

각 대학 입학처에도 다양한 정보가 탑재되는데, 활용할 만한 자료가 아주 많다. 한 대학교의 전공가이드 자료에 수록된 전공적합 검사를 소개한다.

● 전공적합검사 ●

## STEP1

자신의 성향과 일치한다고 생각되는 형용사를 모두 체크해주세요.

| | | | | | | | |
|---|---|---|---|---|---|---|---|
| 1 | 탐구적인 | 16 | 열성적인 | 31 | 질서정연한 | 46 | 질서정연한 |
| 2 | 개성적인 | 17 | 호기심적인 | 32 | 영향력있는 | 47 | 영향력있는 |
| 3 | 시사적인 | 18 | 선도적인 | 33 | 교육적인 | 48 | 교육적인 |
| 4 | 관찰적인 | 19 | 생산적인 | 34 | 실용적인 | 49 | 실용적인 |
| 5 | 기계적인 | 20 | 호소력 있는 | 35 | 환상적인 | 50 | 환상적인 |
| 6 | 감성적인 | 21 | 방법적인 | 36 | 계산적인 | 51 | 계산적인 |
| 7 | 공감적인 | 22 | 경제적인 | 37 | 전략적인 | 52 | 전략적인 |
| 8 | 성과적인 | 23 | 통솔적인 | 38 | 이타적인 | 53 | 이타적인 |
| 9 | 실험적인 | 24 | 과학적인 | 39 | 리더십있는 | 54 | 리더십있는 |
| 10 | 표현적인 | 25 | 선택적인 | 40 | 활동적인 | 55 | 활동적인 |
| 11 | 설득적인 | 26 | 독창적인 | 41 | 수학적인 | 56 | 수학적인 |
| 12 | 질서적인 | 27 | 미적인 | 42 | 이윤추구적인 | 57 | 이윤추구적인 |
| 13 | 분석적인 | 28 | 효율적인 | 43 | 헌신적인 | 58 | 헌신적인 |
| 14 | 현실적인 | 29 | 유연적인 | 44 | 도전적인 | 59 | 도전적인 |
| 15 | 비판적인 | 30 | 외향적인 | 45 | 혁신적인 | 60 | 혁신적인 |

결과분석 자료

## STEP2

STEP1에서 체크한 문항을 아래 체크리스트에 동일하게 표시합니다.

| | | | | | | | |
|---|---|---|---|---|---|---|---|
| 1 | B | 16 | C | 31 | B | 46 | F |
| 2 | D | 17 | D | 32 | E | 47 | C |
| 3 | E | 18 | F | 33 | C | 48 | D |
| 4 | B | 19 | A | 34 | A | 49 | B |
| 5 | A | 20 | E | 35 | D | 50 | E |
| 6 | D | 21 | B | 36 | B | 51 | C |
| 7 | C | 22 | F | 37 | F | 52 | A |
| 8 | F | 23 | E | 38 | C | 53 | C |
| 9 | B | 24 | E | 39 | E | 54 | F |
| 10 | D | 25 | F | 40 | D | 55 | B |
| 11 | C | 26 | D | 41 | A | 56 | E |
| 12 | A | 27 | D | 42 | F | 57 | A |
| 13 | B | 28 | A | 43 | C | 58 | F |
| 14 | A | 29 | F | 44 | E | 59 | D |
| 15 | E | 30 | E | 45 | A | 60 | C |

위에서 선택한 A-F까지의 알파벳 개수를 합하여 다음 칸에 기입하세요.

| A | 개 | B | 개 | C | 개 | D | 개 | E | 개 | F | 개 |
|---|---|---|---|---|---|---|---|---|---|---|---|
| | | | | | | | | | | | |

학생부 종합 전형의 전공(계열) 적합성 부분에서 과목 선택의 중요성이 커졌다. 학생의 희망 진로 관련 과목이 개설되지 않았다면 어떻게 해야 할까? 인근 학교나 온라인 공동교육과정을 이용해 채울 수 있다. 희망 분야와 관련한 대회가 없는 경우 동아리 활동이나 독서, 탐구 활동 등을 통해 학생의 관심과 역량을 보여주어야 할 것이다. 특히 독서는 모든 학습의 기본이며, 학기별로 학생기록부에 입력되기 때문에 방학을 이용하여 학생의 진로와 관련한 부분을 채우도록 지도하자.

교사의 Tip

과거의 자신을 정확히 분석하는 것은 자아 이해의 첫걸음이자, 앞으로의 계획 수정과 보완에 중요한 단계입니다. 작은 목표에서 시작하여 큰 목표에 조금씩 조금씩 다가갈 수 있도록 도와주세요. '인생은 B(birth)와 D(death)사이의 C(choice)다'는 너무나 유명한 말입니다. 우리의 인생은 끝없는 선택의 순간이 모인 것이며, 배움의 목적은 매 순간 조금이라도 나은 선택을 할 수 있기 위함일 것입니다.

# 2

# 고3 원서 끝장

# 2

# 고3 원서 끝장

마지막 내신과 9월 모의고사 준비, 무엇보다 수시 원서접수 대비에 주력할 타이밍이다. 부족한 학교생활기록부를 채우기 위해 지나친 스펙 쌓기로 여름방학을 보내지 않도록 지도한다.

| | | |
|---|---|---|
| **여름방학 주요일정** | 1학기말 및 5학기 내신 분석과 상담<br>학교생활기록부 분석 및 자기소개서 준비 | 수시용 학교생활기록부 마감<br>전형 최종 선택<br>희망 학과 및 대학 조사(상향, 적정, 안정)<br>학생, 학부모 수시 상담<br>수능 원서접수일 확인 및 접수 |

 **학생의 강점과 학과 분석**

1학기 성적과 학교생활기록부 기록이 어느 정도 마무리되었다면 형광펜을 들고 자신의 장점과 특색있는 활동에 표시하면서 자신의 상황을 파악하도록 지도한다.

**학생의 위치 파악**

학생들이 최적의 선택지를 선별할 수 있게 하는 첫 번째 단계는 학생들 스스로가 자신의 위치를 파악하도록 하는 것이다.

# 나의 활동 점검표 활동지 예시 1

5학기 동안의 학교생활기록부를 분석하고 전형 내용을 정리하여 보자.

| 교과 | | | |
|---|---|---|---|
| 전 과목 | 평균 내신 등급 | 반영 과목 | 평균 등급 |
| 전 교과 | | | |

| 비교과 활동 | | |
|---|---|---|
| 출결 상황 | | |
| 수상 경력 | | |
| 창의적 체험 | 자율 활동 | |
| | 동아리 활동 | |
| 활동 상황 | 봉사 활동 | |
| | 진로 활동 | |
| 내신성적 | | |
| 교과 세부 능력 및 특기 사항 | | |
| 독서 활동 | | |
| 행동특성 및 종합의견 | | |

| 모의고사 성적 | | | | | | |
|---|---|---|---|---|---|---|
| 영역 | 국어 | 수학(가/나) | 영어 | 한국사 | 사회/과학/직업 탐구 | 제2 외국어/한문 |
| 원점수 | | | | | | |
| 표준 점수 | | | | | | |
| 백분위 | | | | | | |
| 등급 | | | | | | |

| 수시 준비 정도(해당란에 ○표) | | | |
|---|---|---|---|
| 구분 | 준비 정도 | 구분 | 준비 정도 |
| 면접 | | 자기소개서 | |
| 논술/실기 등 | | 추천서 | |

대학어디가(www.adiga.kr)나 대학 홈페이지의 모집 요강을 통해 희망 대학과 학과에 대해 정리하게 한다. 학교생활기록부 교과 반영 정도, 수능 최저 학력 기준 유무, 면접 일정, 지원 일정 및 자격 등에 대해 조사하면 놓치기 쉬운 것을 파악할 수 있다. 면접이 있는 경우 일정을 확인하여 겹치는 대학에서 어느 것을 포기할지 결정할 수 있다.

## 희망 대학/학과 조사활동지 예시 1

**나의 희망 대학과 학과에 대해 파악해보자.**

| 희망 대학 / 학과 | 대학 | 대학 | 대학 |
|---|---|---|---|
| | 대학 | 대학 | 대학 |
| 면접 일정 | | | |
| 전형 유형 | | | |
| 전형 요소 및 반영 비율 | | | |
| 지원 자격 | | | |
| 수능 최저 학력 기준 | | | |
| 반영 과목 및 비율 | | | |
| 내신성적 | | | |
| 제출 서류 | | | |
| 합격자 발표일 | | | |

# 희망 대학/학과 조사활동지 예시 2

## 1. 나의 진로 목표에 맞는 대학의 학과를 선정해 보자.

|  | 나의 희망 진출 분야 | 관련 학과 | 졸업후 진출 분야 | 나의 희망과 관련 정도 |
|---|---|---|---|---|
| 1 |  |  |  |  |
| 2 |  |  |  |  |
| 3 |  |  |  |  |
| 4 |  |  |  |  |

## 2. 지원을 희망하는 학과를 최종 선정하고 그 이유를 적어 보자.

| 희망 대학/학과 | 선정 이유 |
|---|---|
|  |  |

## 3. 지원을 희망하는 대학별 전형방법을 정리해 보자.

| 희망 순위 | 나의 희망 대학 | 나의 희망 학과/학부 | 전형 명칭 | 전형 방법 | 일정 |
|---|---|---|---|---|---|
| 1 |  |  |  |  |  |
| 2 |  |  |  |  |  |
| 3 |  |  |  |  |  |
| 4 |  |  |  |  |  |

수능 이전에 대학별 고사와 면접이 있다면 방학을 이용해 준비하게 한다. 수능 공부를 하기도 벅차데 면접과 대학별 고사, 자기소개서까지 준비하면 9월 모의고사 성적이 더 하락할 수 있음을 유의하도록 지도한다. 면접 기출 문항은 대학별 홈페이지나 각 교육청에서 제공하는 기출 모음집을 활용하게 하고 논술의 경우 대학과 학과에 따라 묻고자 하는 것이 다르므로 기출 문항을 보고 학생의 유불리를 함께 점검해 준다. 국공립학교는 고등학교 내신 시험 수준의 서술형이나 단답형 문제로 출제하기도 하니 확인하자.

### ● 논술 출제 유형 ●

| 인문 | 인문사회 통합 | 경희대(인문), 동국대, 중앙대(인문), 한양대(인문) |
| --- | --- | --- |
| | 인문사회 + 영어 | 이화여대(인문1), 한국외대(인문) |
| | 인문사회 + 수리 | 건국대(인문2), 이화여대(인문2), 중앙대(상경), 한양대(상경) |
| | 인문사회 + 수리 + 영어 | 경희대(사회) |
| | 인문사회 + 자료해석 + 영어 | 연세대 |
| | 인문사회 + 자료해석 (도표, 통계) | 서강대, 건국대(인문1), 경기대, 단국대, 서울시립대, 성균관대, 아주대, 인하대, 한국외대(사회) |

| 자연 | 수학 | 동국대, 숭실대, 가톨릭(의예), 이화여대, 한양대, 서강대, 서울시립대, 아주대, 인하대, 세종대, 단국대, 광운대, 한양대(예), 숙명여대, 서울과기대, 홍익대 |
| --- | --- | --- |
| | 과학 | 서울여대 |
| | 인문 통합 | 한국항공대, 가톨릭대 |
| | 수학+인문 | 한양대(의예) |
| | 수학+의학(영어) | 울산대(의예) |
| | 수학+과학(선택) | 건국대, 경희대, 중앙대, 성균관대, 연세대 |
| | 수학+생명과학 | 아주대(의예) |

G대학교 논술(AAT) 예시

[1] 다음 글을 읽고 물음에 답하시오.

(가) 이때 하늘에서 외치는 소리가 들렸다. "너희들이 남의 생명을 빼앗기를 좋아하니, 마땅히 한 놈을 죽여 악행을 징계하겠다. "세 호랑이가 이 말을 듣고 모두 근심하는 빛을 띠자 처녀가 말했다. "만약 오라비가 멀리 피해 스스로 뉘우친다면 제가 대신 그 벌을 받겠습니다" 모두 기뻐하면서 고개를 숙이고 꼬리를 치며 도망갔다. 처녀가 김현에게 돌아와 말했다. "처음에 낭군이 저희 집에 오시는 것이 부끄러워 짐짓 사양하고 거절했으나 이제는 숨김없이 감히 진실을 말씀드리겠습니다. 또한 저와 낭군은 비록 유(類)는 다르지만 하루 저녁의 즐거움을 함께 했으니 그 의리가 부부의 정만큼이나 소중한 것입니다. 세 오빠의 악은 이제 하늘이 미워하시니 저희 집안의 재앙을 제가 (중략)

(나) '인정'은 개인이 자신의 삶을 성공적으로 실현시킬 수 있는 사회적 조건이자 각 개인으로 하여금 긍정적인 자기인식을 가지도록 하는 심리적 조건이다. (중략) 그런데 ㉠ 사회적 인정을 통해 실현되는 성공적 자아실현이 사회적 가치의 일방적 실현으로만 이해되어서는 곤란하다. (후략)

1-1. (가)에 나타난 김현의 역할을 (나)의 관점에서 이해할 때 ⓐ와 ⓑ에 들어갈 내용을 (가)에서 찾아 쓰시오. (각 40자 이내) [30점]

| 인정의 형태 | 김현의 호녀에 대한 인정 행위 |
| --- | --- |
| 정서적 배려 | 정을 맺었다. |
| 인지적 존중 | ⓐ |
| 사회적 존재 가치 부여 | ⓑ |

ⓐ : _____

ⓑ : _____

1-2. ㉠과 관련하여, 호녀의 죽음이 지닌 의미와 한계를 (나)에 나오는 단어를 활용하여 서술하시오. (160자 이내) [30점]

_____

_____

**대학과 학과 좁히기**

본격적으로 최적의 수시 지원서 6장을 준비할 시간이다. 학생 성적대별 대학과 학과를 파악하자. 학생의 현재 위치와 선호도에 따라 최선의 전형과 학교를 찾도록 함께 고민한다.

### 학생에게 맞는 수시 전형 찾기

학생에게 가장 적합한 전형을 찾기 위한 간단한 방법은 내신 성적과 수능 성적을 비교하는 것이다. 학생의 내신 성적대별 다양한 사례나 상황이 있어서 깔끔한 공식이 나오는 것은 아니지만 큰 틀은 다음과 같다.

> **나에게 맞는 전형 찾기**

**활용방법**

● 학력평가(모의 수능)보다 내신 성적이 잘 나오는 경우

1. 동아리 활동, 수상경력 등 학교생활에 충실하나 교과 성적이 특출나게 우수하지 않다.
2. 어른들 앞에서 밝은 표정으로 자신의 의사를 명확하게 표현할 수 있다.
☞ 학생부 종합전형 준비하기

● 학력평가(모의 수능)보다 내신 성적이 잘 나오는 경우

1. 동아리 활동, 수상경력 등 학교생활에 비해 교과 성적이 특출나게 우수하다.
2. 우수한 수능 성적은 아니나 희망 대학에서 제시한 최저 등급은 통과할 수 있다.
☞ 학생부 교과전형 준비하기

● 내신보다 학력평가(모의 수능) 성적이 잘 나오는 경우

1. 독서를 좋아하고 논술을 쓰기에 적합한 성향을 가지고 있다.
2. 목표 대학의 논술전형 모집 요강이 지원하기에 적당해 보인다.
☞ 논술전형 준비
 * 수능 최저 확인, 논술 일정 확인, 문제 유형 확인

출처: ebsi 입시전략칼럼(2017-01-04) http://www.ebsi.co.kr/ebs/ent/enta/retrieveMyGlUnivSelEntAnalysisView.ebs?datNo=613204

전형별 대학에서 평가하는 중요한 전형 요소는 어떤 것인지 학생에게 안내한다. 학생부 교과 전형 대부분은 수능 최저 학력 기준이 있으며 면접이 있기도 하다. 학생의 내신 성적뿐만 아니라 수능과 면접에서 좋은 성적을 받을 수 있는지 고려해보아야 한다. 다음 표에 각 전형별 평가 요소 비중을 정리했다. 대학마다 차이가 있을 수 있으니 반드시 해당 대학교의 홈페이지에서 확인하도록 지도한다.

**전형 유형별 전형 요소의 중요도**

●: 가장 중요 ◑: 중요 ◐: 보통 ○: 거의 중요하지 않음. ×: 거의 반영 안함

| 구분 | 전형 유형 | 전형 요소 | | | | | |
|------|-----------|------|--------|------|------|------|------|
| | | 교과 | 비교과 | 수능 | 논술 | 면접 | 적성 |
| 수시 모집 | 학생부 교과 전형 | ● | ◐ | ◐ | × | ◑ | × |
| | 학생부 종합 전형 | ● | ● | ◑ | × | ● | × |
| | 논술 전형 | ◑ | × | ◐ | ● | × | × |
| | 적성 전형 | ◑ | × | ◑ | × | × | ● |
| | 실기(특기자) 전형 | ◐ | ● | ○ | × | ● | × |
| 정시 모집 | 수능 전형 | ◑ | × | ● | × | × | × |
| | 실기(특기자) 전형 | ◑ | ● | ● | × | ◐ | × |

수시모집 요강을 볼 때, 선발인원과 지원 자격의 변화에 따라 경쟁률이 달라질 수 있다는 사실을 염두해야 한다. 만약 해당 대학의 지원 자격이 '2020년 졸업 및 졸업예정자'라면 졸업생의 지원으로 경쟁률이 증가하게 된다. 또한, 수능 전에 면접이 있다면 수능 공부와 면접 대비를 해야 하는 부담감과 수시 납치[8]의 가능성을 고려해 경쟁률이 감소할 수 있다. 다음 사항을 고려하여 수시 지원 계획서(부록 3)를 작성하게 하자.

**수시 모집 요강 체크**

| 01 전형 일정과 선발인원 | 02 지원 자격과 전형 방법 | 03 학생부 종합 및 수능 성적 반영 |
|---|---|---|
| 수능 전 면접인가 수능 후 면접인가, 일정이 겹치지는 않는가 | 특별전형 자격 확인, 졸업 연도, 추천 여부 등 | 학년별 반영비율, 반영교과목, 과목 수, 수능 최저 학력 기준 등 |

---

8) 수시 전형 합격으로 수능 성적에 관계없이 정시 전형에 지원할 자격을 상실하여, 이미 합격한 학교에 어쩔 수 없이 등록해야만 하는 상황을 말한다.

학생의 희망 대학과 학과를 바탕으로 각 대학 입학처 홈페이지나 대학 어디가 또는 유니브 등의 사이트의 자료를 통해 전년도 입시 결과를 조사한다. 수시 전형 방법, 합격자 평균 성적, 수능 최저 학력 기준 정도 등을 파악하고 정시에서 학생의 수능 성적으로도 갈 수 있는 학교는 아닌지 등을 꼼꼼하게 파악한다. 이때 작년과 전형 방법이 달라졌는지 올해 변경된 사항은 없는지 살펴보아야 한다.

## 희망대학 및 학과 조사 예시

**수시 지원 희망 대학 및 학과의 전년도 전형 결과를 조사해 보자.**

| 대학명 | 지원 희망 전형 | 지원 희망 전형 | 모집 인원 | 모의고사 성적 | | | 수능 최저 학력 기준 적용 여부 |
|---|---|---|---|---|---|---|---|
| | | | | 모집 인원 | 경쟁률 | 합격자 평균 성적 (교과 및 수능) | |
| 1. 예) ○○대학교 | 논술 | 기계공학과 | 26 | 25 | 46.1:1 | 3.2등급 | O |
| 2. | | | | | | | |
| 3. | | | | | | | |
| 4. | | | | | | | |
| 5. | | | | | | | |
| 6. | | | | | | | |

**정시 군(가/나/다)별 지원 희망 대학 및 학과의 전년도 전형 결과를 조사해 보자.**

| 군 | 대학명 | 지원 희망 모집 단위 | 모집인원 | 모의고사 성적 | | |
|---|---|---|---|---|---|---|
| | | | | 모집 인원 | 경쟁률 | 합격자 평균 성적 |
| 가 | 예) ○○대학교 | 기계공학과 | 45명 내외 | 44 | 46.1:1 | 등록자 상위 80% 평균 91.4점 |
| 나 | | | | | | |
| 다 | | | | | | |

**수능 변수 고려하기 — 각 전형별 요소를 숙지한 이후에 고려해야 할 몇 가지 경우의 수가 있습니다.**
① 수능 최저 학력 기준을 맞추지 못했을 경우(수능 난이도나 컨디션에 따라 비교적 자주 있는 일입니다)
② 평소보다 수능을 잘 보았을 경우(보통 수시 납치라고 하며, 매우 희박하긴 하지만 가끔 이런 학생들이 있습니다)
③ 평소보다 수능을 잘 보지 못했을 경우(수시에서 모두 탈락하거나 수능 최저 학력 기준을 맞추지 못 하면 학생은 어쩔 수 없이 재수를 하게 됩니다)

하나의 전형으로 통일하기보다는 조화로운 구성을 통해 만약의 경우에 대비합니다. 학생부 교과 전형에 지원하는 학생의 6월 모의고사 성적이 국영수탐 4과목의 합이 6이라고 가정해 봅시다.

이런 경우는
① 열심히 공부해서 4과목 합 5등급으로 올릴 수 있는 대학
② 성적이 떨어질 경우를 고려해 4과목 합이 7인 대학
③ 한 단계 하향 지원을 하되, 수능을 잘 봤을 경우 면접 불참으로 수시 납치의 위험을 피할 수 있는 대학

등으로 구성할 수 있습니다.

**다** **자기소개서와 지원**

*자기소개서 이해와 준비*

2022 대입제도 개편방안(2018.08.17.)에 따라 선발의 투명성을 위해 자기소개서 문항이 아래와 같이 개선되었다.

---

**2022학년도 대학입학제도 개편방안 및 고교교육 혁신 방향**

1. 대학의 선발 투명성 제고

1) 자기소개서 개선

① 전문가 및 시도교육청 의견을 고려하여 서식을 개선하고, **학교생활기록부 확인 면접 및 유사도 검증** 등을 통해 확인 강화

② 면접, 유사도 검증 등을 통해 대필·허위작성확인 시, 0점 처리(정원 미달 시 합격 가능)하던 것을 의무적 탈락·입학 취소 조치함

③ '(가칭) 자기소개서 작성 공동 매뉴얼'을 제작 배포함.

2) 기재방법 : 사실 중심 개조식보다는 학생의 경험과 생각을 확인 가능하게 서술형으로 기술

3) 문항통합 : 재학기간 중 각각 '학업경험'과 '교내활동'을 나누어 쓰도록 한 1번·2번 문항은 하나로 통합

4) 문항개선 : '배려, 나눔 등에 관한 실천사례'를 쓰도록 한 문항은 학생의 개별특성이 보다 잘 드러나는 방향으로 질문방식 개선 * 대교협 및 대학 간 협의를 통한 공동연구를 하여 문항 개선안 제시

5) 글자수 제한 : 1→2번 통합문항 1,500자 이내로, 3번 및 4번 자율 문항은 각각 800자 이내로 글자수 제한
기존) 4개 문항 5,000자 ⇨ (개선) 3개 문항 3,100자로 축소

---

대학에서 제공하는 학생부 종합 전형 안내 책자를 보면 학생부 종합 전형을 통해 선발하고자 하는 학생은 공통적으로 다음과 같은 특성이 있다.

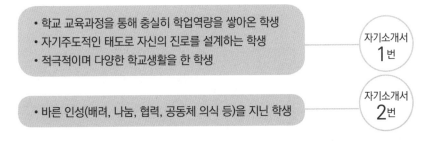

대학이 원하는 학생의 자질과 학생이 지원하고자 하는 대학의 인재상을 고려하여 학생의 역량이 드러나도록 자기소개서 작성법을 안내한다. 경희대학교, 동국대학교, 부산대학교, 서울시립대학교 등은 학과별 인재상이 있거나 자기소개서에서 인재상을 파악하고자 하는 의도가 두드러지나, 다른 대학은 우수한 학생을 선발하여 인재상에 맞도록 지도하겠다는 뜻이 담겨 있다. 특히 서강대학교의 학생부 종합 전형 자료를 보면 계열에 대한 구분과 인재상이 없다고 명시하고 있다.

대학에서 평가하는 영역은 크게 학업역량, 전공(계열) 적합성, 발전 가능성, 인성의 4가지로 구분된다. 이 영역은 자기소개서의 소재가 된다. 자기소개서를 작성하기 위해 먼저 학생이 자신의 학교생활기록부를 분석하여 본인의 진로계획과 역량을 이해해야 한다.

다음의 평가 항목을 참고하여 학생이 자기소개서에 쓸 수 있는 소재를 찾아 영역별 색깔을 구분하여 표시하게 하자. 여기서 인성 항목은 막연하게 저는 '착합니다'를 나타내야 하는 게 아니라는 것을 알려주자. 구체적인 스토리나 에피소드를 통해 학생의 협업하는 팀역량을 드러낼 사회성을 강조하는 것이 중요하다.

| 영역 | 평가 요소 | | | |
|---|---|---|---|---|
| | 학업 역량 | 전공(계열) 적합성 | 발전 가능성 | 인성 및 사회성 |
| 인적사항 | | | | |
| 출결사항 | | | | ● |
| 수상 경력 | ● | ● | ● | ● |
| 자율활동 | | ● | ● | ● |
| 동아리활동 | ● | ● | ● | ● |
| 봉사활동 | | ● | ● | ● |
| 진로활동 | ● | ● | ● | |
| 교과 및 과목세특 | ● | ● | ● | ● |
| 독서 활동 | ● | ● | ● | |
| 행동특성 및 종합의견 | ● | ● | ● | ● |
| 자기소개서 항목 | 자기소개서 1,3번 | 자기소개서 1,3번 | 자기소개서 1,3번 | 자기소개서 2번 |

## 자기소개서 소재를 한 쪽에 정리하기

| | 학업 역량 | 전공(계열) 적합성 | 발전 가능성 | 인성 | 기타 |
|---|---|---|---|---|---|
| 수상 경력 | | | | | |
| 자율 활동 | | | | | |
| 동아리 활동 | | | | | |
| 봉사 활동 | | | | | |
| 진로 활동 | | | | | |
| 교과<br>① 성취도<br>② 성적 추이 | | | | | |
| 세부능력 및 특기사항<br>① 지적호기심 해결<br>② 연계활동<br>　(독서, 동아리 등)<br>③ 심화학습 | | | | | |
| 독서 활동 | | | | | |
| 행동 특성 및 종합 의견 | | | | | |

학생부 종합 전형의 4가지 평가요소를 참고하여 색깔을 구분하여 표시한다. 중복된 색상이 나올 수 있으나, 이 단계에서는 크게 신경쓰지 않아도 된다.

| 1년개근상 | | 2017.01.25. | 1학년(120명) |
|---|---|---|---|
| 교과우수상(확률과통계, 한문 I) | 1위 | 2017.07.20. | 수강자 |
| 교내 수학경시대회(2학년) | 우수(2위) | 2017.07.20. | 2학년 중 38명 |
| 교내 수학경시대회(2학년) | 자연우수(2위) | 2017.12.28. | 전학년(115명) |
| 독후감 발표 대회 | 장려상 | 2017.12.28. | 1, 2학년 전체(218명) |
| 교과우수상 (미적분II, 한국사, 지구과학I, 화학I) | | 2018.01.05. | 수강자 |
| 1년개근상 | | 2018.02.08. | 2학년(117명) |
| 영어경시대회(국내부) | 장려(3위) | 2018.06.05. | 전교생 중 참가자(82명) |
| 수학경시대회 | 최우수(1위) | 2018.07.17. | 3학년 자연계열 중 참가자(21명) |
| 교과우수상(기하와벡터, 미적분II, 화학II) | 1위 | 2018.07.20. | 수강자 |
| 교과우수상(물리II) | 2위 | 2018.07.20. | 수강자 |
| 교과우수상(화법과작문) | 3위 | 2018.07.20. | 수강자 |
| 화학II경시대회 | 금상(1위) | 2018.07.20. | 3학년 중 참가자 (29명) |
| 교과우수상(수학연습II) | 2위 | 2018.12.28. | 수강자 |
| 교과우수상 (화법과작문, 심화영어독해II, 화학II) | 1위 | 2018.12.28. | 수강자 |

## 스토리 연결(Flow Map 작성)

학교생활기록부에 자기소개서에 쓸 소재를 표시한 뒤에 항목별로 가장 의미 있는 즉, 학생의 역량이 가장 잘 드러나며 학과의 인재상에 부합하는 소재의 순위를 매기게 한다. 처음 부터 완벽한 글을 완성하기보다 각 소재를 연결하여 어떤 식으로 전개하면 좋을지 Flow map이나 Mind map을 그리게 하자.

마음에 드는 소재를 두고 그 활동을 하게 된 동기(지적호기심), 활동 전개 및 내용(역량), 힘들었던 점, 극복(발전 가능성), 사후 활동(자기 주도성)이 연결되도록 정리한다.

서울대학교의 입학본부 웹진 아로리(http://snuarori.snu.ac.kr/)를 방문하면 합격생 자기소개서 예시가 있으니 참고하는 것은 좋으나 가능하면 학생만의 고유한 스토리를 위해 이를 맹신하고 유사하게 따라하지 않도록 지도한다. 좋으면 자신도 모르게 남의 글을 흉내내거나 표절하게 되는 경우가 있기 때문이다.

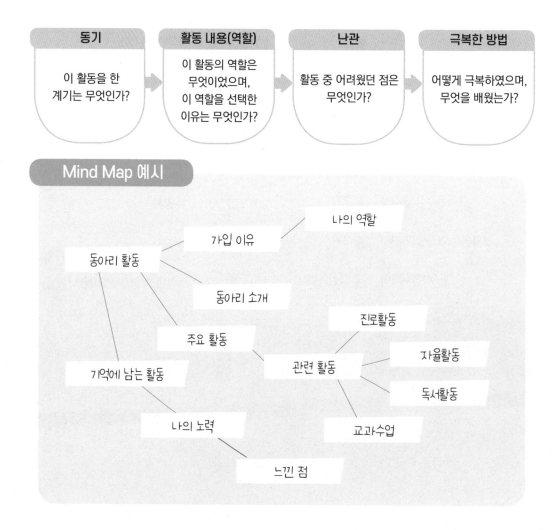

### 자기소개서 평가 및 주의사항

자기소개서를 완성한 후 평가표를 가지고 스스로 평가하는 것도 좋은 방법이다. 혹은 자기소개서를 쓰기 전에 평가표를 알려주면 학생이 평가 항목에 주의하여 글을 쓸 수 있을 것이다.

유의할 점은 자기소개서는 어디까지나 학교생활기록부 기록을 보완할 참고자료라는 것이다. 자기소개서 작성에 지나치게 에너지를 소모하지 않아야 하며, 학교생활기록부에 들어있지 않은 내용을 허위로 작성한 자기소개서는 자소설이 되어버려 오히려 신뢰를 떨어뜨린다.

대학마다 자기소개서 입력 마감 시간이 다르므로 대학별 모집 요강을 통해 꼼꼼히 확인하도록 지도한다. 자기소개서 관련 더욱 자세한 안내는 대학별 자기소개서 가이드나 '자소서 끝판왕[9]'을 참고하자.

---

9) 꿈구두 출판사의 끝판왕 시리즈 1탄, 현직교사가 제시하는 자소서가 작성법과 계열별 예시를 수록한 책이다. 2020년 5월, 자소서 끝판왕 증보판이 출간되었다.

# 대학의 서류 평가표 예시

| 평가요소 | | 평가 항목에 따른 세부내용 |
|---|---|---|
| **학업역량**<br>(학업을 충실히 수행할 수 있는 기초 수학 능력) | 학업성취도 | · 교과목의 석차 등급 또는 원점수(평균/표준편차)를 활용해 산정한 학업능력 지표와 과목 이수현황, 노력 등을 기반으로 평가한 교과의 성취 수준이나 학업적 발전의 정도 |
| | 학업태도와 학업의지 | · 학업을 수행하고 학습하는 자발적인 의지와 태도<br>· 학습자가 스스로 학습목표를 설정하고 적절한 학습전략을 선택하여 계획을 수립(실행)하는 과정 |
| | 탐구활동 | · 어떤 대상에 대해 호기심을 가지고 폭넓게 탐구할 수 있는 능력 |
| **전공적합성**<br>(지원 전공(계열)과 관련된 분야에 대한 관심과 이해, 노력과 준비 정도) | 전공 관련 교과목 이수 및 성취도 | · 고교 교육과정에서 지원 전공(계열)에 필요한 과목을 수강하고 취득한 학업 성취의 수준 |
| | 전공에 대한 관심과 이해 | · 지원 전공(계열)에 대한 궁금증을 해결하기 위해 주의를 기울인 태도와 알고 있는 정도 |
| | 전공관련 활동과 경험 | · 지원 전공(계열)에 대한 관심을 충족시키기 위해 노력한 과정과 배운 점 |
| **인성**<br>(공동체의 일원으로서 필요한 바람직한 사고와 행동) | 협업 능력 | · 공동체의 목표를 달성하기 위하여 상호 신뢰를 바탕으로 함께 돕고 함께 생활할 수 있는 역량 |
| | 나눔과 배려 | · 상대방을 존중하고 이해하여 원만한 관계를 형성하며, 타인을 위하여 기꺼이 나누고자 하는 태도와 행동 |
| | 소통능력 | · 상대방의 의견을 경청하고 공감할 수 있으며, 자신의 정보와 생각을 효과적으로 전달 할 수 있는 역량 |
| | 도덕성 | · 공동체의 기본윤리와 원칙에 따라 행동하고, 부정 또는 부당한 행동을 하지 않는 태도 |
| | 성실성 | · 책임감을 바탕으로 꾸준히 노력하여 자신의 의무를 다하는 태도와 행동 |
| **발전 가능성**<br>현재의 상황이나 수준보다 질적으로 더 높은 단계로 향상될 가능성 | 자기주도성 | · 스스로 목표를 설정하고 적절한 전략을 선택하여 계획을 수립하고 실행하는 태도 |
| | 경험의 다양성 | · 학교 교육의 다양한 영역에서 직접 겪거나 활동하면서 얻은 성장 과정 및 결과 |
| | 리더십 | · 공동체의 목표 달성을 위해 구성원의 화합과 단결을 이끌어가는 역량 |
| | 창의적 문제 해결력 | · 창조적이고 논리적인 사고로 문제를 해결하는 능력 |

(출처 : 대입전형 표준화 방안 연구)

| 자기소개서 평가표(교사용) | | | | | |
|---|---|---|---|---|---|
| | 지적 호기심 | 전공(계열) 적합성 | 종합적 능력 | 총점 | 교사의 피드백 |
| **OOO 학생** | | | | | |
| | | | | | |

| 자기소개서 평가표(교사용) | | | | | | |
|---|---|---|---|---|---|---|
| 평가기준 | 평가 사항 | 매우<br>그렇다 | 그렇다 | 보통 | 그렇지<br>않다 | 매우<br>그렇지<br>않다 |
| 진로계획<br>지원동기 | 지원 동기가 구체적인가? | | | | | |
| | 진로와 계획은 일치하는가? | | | | | |
| | 희망 대학의 교육과정과 일치하는가? | | | | | |
| 학업역량<br>및 전공<br>적합성 | 학업의 동기가 드러나 있는가? | | | | | |
| | 학업 목표와 계획은 구체적인가? | | | | | |
| | 전공에 대한 학업역량을 드러내고 있는가? | | | | | |
| | 학업에 대한 열정이 드러나 있는가? | | | | | |
| | 깊이 있는 경험을 통해 역량을 보여주고 있는가? | | | | | |
| | 학습 및 활동 과정에 대한 설명(동기-과정-결과)<br>이 구체적인가? | | | | | |
| 발전<br>가능성<br>(잠재력) | 자기 주도적으로 활동한 경험이 있는가? | | | | | |
| | 호기심과 열의를 가지고 새로운 경험을 추구하는가? | | | | | |
| | 목표한 일에 대해 책임감 있게 진행하는가? | | | | | |
| | 위기가 왔을 때 극복한 사례가 있는가? | | | | | |
| | 다양한 활동을 통해 경험을 쌓았는가? | | | | | |
| 인성<br>(사회성) | 구체적 사례가 있는가? | | | | | |
| | 배려, 협업 등의 인성역량이 드러나는가? | | | | | |
| | 단순한 나열이 아닌 신빙성 있는 글인가? | | | | | |
| | 공동체 의식을 갖추고 있는가? | | | | | |
| 표현 | 질문에 맞는 답인가? | | | | | |
| | 추상적이지 않고 구체적으로 표현되어있는가? | | | | | |
| | 오탈자 없이 맞춤법에 맞는 표현인가? | | | | | |

여름방학 전 학교생활기록부에 필요한 내용이 꼼꼼히 기록되었는지, 누락된 부분은 없는지 반드시 학생에게 확인하자. 자기소개서 준비를 위해 학교생활기록부를 점검하면서 면접에 대한 예상 질문도 함께 뽑도록 지도하면 학생의 면접 준비가 수월해진다.

고3의 대입 지도는 미리미리 준비하는 것이 최선이다. 학생의 준비 내용이 마무리되고 큰 변화가 없다면, 여름방학 전에 희망 대학 조사와 자기소개서 등을 끝내게 하자. 이후 수능에 집중하는 것도 좋은 방법이다. 또한, 수시원서 6개에 각각 다른 6개의 자기소개서를 제출해야 해서 수능에 불리한 일이 발생하지 않도록 6개의 원서를 적절히 배분하는 것이 필요하다.

혹시 희망하고자 하는 학과가 없어 방황하는 학생이 있다면 메이저맵(www.majormap.net) 사이트를 추천합니다. 학생에게 적합한 학과를 찾아주고 그 학과가 개설된 학교 소개 및 추천 도서까지 안내해 줍니다. 그 외에 등록금과 장학금에 대한 정보도 얻을 수 있습니다.

탐구 선택과 수학 (가/나)를 선택하지 못한 학생들에게 수능 원서접수 전 마지막 숙고의 시간이 될 수 있도록 가이드 제시가 필요합니다

탐구과목 선택 시

① 특정 학교/학과 지원 시 불리함 없도록 선택
② 고2, 3 내신과목과 일치하는 것이 유리 (학습부담이 적고 내신으로 수능을 준비할 수 있음)
③ 선택자가 많은 과목을 선택하는 것이 유리
④ 과거에 성적이 잘 나왔던 과목이나 유사한 과목 선택(예: 생윤+윤사)

자연계열 학생 중 수학 성적이 부진한 경우

① 6월 모의 평가를 기반으로 신중히 선택
② 수학 (나)형, 과탐 선택이 가능한 대학이 많음
③ 학생의 성적에 맞는 대학을 중심으로 유불리 선택
④ 얼마나 성적 상승이 가능한지 확인
⑤ 수학 (나)형을 풀어보고 점수 비교

# 대학별 자기소개서

FAQ

**Q1. 학업역량은 교과성적을 중심으로 기술하면 되나요?**

A1. 교과성적은 학교생활기록부를 통해 확인 가능하며 학습플래너, 학습법 등의 진부한 소재는 지양합니다. 대학이 알고 싶은 것은 대학에서 배우는 것들을 수학할 역량이 있는가입니다. 예를 들어 토론대회를 준비하면서 자기주도적으로 학습한 경험, 독서활동을 통한 전공학습 경험 등의 소재를 들어 학생의 역량을 보여주세요.

**Q2. 학생부 종합 전형에서 자기소개서의 평가 비중은 얼마나 되나요?**

A2. 학생부 종합 전형은 서류와 면접을 통해서 학생의 모든 면모를 종합적, 정성적으로 평가하는 전형으로 요소별 특별한 평가 비중이나 비율이 없습니다. 따라서 학생부와 자기소개서의 반영비율이나 학년별 성적 반영비율은 없습니다. 서류 평가의 기본적인 자료는 학생부이고 자기소개서는 이를 보완하고 강조해주는 역할을 합니다. 학생부와 자기소개서는 항상 함께 가는 평가 자료이므로 이중 어느 하나만 중요하다고 할 수도 없습니다.

**Q3. 학교생활기록부에 별다른 활동이 없고 교과 성적만 높은 경우에는 자기소개서를 어떻게 써야 할까요?**

A3. 단순히 활동량이나 실적만 보고 서류를 평가하지 않습니다. 학생부 종합 전형은 학교생활에 충실한 학생을 뽑는 전형이고 교과 성적도 학교생활의 중요한 일부입니다. 교과 성적을 등한시한 학생이 학교생활에 충실했다고 보긴 어렵기 때문입니다. 학교에서 수업 시간을 통해 깨달은 점이나 그 과정을 대학이 요구하는 역량과 모집 단위별 인재상에 맞게 강조할 수 있으면 충분합니다. 자기소개서는 학생이 그만한 역량이 있다는 것을 뒷받침하는 서류입니다. 학생의 역량을 드러낼 수 있는 핵심 활동만 있다면 충분합니다. 보여줄 활동량을 늘리려고 원치 않는 활동을 하거나, 활동하지 않은 내용을 자기소개서에 허위로 또는 과장하여 작성하지 말아야 합니다. 학생부 종합 전형은 보편적인 고등학생 수준에 맞게 과도한 활동을 요구하지 않습니다.

각 대학별 자기소개서 가이드와 학생부종합전형 안내 자료에 다양한 샘플이 수록되어 있으니 참고하자.

# VI

## 고3 수능 완성하기

# 1

# 고3 수능과
# 대학별 전형

# 고3 수능과 대학별 전형

9월에는 중요한 행사가 많다. 9월 모의평가 결과까지 꼼꼼하게 분석해서 최선의 수시 지원을 지도하고 기출 분석을 통해 정시와 수능 최저학력 기준을 파악해야 한다.

| 2학기 초 주요 일정 | 대수능 모의 평가 및 결과 분석<br>수시 원서 접수<br>1차 지필 고사 | 수능 전 대학별고사 및 면접 확인 |
| --- | --- | --- |

## 가 > 수능이다, 최저다

한국교육과정평가원에서는 6월과 9월 두 차례의 시험을 통해 난이도를 조절하고 당해 수능의 출제 경향에 대해 학생에게 간접적으로 알려준다. 모의 평가 두번으로 다가오는 수능을 대비하기엔 부족하다. 당해 연도와 최근 3개년 기출을 분석하자.

### 9월 대수능 모의평가 분석

6월과 9월 모의고사 성적표에서 얻을 수 있는 정보는 다음과 같다.

| 원점수 | 등급 | 백분위 | 표준점수 |
| --- | --- | --- | --- |
| 수능 등급을 예측할 수 있는 자료 | 수시의 수능 최저학력 기준 가늠 | 전체 응시생 중 학생의 위치 파악, 수시 하한선 설정 | 난이도와 응시인원에 따라 유동적일 수 있어 애매함 |

원점수를 통한 수능 등급 예측을 해보자.

수학(나) 영역에서 계속해서 80점의 원점수를 받아 1등급 또는 2등급을 받은 학생은 실제 수능에 서는 상위권 대학 재학생과 우수한 N수생의 유입 등의 이유로 1~2등급 더 하락할 수 있다. 표를 보면 원점수 80점은 실제 수능 등급컷에서 대부분 3등급에 분포하고 있음을 알 수 있다. 9월 등급 과 예상 등급을 통해 수시의 최저를 맞출 수 있는지 마지막으로 점검하여 수시 원서 접수시 참고 해야 한다. 만약 6월에 비해 9월 모의평가에서 성적이 하락했다면 수능 최저 학력 기준이 낮은 학 교의 지원을 고려해야 할 수도 있다.

● 2014~2020학년도 수능 수학(나)영역의 1~4등급에 해당하는 원점수 등급컷 ●

|  | 2014 학년도 | 2015 학년도 | 2016 학년도 | 2017 학년도 | 2018 학년도 | 2019 학년도 | 2020 학년도 |
|---|---|---|---|---|---|---|---|
| 1등급컷 | 92 | 96 | 95 | 92 | 92 | 88 | 84 |
| 2등급컷 | 83 | 92 | 87 | 83 | 87 | 84 | 76 |
| 3등급컷 | 70 | 83 | 72 | 76 | 80 | 74 | 65 |
| 4등급컷 | 48 | 67 | 53 | 63 | 62 | 59 | 51 |

● 9월 모의 수능 성적 변화에 따른 수시 지원 방법 예시 ●

| 성적 비교 | 6월 대비 9월 모의 수능 결과 | 수시모집 지원 |
|---|---|---|
| 내신, 학교생활기록부 〉 수능 | 상승 추세인 성적 | 정시보다 수시에 집중하여 소신 지원 |
|  | 정체 또는 하락 추세인 성적 | 학교생활기록부 중심의 안정 지원 |
| 내신, 학교생활기록부 = 수능 | 상승 또는 안정적인 성적 | 정시보다는 수시 중심의 소신 지원 |
|  | 정체 또는 하락 추세인 성적 | 수시의 적정 또는 안정 지원 |
| 내신, 학교생활기록부 〈 수능 | 상승 또는 안정적인 성적 | 수능 후 면접/서류 제출하는 수시 소신 지원 |
|  | 정체 또는 하락 추세인 성적 | 수시 적정 지원 |

상위권 학생은 9월 모의평가 이후 기출 분석에 많은 시간을 할애한다. 그동안 닦은 실력을 바탕으로 어떤 방식으로 문제가 출제되는지 그 경향을 파악하고, 부족한 개념을 보완하려 한다. 기출 문제는 여러 번 풀어도 의미가 있고, 특히 수학은 직접 문제를 쓰고 그 풀이 과정을 옮겨 적는 과정에서 새로운 사실을 알기도 한다. 구체적인 등급별 학습법은 꿈구두 출판사의 〈공부 끝판왕〉을 참고하자.

당해년 6, 9월 문제를 포함, 적어도 최근 3개년 기출 문제를 유형별로 반복해 풀어보기를 추천해 주자. 기출 문제를 푸는 과정에서 학생은 문제 해결의 실마리를 찾는 연습을 꾸준히 할 수 있다. 수학의 경우 다양한 방식으로 문제에 접근해보려는 시도와 함께 오답 노트를 작성하여 여러 번 읽게 지도하는 것도 필요하다.

## 기출 오답 노트 작성법 예시

1. 오답 노트 작성 전 3회 이상 풀기 – 세 번 이상 틀린 문제만 뽑기
2. 틀린 문제는 실수(계산 실수 등), 개념오류 등으로 구분하기

막판 최선 /

수능이 코앞이라고 미리 포기하기에는 아직 이르다. 지금까지 공부한 것을 바탕으로 실수를 줄이고 확실하지 않은 개념은 다시 잡아가도록 이끌어 주는 것이 중요하다. 과목별, 유형별 학습전략을 점검하고 시험 중 시간 관리와 수능까지 남은 기간의 학습 계획에 대해 조언하자.

학생의 상황에 따라, 지원 대학별로 특정 과목에 더 집중해야 할 경우도 있을 것이다. 학생이 목표를 세울 때 '과목별로 한 문제씩만 더 맞자', '탐구에서 한 등급만 더 올려보자'라는 구체적인 조언도 필요하다. 낯선 수능 시험장에 적응하는 연습을 위해 가끔 교실이나 좌석 배치를 서로 바꾸어 보는 것도 좋다.

### ● 수능 탐구영역 시기별 학습계획 예시 ●

자료 : 이투스 교육평가 연구소

| 겨울방학(1~2월) | 1학기(3~6월) | 여름방학(7~8월) | 2학기(9~10월) |
|---|---|---|---|
| ☑ 교과개념 기초정리<br>☑ 수능 모의고사 기출풀이 및 유형·지문·오답 분석<br>☑ 유형별 단원 정리 | ☑ 내신 대비 병행하며 교과 개념 복습<br>☑ 6월 모의평가 대비 및 이해도 1차 중간평가 | ☑ EBS 수능완성·수능특강 활용 개념 심화 학습<br>☑ 수능·모의고사 기출 풀이<br>☑ 과목별 노트 단권화 | ☑ 단권화한 개념·오답노트 중심으로 최종 정리<br>☑ 9월 모의평가 대비 및 이해도 2차 중간 평가<br>☑ EBS 교재 및 기출 문제 풀이 반복 |

**면접과 대학별 고사**

수시 원서접수 전 면접이나 대학별 고사의 날짜가 겹치지 않게 꼼꼼히 확인한다. 학기 초에 대학별 모의시험을 충분히 활용하면 좋다.

## 수능 전 vs 수능 후

수능 전에 치르는 대학별 고사와 면접은 신중히 선택해야 수능에 영향을 미치지 않는다. 또한, 학생의 다양한 상황을 충분히 고려하여 신중히 선택하도록 지도한다. 만약 모의고사 성적이 계속 하락하고 있는 학생이라면 수능 이전과 이후의 대학별 고사를 모두 활용해야 한다. 수능 전에 치르는 대학별 고사는 수능에 대한 부담으로 인해 경쟁률이 다소 낮은 경향을 보인다.

## 대학별 선행학습 영향 평가 보고서 활용

매년 3월 말에서 4월 초에 각 대학은 홈페이지에 전년도 기출 문항에 대해 선행학습 영향 평가 보고서를 탑재한다. 이를 통해 대학별 출제 경향과 유형을 파악하고 해당 분야를 깊이 있게 공부한 후 답안을 작성해 보게 한다. 제시문 기반 문항은 단기간에 실력 향상이 어렵기에 평소 책을 많이 읽고 수능과 내신을 열심히 준비하는 것이 유리하다. 수업 시간 중 발표나 쓰기 활동을 통해 논리적으로 생각하고 이를 말로 표현하는 연습을 하는 것이 좋다. 기출 문제 해설을 꼼꼼히 읽고 출제 경향과 채점 기준에 대해서도 파악하도록 지도한다. 각 대학에서 제공하는 기출 문제를 활용하는 것도 좋은 방법임을 알려준다.

● **대학별고사 선행학습 영향평가 자체 평가 보고서** ●

## 문항카드 5

### 1. 일반정보

| 유형 | ■ 논술고사 □ 면접 및 구술고사 | |
|---|---|---|
| 전형명 | 논술 | |
| 해당 대학의 계열(과목) / 문항번호 | 인문사회계열 II / 문제 2 | |
| 출제 범위 | 교육 과정 과목명 | 문학, 국어II, 고전, 윤리와 사상, 독서와 문법 |
| | 핵심개념 및 용어 | 공존, 갈등, 연설, 매체, 편집, 자발적 중재자, 배려 윤리 |
| 예상 소요시간 | 45분 / 전체 120분 | |

[문제 2] 제시문 (라)의 반 아이들이 형우의 연설을 들을 때 유의할 점을 제시문 (마)의 논지를 토대로 서술하고, 반 아이들이 학급 내 갈등을 해소하기 위해서 갖춰야 할 점을 제시문 (바)와 (사)를 통합적으로 고려하여 서술하시오.  [40점, 550~570자]

**[제시문]**

> (라) 반장이 된 형우는 시험 날 모범생들과 짜고 기표에게 답을 가르쳐 주려고 한다. 원치 않는 도움에 기분이 나빠진 기표는 재수파들을 불러 형우를 때린다. 하지만 형우는 전치 2주의 상해를 입고도 기표를 고발하지 않음으로써 자신을 의리의 사도로 부각시킨다.
> 기표가 그 사건 다음 날부터 내리 사흘이나 학교에 나오지 않았어도 재수파들은 학교생활기록부에 불려 가지 않았다. 아무도 그것을 문제 삼지 않았다. [중략]

## 6. 채점 기준

| 하위 문장 | 채점 기준 | 배점 |
|---|---|---|
| 문항 2 | **1.기술적(記述的) 측면(-5점)**<br>1) 문제에서 제시하고 있는 글자 수(550~570자)를 위반했을 경우 감점한다.<br><br>표 참조<br><br>2) 맞춤법과 원고지 사용법에 중대한 오류가 있을 경우: 최대 3점 감점<br>3) 답안 작성시 제시문을 한 문장 이상 그대로 옮겨 쓸 경우: 최대 5점 감점<br><br>**2. 내용적 측면(40점)**<br>1) 제시문 (마)의 논지를 파악한 후 제시문 (마)에 근거하여 제시문 (라)에나타난 형우의 연설을 들을 때 유의할 점을 제시했는지 평가한다.(20점): 3~20점 부여 (1) 제시문 (마)의 논지: ① 특정 사건이 매체의 속성과 전달자의 의도에 따라 편집 과정을 거쳐 재구성된다. ② 매체를 통해 전달되는 상황을 제대로 이해하기 위해서는 사건의 맥락과 전달자의 의도를 파악해야 한다.<br>(2) 제시문 (라)에서 유의할 점: 반 아이들은 형우의 연설이 기표와의 보이지 않는 대립적 관계와 형우의 위선적 의도로 인해 기표의 상황이 편집된 것일 수 있다는 점을 고려하여 상황을 판단할 수 있어야 한다. | 40 |

| 위반 글자 수 | 감점 점수 |
|---|---|
| 1~25자 | 1점 감점 |
| ±26자 이상 | 2점 감점 |

## 면접

**면접 고사 기출 문항도 대학별 선행학습 영향평가에 모두 탑재된다.** 학교별, 전형별로 질문의 난이도와 종류, 진행 시간 및 방식 등이 모두 다르다. 대학 입학처 홈페이지에 탑재된 기출 문항을 이용해 모의 면접을 진행하면 준비하는 학생에게 큰 도움이 된다. 학생의 모의 면접 상황을 동영상으로 촬영하여 점검하게 하자. 학생이 자신의 태도를 돌아보게 하는 것과 친구의 모습을 모니터링하여 피드백을 주는 방법도 있다.

면접은 보통 학교생활기록부 및 서류 기반 면접과 제시문 면접으로 나뉘며 교대, 사범대, 의대에서는 인·적성 면접이 진행되기도 한다. **학교생활기록부 기반 서류 확인 면접보다 제시문을 기반으로 하는 면접의 변별력이 크다.**

---

### 면접의 종류

**서류 기반**
- 학교생활기록부 및 자기소개서의 진위, 인성 확인을 위한 면접
- 학교생활기록부와 자기소개서 내용 숙지하기
- 단답형보다는 동기 및 사례와 함께 구체적으로 응답
- 자기 주도성, 전공적합성, 발전 가능성, 면접 태도 등을 평가

10분 내외

**제시문 기반**
- 제시문의 발문에 대한 응답과 추가 질문을 통해 분석능력, 종합적 사고력, 면접 태도 등을 평가
- 평소 수업 시간에 충실히 배우도록 함
- 선행학습 영향평가의 기출문제로 연습

20분 내외

**토론**
- 교대나 의대 면접
- 이해력, 논리력, 순발력, 문제해결능력, 포괄적 사고력 필요
- 의대 다중 미니 면접(MMI)은 10분 정도의 시간 동안 여러 개의 방을 돌며 면접

*블라인드 면접 : 면접 평가에 영향을 줄 수 있는 수험생의 이름, 출신고 등의 개인정보를 블라인드 처리하며, 관련 내용을 발설 시 불이익이 있을 수 있음. 교복이나 학교 배지를 착용할 수 없음.

# 모의 면접 활동지 예시

**1.** 면접장에 들어가서 나오기까지의 인사말과 자세를 연습해 보자.

"안녕하십니까?"
"저는 . . . . . 입니다."
"감사합니다. 안녕히 계십시오."

**2** 친구와 짝을 지어 질문하고 서로의 모습을 찍어주고 피드백을 나눠보자.

**3** 면접관에게 좋은 이미지를 심어 주기 위해서 어떻게 해야 할지 내용을 완성해 보자.

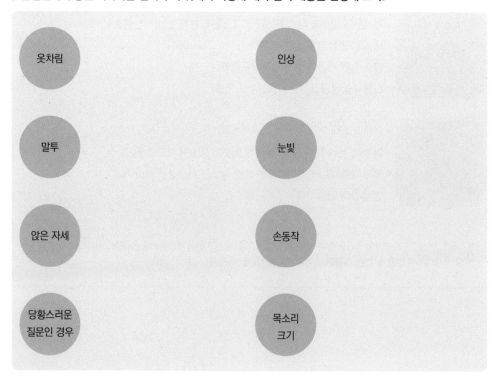

옷차림

인상

말투

눈빛

앉은 자세

손동작

당황스러운
질문인 경우

목소리
크기

**멘탈 관리**

9월의 학생은 수시 원서접수가 끝나고, 모평 결과로 위축되는 모습을 보이기도 한다. 명절 연휴와 계절 변화, 수능 시험에 대한 부담감으로 지치기 쉬운 시기이기도 하다. 학생의 심리상태를 잘 관찰하여 면접, 대학별 고사, 수능 시험에서 끝까지 최선을 다할 수 있도록 격려하는 것이 필요하다.

### 생활 습관

학생들은 시험일이 다가올수록 성적이 떨어질 것이라는 불안감에 자꾸 수면 시간을 줄이려고 한다. 체력관리가 안 되어 몸살이라도 나면 수능 시험에 오히려 불리하게 작용함을 알려주어야 한다. 하루를 세분하여 알차게 보내는 것이 수면 시간 확보에 도움이 되며 다음날 일정에 지장을 받지 않는다. 수능 당일의 시간에 맞추어 일어나고 식사하며 최상의 컨디션을 확보할 수 있는 시간대를 찾아내는 것이 중요함을 꼭 지도하자.

### 실전 연습(수능일 시뮬레이션)

가끔 시험 환경이나 학습 환경을 바꿔보는 것이 좋다. 학급 이동, 자리 배치 변경 등을 시도하여 낯선 수능 시험장 분위기에 대비하고, 조금은 어수선한 분위기도 견디는 훈련을 해야 시험 당일의 당황스러운 순간을 이겨낼 수 있다. 어떤 학생은 일부러 시끄러운 점심시간을 이용하여 영어 듣기 연습을 하거나 수학 문제를 풀면서 집중력 훈련을 하기도 한다.

문제를 푸는 순서도 미리 정하여 가장 자신 있는 문제를 먼저 풀고 검산을 여러 번 하도록 지도하는 것이 필요하다. 주말에 실제 수능 시험 시간과 과목에 맞추어 초시계를 놓고 문제 푸는 연습을 해보도록 학생을 독려하자. 이때 작성한 가채점표 위에 채점을 하고 틀린문제를 다시 풀어보도록 지도한다.

좋은 성적을 낼 수 있는 비결 중 실력, 체력 외에 멘탈 관리가 중요함을 알리자. 학생이 주변상황에 너무 신경을 쓰거나 부정적인 생각을 하지 않도록 격려해 준다. 10월이 되면 일부 대학의 1단계 발표가 나기도 한다. 합불 여부에 동요되지 않고 다른 친구의 결과에도 신경쓰지 않도록 수시 원서 작성 전부터 학생과 단단히 약속을 해두는 것이 좋다.

집중력이 약해질 때 '뽀모도로 학습법(Pomodoro technique)[10]'을 권해보자. 이는 타이머의 색깔이 사라질 때까지 움직이지 않고 앉아 학습량을 채우는 방법이다.

 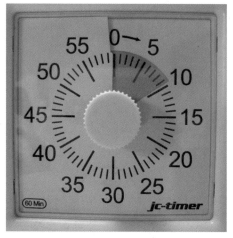

구글 타이머라고 검색하면 나오는 시계로 색깔이 사라질 때까지 집중력을 발휘하여 학습하고 휴식하는 방식으로 뽀모도로 학습법에서 유래하였다고 한다.

많은 학생이 수시 원서접수 이후 자기소개서에 지나친 에너지를 쏟아 체력관리에 실패한다. 혹은 이미 수시에 합격한 듯한 착각에 빠져 학업에 소홀히 하기 쉽다. 이럴수록 수능 최저 학력 기준 맞추기와 혹시 모를 정시 지원을 위해 학업에 집중할 수 있도록 격려하여야 한다.

간혹 한 문제 차이로 수능 최저 학력 기준을 못 맞춰 수시에 탈락하는 사례가 있다. 이런 선례를 따르지 않도록 학생에게 주지시키자.

10) 뽀모도로는 이탈리어로 '토마토'를 의미하는 말로, 1980년대 말에 프렌체스코 시릴로(Francesco Cirillo)가 요리용 타이머를 이용해 25분 집중 후 휴식하는 방식에서 유래한 시간 관리 방법론이다. 요즘은 스마트폰을 이용해 간단히 실행 가능하며, 집중력 향상과 번아웃 예방에 좋은 것으로 알려져있다. 또한 실제 누적 공부시간을 체크할 수 있어 유용하다. 구글에서 집중력을 발휘한 회의를 할 때 쓰는 시계라 하여 구글 타이머라고도 불린다.

# 수시 지원과 수능에 대한 공통 질문

## Q1. 수시 6회 지원 제한에서 제외되는 대학에는 어떤 학교가 있나요?

A1. 경찰대, 사관학교(육해공 및 간호사관학교), 과학기술원 (KAIST, GIST, UNIST 등) 및 예술대학(한국예술종합학교, 한국 전통 문화학교 등)은 수시 6회 지원 제한에서 제외되므로 추가 지원이 가능합니다.

## Q2. 한 학교에 하나의 원서만 접수 가능한가요?

A2. 전형이 다르다면 한 학교에 한 개 이상의 원서접수가 가능합니다. 예를 들어 농어촌 대상인 A학생은 성균관대학교의 농어촌 전형, 논술 전형, 학과모집 전형, 계열 모집 전형에 모두 지원 가능합니다.

## Q3. 수시 원서 접수시 오류가 있는 것을 발견하였는데, 변경이 가능한가요?

A3. 전형료를 결제하고 난 뒤에는 접수가 완료하여 수정이 불가하므로 주의합니다. 특히 전형 선택이나 학과 선택을 잘못하여 실수하지 않도록 여러 번 신중히 확인합니다. 기재된 전화번호로 합격 전화 연락이 오므로 반드시 전화를 받을 수 있는 번호를 입력하도록 합니다.

## Q4. 수능 원서접수 시 탐구과목 선택은 어떻게 하나요?

A4. 탐구 과목별 번호 순서에 의거 선택과목명을 오름차순(작은 번호에서 큰 번호로)으로 기재합니다. 반드시 선택과목 순서대로 시험에 응시해야 합니다.

## Q5. 수능 전날 조언해줄 수 있는 것들은 무엇이 있을까요?

A5. 수능 당일 아침 기상부터 수능 시험장 가는 동선 및 시험이 끝날 때까지의 모든 과정을 마음속으로 그려보게 합니다. 너무 늦게 혹은 일찍 취침하면 오히려 다음날 컨디션 조절에 실패할 수 있으므로 평소대로 수면하도록 합니다. 준비물로 많은 책보다는 그동안의 실수를 모아둔 간단한 오답노트, 혹시 모를 온도 차이에 대비한 무릎담요, 신분증과 수험표, 평소에 먹던 부담스럽지 않은 도시락, 초콜릿 등을 챙겨가도록 조언하면 좋습니다. 학생들이 자신도 모르게 전자시계를 착용하거나, 옷 속에 휴대폰 등을 넣고 제출하지 않는 일이 없도록 당부해주세요.

# 2

# 고3 수능과 정시

2

# 고3 수능과 정시

수능이 끝나면 학생의 가채점 결과를 확인한 후, 이를 바탕으로 남은 수시 일정을 보고 대학별 고사를 준비시킨다. 정시 지원 전략을 수립하는 등 입시의 마지막 작업을 진행해야 한다.

| **2학기 말 주요일정** | 대수능 | 수시 등록 마감일 확인 |
|---|---|---|
| | 가채점 분석 | 수능 성적표 분석 |
| | 수능 후 대학별고사 및 면접 | 정시 지원 전략 지도 |

 **수능점수의 의미**

수능 후 대학별 고사 및 면접 응시 여부

수능 가채점 점수는 다양한 곳에 쓰인다. 수능 최저 학력 기준이 있는 학교에 지원한 경우, 수능 최저 학력 기준 달성 여부 및 학생의 진로희망 등을 고려하여 대학별 고사와 면접에 응시할 것인지를 판단해야 한다. 만일 수능 최저 학력 기준을 달성하지 못했다면 대학별 고사와 면접에 응시할 필요 없이 다른 전형이나 정시전형 준비에 집중한다.

수능 최저 학력 기준을 달성하였고 정시전형에서 상향 지원을 노려볼 수 있는 경우에도 대학별 고사와 면접에 응시하지 않고 다른 전형이나 정시전형 준비에 집중한다. 그러나 수능최저 학력 기준을 달성하였고 정시전형에서 안정적인 상향 지원이 불가능하다면 대학별 고사와 면접 준비에 집중해야 한다.

입시기관마다 예상 등급 컷의 차이가 있고, 정시의 상향 지원을 고려할 때, 여러 변수(경쟁률, 수능 영역별 가중치, 지원자 심리 등)가 존재하기 때문에 100% 정확한 예측은 어렵다. 학생이 대학별 고사나 면접에 응시하는 것이 좋은 경험이 될 수 있기에, 엄청나게 수능을 잘 보았거나 수능 최저 학력 기준 미충족이 확실한 경우가 아니라면 응시하게 하는 것이 좋다.

## 전년도 입시 결과 및 학교별 누적 데이터 분석

가채점을 분석할 때 함께 보면 좋은 것은 대학별 전년도 입시 결과와 최근 3개년 정도의 학교별 졸업생 진학 자료 등이다. 대학에서 공개하는 자료는 각양각색이므로 유의해야 한다. 이들 자료는 백분위나 대학별 환산점수이기도 하고 최초 합격자 점수나 최종 등록자의 점수 등 기준이 다를 수 있으므로 주의해야 한다.

---

### 전년도 입시 결과 분석 시 고려 사항

① 전형 방법의 변화 확인 - 전년도 입시 결과와 학생의 점수를 비교할 때에 정시 선발 방법이 변경되지는 않았는지 확인합니다. 과목별 반영비율과 선발인원의 변화(증감 고려), 영어나 한국사 반영 방법 등이 바뀌었다면 전년도 입시 결과는 무의미할 수도 있습니다.

② 수능 난이도 고려 - 대학의 정시 선발 방식은 모두 다르며 수능의 난이도에 따라 표준점수는 달라집니다. 대학에서 제공하는 입시 결과가 표준점수를 활용한 환산 점수라면 수능 난이도가 달라졌을 경우 작년과 동일하게 생각해서는 안 됩니다. 통상적으로 전년에 비해 난이도가 올라가면 합격자의 환산점수가 올라가고, 난이도가 떨어지면 환산점수가 낮아지는 경향이 있습니다.

③ 반영비율 고려 - 가장 단순하게 비교 가능한 수치가 학생의 백분위입니다. 하지만 이 경우에도 단순한 백분위 합이 아닌 반영비율을 고려해야 합니다.

| 대학명 | 모집단위 | 국어 | 수학 | 영어 | 탐구 |
|---|---|---|---|---|---|
| A대학 | 인문 계열 | 35% | 25% | 15% | 20% |
| | 사회과학 계열 | 25% | 35% | 15% | 20% |

---

## 가채점 결과 분석

같은 점수를 받은 학생이라도 지원 전략에 따라 유불리가 달라질 수 있으므로 정확한 분석이 필요하다. 국·영·수·탐구 4과목을 모두 반영한 것이 유리한지, 탐구는 1과목만 반영하는 것이 유리한지, 표준점수나 백분위 활용 중 어떤 것이 유리한지 등에 대해 파악한 뒤 군별 지원 가능한 대학의 입시요강을 정리한 전략 포트폴리오를 만들어 두자. 무료 입시 정보는 네이버 밴드의 '오늘과 내일의 학교', 네이버 카페의 '공교육 대입정보 one-stop', '윤초시 사랑방', 다음 카페의 '파파안달부루스' 등에서 얻을 수 있다.

| | 국어(표/백) | 수학(표/백) | 표준점수 합 | 백분위 합 | 유리한 점수 |
|---|---|---|---|---|---|
| A 학생 | 139/100 | 134/98 | 273 | 198 | 백분위 |
| B 학생 | 149/100 | 132/97 | 281 | 197 | 표준점수 |

## 수시 등록과 유의 사항

수시에 합격한 후 반드시 등록 예치금을 납부하도록 학생에게 알려주어야 한다. 등록 예치금을 납부하지 않으면 등록을 포기하는 것으로 간주하고 합격이 취소된다. 다른 대학에 추가 합격하였다면 납부한 학교에 예치금 반환 신청을 하고 추가 합격한 대학에 다시 등록 예치금을 납부하여 반드시 하나의 대학에만 등록하도록 안내해야 한다. 이후 잔여 등록금을 정해진 기간 내에 납부해야 대학입학이 완료된다. 장학생으로 잔여 등록금이 0원인 경우에도 은행에 방문하여 납부 확인 도장을 받아두어야 한다는 것을 꼭 안내하자.

# 수능 가채점 시기 고민 BEST 5

(에듀 동아 기사 요약 http://edu.donga.com/?p=article&ps=view&at_no=20191126112359369062&titleGbn=&page=1)

수능 가채점 이후 수험생은 소기의 성과를 거두지 못한 아쉬움과 함께 이후 합격 전략에 대한 고민이 큽니다. 가까이는 대학별고사 응시 여부부터 시작하여 멀리는 정시 지원 전략까지 묘수를 짜는데 혼란을 겪습니다. 이에 수능을 치른 수험생이나 학부모가 가채점 이후 가장 많이 물어보는 고민과 해답을 소개합니다.

## Q1 수시 대학별 고사에 꼭 응시해야 하나요?

A1. 대부분은 수시에서 상향 지원하는 경향이 있고 정시의 변수는 너무도 다양하기 때문에 가능하면 응시하는 것이 좋습니다. 단순 총점이 아닌 반영비율을 고려한 대학별 환산 점수를 이용해 정시에서의 합격 가능성을 가늠해봅니다. 수험생이 지원한 수시 대학에 비해, 정시에서 안정 지원을 해도 합격이 가능한 높은 수준의 대학이라면 수시는 과감히 포기하고 정시에 집중하는 것이 바람직합니다. 하지만 소신이나 적정 지원 정도라면 합격을 완전히 보장할 수 없으므로, 수시 대학별 고사에 응시하는 것이 좋습니다.

## Q2 문과인데 국어보다 수학점수가 더 좋아요, 혹은 이과 학생인데 국어점수가 더 좋아요.

A2. 같은 대학이라도 계열별로 영역별 반영 방법, 영역별 가중치, 가산점, 활용지표 등을 꼼꼼하게 분석하면, 합격 가능성을 높일 수 있습니다. 어문계열보다 주로 경상계열에서 수학 반영비율이 상대적으로 높은 편입니다. 반대로 이과 학생인데, 수학 점수가 낮은 경우라면, 불행하게도 불리함을 극복할 기회를 찾기가 어렵습니다. 국어와 수학 반영 비율이 같은 경우가 상대적으로 수학을 덜 반영하는 곳입니다. 그러나 국어와 수학 비율이 동일해도 일부 대학의 경우 수학 (가)형에 가산점을 부여하기도 하므로 꼼꼼하게 따져 지원해야 합니다.

## Q3 영어 등급이 낮아요. 영어 등급의 불리함을 극복할 방법이 있나요?

A3. 영어는 대학마다 반영방법이 상이하므로 이에 따른 유·불리를 체크해봐야 합니다. 영어 등급이 낮게 나왔다면 영어를 반영비율로 반영하는 대학보다는 가·감산으로 반영하는 대학에 지원하는 것이 유리합니다. 대체로 가·감산 반영 대학에서의 등급 간 점수 차이가 비율 반영 대학보다 작아 영어영역 영향력이 상대적으로 작기 때문입니다.

## Q4 문과 학생이 이과 교차지원을 할 때 고려할 점과 가능한 대학이 궁금해요.

A4. 안타깝게도 상위권 대학의 자연계열은 수학 (가)형과 과학 탐구 영역을 지정하고 있어 교차지원이 불가능합니다. 그러나 인문, 자연 융합적인 학문을 다루는 학과나 중하위권 자연계열 학과 가운데 일부는 우수 학생 선발을 위해 인문계열 학생들의 교차지원을 허용하고 있습니다. 교차지원이 가능한 대학 및 학과를 지원할 때는 몇 가지 유의 사항을 살펴봐야 합니다. 교차 지원한 인문계열 수험생과 점수 향상을 노리고 수학 (나)형을 선택한 자연계열 수험생들의 지원이 더해짐에 따라 교차 지원을 허용하는 자연계열 학과의 경쟁률이 다른 자연계열 학과들에 비해 높은 경향을 보입니다. 또한, 수학 (가)형과 과학탐구 영역을 응시하였을 경우에 가산점을 부여하는 경우도 많습니다. 따라서 교차 지원 시, 점수 보정과 가산점이 적용된 대학점수로 환산하여 경쟁력이 있는지를 따져보는 것이 반드시 필요합니다.

## Q5 가채점 결과 4과목 중 2과목만 점수가 좋아요. 어떻게 하죠?

A5. 수능 일부 영역만 반영하는 대학이 줄면서 영역별 성적 유형에 따른 대학 선택의 폭이 좁아졌습니다. 그러나 일부 대학에서는 학과별 특성에 따라 수능 한두 개 영역만 반영하기도 하므로 영역별 성적 차이가 크고 특정 영역 성적이 우수한 학생은 1~2개 영역 반영 대학을 살펴서 지원 가능성을 따져볼 수 있습니다.

**정시를 탐하라**

정시 분석 시 고려할 우선 사항

가채점 결과와 실제 수능 성적이 비슷하다면 앞서 세운 전략을 실제 점수를 기준으로 데이터 분석을 통해 수정 및 보완하면 된다. 만약 두 점수 차이가 크다면 새로운 정시 계획을 세워야 한다. 이때 대학별로 탐구과목의 변환 표준점수를 발표하므로 반드시 참고하며, 136쪽의 정시 군(가/나/다)별 지원 희망 대학 및 학과의 전년도 전형 결과 조사 활동지를 다시한번 활용하여 상담한다.

## 정시지원 주요 고려 사항

### 1. 학생의 진로와 적성
점수에 맞춰 대학에 진학한 학생들의 상당수가 재수나 반수를 선택하는 경향이 큽니다. 따라서 대학 후의 진로 계획이 명확하다면 관련 학과를 중심으로 학과가 개설된 대학을 찾아 성적에 맞는 곳을 선택하도록 합니다.

### 2. 대학 vs 학과
대학은 복수전공이나 부전공 제도가 활성화되어 있습니다. 따라서 목표 대학에 입학하여 다양한 전공을 하려는 학생도 있을 것이고, 특정 대학의 특정 학과가 마음에 들어 학과를 먼저 선택하기도 할 것입니다.

### 3. 영역별 유리한 조합 찾기
상위권 대학은 수학과 탐구의 영역을 지정하여 학생을 선발하고 중하위권 대학은 구분 없이 교차 지원을 허용하는 경우가 많습니다. 또한, 과목별 반영비율 및 반영 과목수, 활용 지표 등이 모두 다르므로 가장 유리한 조합을 찾도록 합니다.

### 4. 학생의 의지 파악
수능이 끝난 뒤 학생은 선생님에게 의지하나 부모님과 대략적인 계획을 세워두는 경우도 있습니다. 무조건 원하는 대학 또는 학과에 가려는 학생도 있고 재수를 고려하는 경우와 성적에 맞춰 어디든 가겠다고 하는 학생도 있을 것입니다. 학생의 상황에 따라 모집 군별 소신/적정/안정 지원을 고려하여 정시 전략 노트를 작성해 보는 것이 좋습니다.

### 5. 수험생 수와 선발인원 변화
수험생이 감소하고 선발인원이 증가하면 합격선이 내려가고 군별로 추가합격 등의 이동이 커질 수 있습니다. 대학별 모집인원의 증감을 확인하여 꼼꼼한 전략을 수립하도록 합니다.

## 수시 등록 마감 이후 할 일 /

수시합격자 발표 및 최종등록이 끝나면 대학별로 수시에서 이월된 인원을 포함한 최종 정시 선발 인원을 각 대학 입학처 홈페이지에 발표한다. 정시에서 선발 계획이 없었던 경우에도 수시에서 미선발되어 정시로 이월된 경우가 더러 발생하므로 학생이 평소 목표로 삼은 대학과 학과를 관심 있게 끝까지 주목하게 지도한다. 일부 대학은 정시에서도 내신 성적을 반영하거나 자기소개서 등의 서류가 필요한 경우가 있으므로 미리 준비하도록 안내한다.

## 수능 성적표 /

수능 성적표가 나오면 대학별로 탐구과목의 변환표준 점수와 수학(가)형 응시에 따른 가산점을 공개한다. 모집 요강을 꼼꼼히 읽고 반영비율, 반영 영역, 영어와 한국사의 가·감점 정도를 따져 유불리를 파악하여 학생에게 가장 유리한 곳을 선택하도록 지도한다.

### 1) 전형요소별 반영비율 및 총점

| 모집단위 | 전형요소별 반영비율 | | | 합계 |
| --- | --- | --- | --- | --- |
| | ① 수능 | 실기 | 면접 | |
| 인문계 모집단위 | 100%<br>(1,000점) | - | - | 100%<br>(1,000점) |
| 자연계 모집단위<br>(의과대학, 간호대학,<br>사이버국방학과 제외) | 100%<br>(1,000점) | - | - | 100%<br>(1,000점) |

### 2) 모집단위별 반영영역 및 점수

| 반영영역<br>모집단위 | 국어 | 수학 | | 탐구 | | ②<br>반영영역<br>합계 | ③<br>영어 | ④<br>한국사 |
| --- | --- | --- | --- | --- | --- | --- | --- | --- |
| | | 가 | 나 | 사회 | 과학 | | | |
| 인문계 모집단위,<br>가정교육과, 체육교육과 | 200 | 200 | | 160 | | 560점 | 등급별<br>감점<br>적용 | 등급별<br>가산점<br>부여 |
| 자연계 모집단위<br>(가정교육과, 간호대학, 컴퓨터학과<br>제외) | 200 | 240 | - | - | 200 | 560점 | | |

### 3) 영어영역 등급별 감점 점수(수능점수에서 감점 반영)

| 등급<br>모집단위 | 1 | 2 | 3 | 4 | 5 | 6 | 7 | 8 | 9 |
| --- | --- | --- | --- | --- | --- | --- | --- | --- | --- |
| 전체 모집단위 | 0 | 1 | 3 | 5 | 7 | 9 | 11 | 13 | 15 |

### 4) 한국사영역 등급별 가산점 점수

| 모집단위 \ 등급 | 1 | 2 | 3 | 4 | 5 | 6 | 7 | 8 | 9 |
|---|---|---|---|---|---|---|---|---|---|
| 인문계 모집단위 | 10 | 10 | 10 | 9.8 | 9.6 | 9.2 | 9.2 | 9.0 | 8.0 |
| 자연계 모집단위<br>체육교육과, 디자인조형학부 | 10 | 10 | 10 | 10 | 9.8 | 9.4 | 9.4 | 9.2 | 8.0 |

(출처 : 2020학년도 고려대학교 모집요강)

### ● 대학수학능력시험 변환점수 및 성적산출 계산 파일 예시 ●

**2020학년도 고려대학교 정시모집 수능 성적 산출**

| 영역 | 국어 | 수학 | | 영어 | 사회탐구 | | 과학탐구 | | 한국사 |
|---|---|---|---|---|---|---|---|---|---|
| | | 가형 | 나형 | | 1 | 2 | 1 | 2 | |
| 표준점시 | | | | | | | | | |
| 백분위 | | | | | | | | | |
| 등급 | | | | | | | | | |

본인이 응시한 영역에 수능 성적(표준점수, 백분위, 등급)을 입력하세요.

`성적 초기화`

**자연계(가정교육과, 간호대학, 컴퓨터학과 제외)** | 국어, 수학(가), 영어, 과학탐구(2과목), 한국사

| 영역 | 국어<br>(표준점수) | 수학(가)<br>(표준점수) | 과학탐구(백분위) | | 영어<br>(등급) | 한국사<br>(등급) |
|---|---|---|---|---|---|---|
| | | | 1 | 2 | | |
| 원자료<br>반영점수 | | | | | | |

**산출점수**

**점수 산출 불가**

## 합격자 등록 및 충원합격, 추가 모집

합격자 발표가 났다고 해서 끝난 것이 아니다. 3개의 원서접수 중 추가 합격까지 꼼꼼히 챙겨 합격자 등록을 마쳐야 한다. 합격 후 미등록자가 발생하게 되면 예비번호 순서대로 추가합격의 기회가 생긴다. 대부분 다음 순번의 학생에게 예비번호를 부여하지만, 정해진 비율의 수험생에게만 예비번호를 부여하거나 아예 예비번호를 공개하지 않는 경우도 더러 있으므로 주어진 발표일에 대학의 홈페이지를 참고하여 확인해야 한다. 추가합격은 더러 대학 홈페이지에 발표하지만, 미등록 충원합격자 등록 마감일이 가까울수록 전화로 합격 소식을 전하는 곳이 많다. 따라서 모집 요강을 꼼꼼히 읽고 마감일까지 전화기를 손에서 놓지 않도록 주지시키자. 원서접수 시 전화를 가장 잘 받을 수 있는 가족의 연락처를 기재하는 것이 좋다. 미등록 충원 등록 마감이 끝나면, 미달 인원이 발생하는 경우 약 일주일간 대학별 추가모집이 시작되는데, 이 또한 잘 챙겨봐야 한다. 추가 모집의 경우 4년제 정시 모집에 불합격하거나 등록하지 않은 학생만 지원 가능하며 전문대와 산업대는 합격 및 등록 여부에 관계없이 지원가능하다.

## ● 정시 합격자 등록 및 추가합격 유의사항 ●

### 미등록 충원(추가합격자 발표 및 등록)

원서접수 시 연락이 가능한 연락처를 기재해야 하며, 연락이 되지 않아 발생되는 불이익에 대한 책임은 지원자 본인에게 있습니다.

| 구분 | 발표일시 | 등록기간 | 비고 |
|---|---|---|---|
| 1차 | 2. 8.(토) 10:00 | 2. 10.(월) 16:00까지 | |
| 2차 | 2. 11.(화) 10:00 | 2. 11.(화) 16:00까지 | |
| 3차 | 2. 12.(수) 10:00 | 2. 12.(수) 16:00까지 | · 본 대학교에서 부여한 합격자 개별 가상 계좌번호로 전국 모든 은행창구, ATM, 인터넷뱅킹, 폰뱅킹 등을 이용하여 입금함 |
| 4차 | 2. 13.(목) 10:00 | 2. 13.(목) 16:00까지 | |
| 5차 | 2. 14.(금) 10:00 | 2. 14.(금) 16:00까지 | |
| 6차 | 2. 15.(토) 10:00 | 2. 17.(월) 14:00까지 | |
| 7차 이후~최종 (전화 개별 통보) | 2. 17.(월) 14:00 ~ 21:00까지 | | |

1) 최초합격자의 등록기간(2. 7.)이 지난 후 미등록자가 발생한 경우에는 본 대학교의 입학전형 성적순위에 따라 추가합격자를 선발합니다.

2) 추가합격자는 반드시 등록기간 내에 등록을 마쳐야 하며, 등록기간 내에 등록하지 않은 경우에는 등록을 포기하는 것으로 간주하고 합격을 취소합니다.

3) 간호대학, 컴퓨터학과 모집 단위는 수능 지정 응시 영역별로 미등록 충원합니다. 단, 지정 응시 영역별로 미등록 충원 대상자가 없을 경우 타 지정 응시 영역에서 미등록 충원할 수 있습니다.

4) 최종 추가 합격 통보 마감일시는 2. 17.(월) 21:00까지입니다.

5) 미등록 충원 예외: 수학능력이 부족하거나 전형취지에 부합하지 않는다고 판단되는 자

6) 1~6차 추가합격자 발표는 개별 통보하지 않으므로 반드시 인재발굴처 홈페이지(oku.korea.ac.kr)에 게시한 합격자 조회 페이지에서 확인해야 하며, 합격 미확인으로 인한 불이익에 대한 책임은 지원자 본인에게 있습니다.

7) 7차 이후 추가합격자 발표부터는 전화로 개별 통보되며, 이 경우 본 대학교의 미등록 충원 노력(원서접수 시 기재된 연락처로 3회 통화 시도)에도 불구하고 연락이 되지 않는 수험생은 등록 의사가 없는 것으로 간주하고 추가 충원 대상에서 제외됩니다.

8) 추가합격자 발표 기간 중 다른 대학의 추가 합격 통보를 받은 경우, 합격자는 등록을 원하지 않는 대학에 해당 대학 등록 포기 의사를 즉시 전달해야 합니다.

출처 : 고려대학교 모집요강

추가모집 관련 내용은 대입정보포털 대학어디가(http://www.adiga.kr)에 가면 한눈에 볼 수 있다. 마지막까지 포기하지 않고 잘 찾아보면 의외의 좋은 결과가 있다. 진학 희망 분야와 유사한 학과에 진학하여 복수전공, 이중전공을 고려하거나, 전과 제도를 활용하는 방법도 있다. 또, 입학 후에 편입 시험으로 원하는 곳에 갈 수도 있다. 교사가 많은 정보를 알고 있어야 학생에게 다양한 조언이 가능하므로 이것저것 둘러보면서 정보를 모아보자.

**버려진 시간 줍기**

겨울방학 전 활동 Tips

수능 성적표가 나오기 전후로 교사가 학생과 정시 상담을 하는 사이에 나머지 학생은 특별히 할 일이 없는 경우가 많다. 단체로 영화를 보기도 하지만 프로그램이 있어도 적극적으로 참여하지 않는다. 함께하면 좋을 만한 몇 가지 활동을 소개한다.

| | |
|---|---|
| ①<br>학생이 주도하는<br>졸업식 | 학교주도의 식상한 졸업식보다 반마다 특색있는 졸업식 행사를 꾸며보게 하는 것이다. 회의 진행부터 역할 분담, 연습까지 다른 반보다 더 의미 있는 행사를 만들고 싶어 열심히 준비할 것이다. 졸업식용 동영상을 제작해 보게 하는 것도 좋다. |
| ②<br>자유여행 계획 | 각자 희망하는 나라를 선정하여 비행기표 예매부터 여행코스 계획까지 직접 계획해 보도록 하자. 희망하는 나라가 같은 학생끼리 조를 편성할 수도 있다. 최저가 여행계획을 세운 학생이나 팀을 선발하는 깜짝 콘테스트도 넣으면 더 재미있다. 겨울방학 중 여행계획이 있거나 대학생이 되어 여행을 준비하는 학생이라면 관심 있게 참여할 것이다. |
| ③<br>후배 멘토링활동 | 의미 있는 학습 경험이 있거나 진학 노하우가 넘치는 학생은 후배에게 이를 전하고 싶어 할 것이다. 각자의 노하우를 한글 문서나 영상 등으로 제작하도록 해보는 것도 좋은 추억이 된다. |
| ④<br>의미 있는 봉사활동 | 약간의 재정이 필요하나 손으로 무언가를 하기 좋아하는 학생에게 만들기 봉사활동을 권해보는 것도 좋다.<br>예 Save the children의 신생아 살리기 모자뜨기 캠페인, 희망브리지 전국재해구호협회 등 |
| ⑤<br>기타 활동지 | 교실 안에서 졸업 후의 직업과 채용정보, 근로 조건 등에 대해 학생들과 간단히 활동해 볼 만한 자료는 다음과 같다. |

# 채용정보 찾아보기

1. 자신이 알고 있는 채용정보 사이트를 이용하여 희망 직종의 채용 정보를 정리해보자.

| 직업명 | | 사이트명 | 사이트명 |
|---|---|---|---|
| 회사정보 | 회사명 | | |
| | 회사주소 | | |
| | 근로자수 | | |
| | 설립연도/매출액 | | |
| 직무내용 | 모집분야 | | |
| | 고용형태 | | |
| | 업무내용 | | |
| | 학력 자격조건 | | |
| | 복리후생 | | |
| 채용 조건 | 채용 인원 | | |
| | 근무시간 / 급여 | | |
| | 홈페이지 주소 | | |
| 지원 서류 제출 방법 | 접수마감일 | | |
| | 제출서류 | | |
| | 접수방법 | | |

## 채용정보 찾아보기

1. 자신이 알고 있는 채용정보 사이트를 이용하여 희망 직종의 채용 정보를 정리해보자.

| 체크항목 | 점검여부(O,X) | 정보수집방법 |
|---|---|---|
| 희망직종 | | |
| 회사명 | | |
| 정보탐색방법(사이트) | | |
| 고용형태 | | |
| 채용직무 | | |
| 자격요건 | | |
| 학력조건 | | |
| 급여조건 | | |
| 근무시간 | | |
| 복리후생 | | |
| 채용인원 | | |
| 제출서류 | | |
| 서류제출 기한 | | |
| 서류제출 방법 | | |
| 서류전형 발표일 | | |
| 면접일, 면접시간 | | |
| 면접장소 | | |
| 최종합격자 발표일 | | |
| 근무예정일 및 근무예정지 | | |
| 부서담당자 이름 | | |
| 부서담당자 메일 | | |
| 문의사항 연락처 | | |
| 회사홈페이지 | | |

# 근로 조건 알아보기

1. 자신의 희망취업처의 근로조건을 알아보자.

| 희망취업처 | 근로조건 | 세부사항 |
|---|---|---|
| | 주요업무내용 | |
| | 고용형태 | |
| | 근무장소 | |
| | 급여조건 | |
| | 근무시간 | |
| | 최초 1년을 80%이상 근무 | |
| | 생리휴가 | |
| | 수습기간 | |
| | 유급법정휴일에 근로 | |
| | 복리후생비 | |
| | 국민연금, 건강보험료, 고용보험료, 장기요양보험료 | |
| | 기타사항 | |

# 자기소개서 작성

1. 아래의 질문을 잘 읽고, 미래의 직장을 위한 자기소개서를 작성해 보자.

### 자기소개서

**[자기계발능력]**

최근 성취한 일 중에서 가장 자랑할 만한 일은 무엇입니까? 그것을 성취하기 위해 귀하는 어떤 일을 했습니까?

**[대인관계능력]**

약속과 원칙을 지켜 신뢰를 형성 또는 유지한 경험에 대하여 기술하십시오.

**[의사소통능력]**

"L이라는 직원이 업무관련으로 고객과 대화를 나누고 있다. 그런데 고객은 이해가 되지 않는다고 반문했다." 대화 중 무엇이 문제이고 어떻게 해결할 수 있는지 설명하십시오.

**[직업윤리]**

직장인으로서의 직업윤리가 왜 중요한지 본인의 가치관을 중심으로 설명하십시오.

# 모의 면접 체크 리스트

1. 미래 취업을 위해 면접을 본다고 가정하고 친구들과 역할을 나누어 모의 면접을 진행해보자.

| 평가 영역 | 평가요소 | 매우 미흡 1점 | 미흡 2점 | 보통 3점 | 우수 4점 | 매우 우수 5점 |
|---|---|---|---|---|---|---|
| 복장과 태도 | 용모가 단정한가? | | | | | |
| | 자세가 바른가? | | | | | |
| | 침착한가? | | | | | |
| | 대답하는 태도가 확실한가? | | | | | |
| 표현력 | 용어가 적절한가? | | | | | |
| | 목소리가 명료한가? | | | | | |
| | 간결하고 정확하게 표현하는가? | | | | | |
| | 자기 생각을 충분하게 전달하는가? | | | | | |
| 판단력 | 정확하게 이해하고 있는가? | | | | | |
| | 신속하게 이해하고 응답하고 있는가? | | | | | |
| | 결단력이 있고 판단 능력이 있는가? | | | | | |
| 적극성 | 근면하고 활기찬 성격인가? | | | | | |
| | 어려운 일을 자진해서 수행할 수 있는가? | | | | | |
| | 어려운 일을 극복할 수 있는 성격인가? | | | | | |
| 성실성 | 의지가 굳은가? | | | | | |
| | 성실하고 자신감이 있는가? | | | | | |
| | 신뢰감과 사명감이 있는 사람인가? | | | | | |
| 인성 | 인생관이 바람직한 사람인가? | | | | | |
| | 대인 관계가 원만한 사람인가? | | | | | |
| | 배려심이 있는 사람인가? | | | | | |

2. 나의 수준을 점검해보고, 발전시킬 방향에 대하여 생각해보자.

| 점수 | 수준 | 나의 수준 |
|---|---|---|
| 80점 이상 | 면접에서 좋은 인상을 줄 수 있다. | |
| 61~79점 | 나쁘지는 않지만 자신의 모습을 조금 더 점검할 필요가 있다. | |
| 60점 이하 | 면접뿐만 아니라 회사 생활에서도 문제가 생길 수 있다. 따라서 면접에서 좋은 인상을 주기위해 면접 전에 자신의 의지와 장점을 보다 확실하게 드러나도록 연습한다. | |

교사의 꿀Tip

모든 진학 일정이 끝난 뒤, 그해의 입시 흐름을 파악하고 기록하면 다음 해의 입시에 큰 도움이 됩니다. 예비번호 몇 번에서 추가합격이 되었는지, 대학별 충원율은 얼마였는지, 추가 모집은 어떻게 이루어졌는지 등 올해의 입시 환경을 알려주는 세세한 내용을 함께 기록해두면 차후에 비슷한 상황이 생길 때 참고할만한 귀중한 자료가 될 것입니다.

# 참 고 문 헌

1. '자기주도학습지도 7강 진로지도를 통한 학습부진학생 동기부여방안' 교사연수 자료

2. 2019학년도 중앙대학교 대학별고사 선행학습 영향평가 자체 평가 보고서

3. 2020학년도 고려대학교 신입생 모집요강

4. 2021학년도 대입정보 119

5. DBPia 논문 활동지

6. 경남진로교육센터 창체 진로활동 교수학습 및 활동 프로그램 워크북

7. 고려대학교, 연세대학교, 서울시립대학교, 한양대학교 전공가이드북

8. 고교교육 기여대학 지원사업(2017). 대입전형 표준화방안 연구

9. 동국대학교 학생부 종합전형 안내자료

10. 서울대학교 2015 개정 교육과정에 따른 고교생활 가이드북

11. 한국직업능력개발원(2017.06.30.). KRIVET Issue Brief. 지난 10년간 4년제 대졸자 노동시장의 변화(양정승)

12. 베리타스알파(2020-02-19)
    http://www.veritas-a.com/news/articleView.html?idxno=313519

13. ebsi 입시전략칼럼(2017-01-04)
    http://www.ebsi.co.kr/ebs/ent/enta/retrieveMyGlUnivSelEntAnalysisView.ebs?datNo=613204

14. 에듀 동아 기사(2019-11-26)
    http://edu.donga.com/?p=article&ps=view&at_no=20191126112359369062&titleGbn=&page=1

## 참고 사이트

1. 위메이저 http://www.wemajor.or.kr/

2. 꿈길 https://www.ggoomgil.go.kr/

3. 메이저맵 https://www.majormap.net/

4. 워크넷 https://www.work.go.kr/

5. 대학어디가 http://adiga.kr/

6. 서울대학교 입학본부 웹진 아로리 http://snuarori.snu.ac.kr/

# 부록

# 부록1. 진로 리터러시

| 계열 | 계열별 특징 |
|---|---|
| 인문계열 | 인문계열은 모든 학문의 근본이 되는 인문학의 교육 연구를 목표로 한다.<br>인간과 인간의 문화, 인간의 가치와 인간의 자기표현 능력을 바르게 이해하기 위한 과학적인 연구 방법에 관심을 갖고 있다.<br>인문계열은 언어·문학과 인문과학이 있다. |
| 사회계열 | 사회계열은 사회의 여러 모든 현상을 과학적이고 체계적으로 연구하는 경험과학에 바탕을 둔다.<br>따라서 인간생활의 다양한 측면과 관련된 기초학문 즉 사회학, 정치학, 경제학, 법학, 행정학 등과 같은 학문을 교육하고 연구한다. 개인 혹은 국가의 지속적인 발전을 위해 사회변화를 분석하고 대안을 제시할 수 있는 기본적인 소양을 기르는 것을 목표로 한다.<br>사회계열에는 경영·경제, 법률, 사회과학이 있다. |
| 교육계열 | 교육은 역사에서 축적된 모든 지식과 문화를 후세에게 전달하는 일이며, 인간은 무한한 가능성을 개발하여 새로운 지식과 문화를 창출하는 숭고 한 일로 국가와 민족의 미래와 운명을 결정하는 중요한 활동이다.<br>교육계열은 교육 분야에 종사할 교사와 교육 지도자를 양성하고 교육 일반과 교과교육원이를 교수 및 연구에 종사할 학자의 배출을 목표로 한다.<br>교육계열은 교육일반, 유아교육, 특수교육, 초등교육, 중등교육으로 구성된다. |
| 공학계열 | 공학계열은 자연과학과는 달리 일상생활을 비롯해 산업에 활용되는 기술을 개발할 수 있는 지도적 인재 육성과 고급 이공계 고급인력 양성을 목표로 한다. 자연 자체를 대상으로 하는 자연과학과 달리 기계, 장치 등의 인위적인 자연을 대상으로 하여 실제로 무엇인가를 생산하는 실천 행동에 중점을 두고 있다.<br>공학계열은 건축, 토목·도시, 교통·운송, 기계·금속, 전기·전자, 정밀·에너지, 소재·재료, 컴퓨터·통신, 산업, 화공, 기타로 나뉜다. |
| 자연계열 | 자연계열은 자연현상의 기본적인 원리를 탐구하고 새로운 자연법칙을 개발하는 기초과학인 자연과학에 바탕을 둔다. 우주와 물질의 기원부터 생명현상까지 다양한 물질세계의 원리를 과학적인 방법으로 연구하며, 국가경쟁력의 원천이 되는 신지식 창출을 위해 우수한 기초과학 연구 인력의 양성과 기초과학 발전의 중추적 기능 수행을 목표로 한다.<br>자연계열은 농림·수산, 생물·화학·환경, 생활과학, 수학·물리·천문·지리로 구성된다. |
| 의약계열 | 의약계열은 인간 신체의 구조와 기능을 연구하며 질병의 예방과 치료를 연구하는 의학, 의약품에 관한 기초 및 응용과학을 다루는 약학이 포함되며, 병의 예방, 진단과 치료를 위한 단계별 이론과 응용능력을 습득하여 국민 의료를 담당하며 향상시키는 인재 양성과 인류복지에 기여하는 것을 목표로 한다.<br>의약계열은 의료, 간호, 약학, 치료·보건으로 구성된다. |
| 예체능 계열 | 예체능계열은 변화하는 시대에 맞게 첨단화, 전문화되어가고 있는 예술 환경의 변화에 대처할 수 있는 전문 예술인과 신체 활동을 통해 개인 건강유지 및 대중들이 쉽게 접할 수 있는 활동을 지도할 수 있는 체육인을 양성하는데 목표가 있다. 예술이라는 창작과 표현수단을 통해 감동과 아름다움을 추구하는 음악, 미술, 체육, 연극, 영화 등의 영역이 포함된다.<br>예체능계열은 디자인, 응용예술, 무용·체육, 미술·조형, 연극·영화, 음악으로 구성된다. |

## 대학의 설치 학과 및 관련 직업 1 - 인문사회계열

| 계열 | 소계열 | 학과 | 관련 직업 |
|---|---|---|---|
| 법정 | 법학 | 법학, 공법, 사법, 해상법, 국제법무전공, 법무정책, 과학기술법무, 부동산법무, 기술융합 | 감정평가사, 노무사, 법률사무원, 법률상담사, 법무사, 변리사, 변호사, 부동산중개인, 손해사정사 |
| | 행정 | 행정, 소방행정, 경찰행정, 교정보호, 자치행정, 지역개발, 국방공무원, 정부행정, 공공행정 | 행정공무원, 소방공무원, 경찰공무원, 사회과학연구원, 인문사회계열교수 |
| | 정치외교 | 정치외교, 정치, 외교, 정치미디어 | 교수, 기자, 변호사, 언론계, 외교관 |
| 경상 | 경제 | 경제, 경제금융, 소비자경제, 산업경제, 국제경제, 환경자원, 경제통계, 지역경제 | 금융계, 통상전문가 |
| | 무역 | 국제물류무역, 유럽지역통상, 해운항만물류 | 국제무역전문가, 유통관리사, 해외영업원 |
| | 경영회계 | 경영, 기술경영, 스포츠경영, 뷰티예술경영, 마케팅, 회계, 경영회계, 세무회계 | 노무사, 무역·통상전문가, 증권분석가, 회계사, 금융자산운용가, 보험계리사, 손해사정사, 외환딜러, 은행원, 증권중개인, 투자분석사 |
| 사회 | 관광 | 관광, 관광개발, 관광경영, 호텔경영, 관광행정 | 국제회의전문가, 여행상품개발원, 여행전문가, 호텔종사원, 호텔지배인 |
| | 토지 | 부동산, 지역개발, 측지정보, 지적, 토지행정 | GIS전문가, 측량사, 김정평가사, 부동산중개인, 조경기술사, 환경영향평가사 |
| | 신문방송 | 신문방송, 커뮤니케이션, 미디어, 언론광고 | 기자, PD, 홍보마케터, 영화감독 |
| | 사회 | 사회, NGO, 도시사회, 공공사회, 포교사회 | 사회조사분석사, 정치인, 언론계 |
| | 정보관리 | 도서관, 정보처리, 산업정보, 문헌정보 | 사서, 문화재보존가, 정보관리전문가 |
| | 기타 | 비서, 비서행정, 지리, 지역, 교정 | 비서, 병원코디네이터, 지리학연구원 |
| 어문 | 어문학 | 국어국문, 한문, 중어중문, 불어불문, 독어독문, 일어일문, 영어영문, 서어서문, 노어노문, 문예창작 | 기자, 출판계, 교사, 학자, 평론가, 통·번역가, 아나운서, 외교관, 해외방송인, 동시통역가, 중등교사 |
| | 어학 | 영어, 독어, 일어, 불어, 중어, 이태리어, 포르투갈어, 노어, 스페인어, 아랍어, 인도어 | |
| | 외국학 | 아시아, 일본, 중국, 미국, 러시아, 프랑스 등 | |
| 인문 | 사학 | 한국사, 역사콘텐츠, 서양사, 동양사 | 감정평가사, 국사·세계사 교사, 인문과학연구원, 인문사회계열교수, 작사 |
| | 철학 | 철학, 동양철학, 한국철학, 인도철학, 서양철학 | 언론인, 윤리교사, 인문과학연구원, 작가, 출판물기획전문가 |
| | 심리 | 심리, 심리치료, 아동심리상담, 산업심리 | 심리치료사, 심리상담사, 인문과학연구원, 작가, 카피라이터 |
| | 인류 | 인류, 문화인류, 고고학, 고고인류학 | 감정평가사, 문화재보조원, 예술품복원기술자, 인류학자, 학예사(큐레이터) |
| | 윤리 | 윤리, 철학생명의료윤리, 윤리문화 | 인문계중등학교교사, 인문사회계열교수 |
| | 종교 | 종교, 종교철학, 종교문화, 원불교, 목회비서 | 성직자, 언론인, 인문과학연구원 |

## 대학의 설치 학과 및 관련 직업 2 - 자연공과계열

| 계열 | 소계열 | 학과 | 관련 직업 |
|---|---|---|---|
| 자연<br>과학 | 수학 | 수학, 응용수학, 수리정보 | 금융자산운용가, 수학과교수, 수학교사 |
| | 통계 | 통계, 전산통계, 응용통계, 컴퓨터통계 | 경영기획사무원, 수학 및 통계연구원,<br>시장 및 여론조사전문가, 통계사무원 |
| | 물리 | 물리, 응용물리, 나노물리, 전자물리 | 교수, 인공위성개발원, 자연과학시험원 |
| | 화학 | 화학, 응용화학, 생화학 | 자연과학연구원, 지료공학기술사 |
| | 생물 | 생물, 생명과학, 생물과학, 응용생물 | 곤충학자, 기술직공무원, 나무의사(수목<br>보호기술자), 유전공학연구원 |
| | 지질 | 지질, 지질환경과학, 지구시스템과학 | GIS전문가, 지구물리학자, 지질학연구원,<br>토양학자, 토양환경기술자 |
| | 천문 | 천문우주, 천문대기과학, 물리천문 | 기후변화전문가, 온실가스인증심사원 |
| 공학 | 건축 | 건축공학, 건축설비, 실내건축 | 건축공학기술자, 건축설계사 |
| | 토목 | 토목공, 도시공, 도시계획공, 교통공, 토목설계 | 건설연구원, 토목감리원, 토목안전환경기<br>술자, 토목제도사 |
| | 기계 | 기계공, 정밀기계공, 기계설비, 생산기계공 | 로봇공학기술자, 안들이드로봇공학자,<br>기계공학시험원 |
| | 조선 | 조선해양, 조선해양프랜트, 조선해양시스템 | 조선공학기술자 |
| | 화학공 | 화학공, 화공생명공, 화공산소제공 | 화학공학기술자, 화학제품제조원 |
| | 재료 | 재료공, 전자재료공, 항공재료공, 환경재료공 | 고분자재료연구원, 나노공학기술자 |
| | 전기 | 전기공, 에너지전기공, 전기시스템공 | 전기안전기술자, 전기제품개발기술자 |
| | 전자 | 전자공, IT전자공, IoT전자공, 디스플레이공 | 스마트폰앱개발자, 전기계측제어기술자 |
| | 컴퓨터 | 컴퓨터공, IT융합전공, 스마트IT전공 | 컴퓨터프로그래머, 정보보호전문가,<br>가상현실 전문가, 네트워크앤지니어 |
| | 항공 | 항공운항, 항공정비, 항공기계공, 우주항공 | 파일럿, 인공위성분석원, 항공기사 |
| | 원자 | 원자력공, 원자핵공, 에너지공 | 에너지공학기술자, 원자력연구원 |
| | 종합공학 | 산업공, 생산공, 산업안전공 | 물류관리사, 품질관리기술자 |
| 농학 | 농축산 | 농학, 임학, 축산, 사료영양, 농생물, 식량자원,<br>직물육종, 천연섬유, 산림자원 | 공항검역관, 낙농 및 사육관련종사자,<br>도축검사원, 축산업지도사 |
| | 농공/농<br>학 | 농학, 농공, 농업기계공, 임산공, 6차산업 | 농업기술자, 농업기계기사 |
| | 조경원예 | 조경, 화훼, 원예육종, 환경조경, 관광조경 | 사업체조경관리원, 조경설계사 |
| | 수의학 | 수의학, 동물건강관리, 동물·자연보고 | 수의사, 검역원, 동물사육사, 수의연구원 |
| 수산<br>해양 | 향해기관 | 향해, 항만운항공, 기관공 | 선박기관사, 선장 및 향해사 |
| | 해양 | 해양공, 해양과학, 해양개발, 해양토목공, 해양환<br>경공, 해양정보공, 지구해양 | 관제사, 무선향해통신장비설치원, 해양경<br>찰관, 해양공학기사 |
| 가정 | 가정 | 가정, 가정관리, 소비자아동, 주거환경 | 건강가정사, 사회복지사, 유치원교사 |
| | 식품영양 | 영양, 식품영양, 식품과학, 식생활 | 식품공학기술자, 영양사, 체험관리사 |
| | 의류 | 의류, 의상, 의류직물, 의생활 | 브랜드매니저, 샵마스터, 패션에디터 |
| | 아동 | 아동, 아동복지, 청소년 | 사회복지사, 언어치료사, 임상심리사 |

## 대학의 설치 학과 및 관련 직업 3 - 예체능 및 교육, 의학계열

| 계열 | 소계열 | 학과 | 관련 직업 |
|---|---|---|---|
| 예·체능 | 음악 | 음악학, 작곡, 기악, 성악, 국악 | 교사, 교수, 작곡가, 연주자, 성악가, 탤런트, 가수, 화가, 연출가, 카메라맨, 사진작가, 무용가, 공계가 |
| | 미술 | 미술학, 회화, 디자인, 조소, 공예, 응용미술 | |
| | 체육 | 체육학, 무용학 | |
| | 기타 | 연극, 영화, 사진 | |
| 교육 | 수학 | 수학교육 | 교사, 교수, 연구기관, 종교계, 기술자, 기업체, 언론계, 학원강사, 사서, 학원원장, 심리치료사 |
| | 과학 | 물리교육, 화학교육, 과학교육, 생물교육, 지구과학교육 | |
| | 실업 | 기술교육, 수산교육, 가정교육, 농업교육, 상업교육 | |
| | 공학 | 건축공학교육, 공업화학교육, 금속공학교육, 토지목공학교육, 기계공학교육, 전기공학교육, 전자공학교육 | |
| | 교육 | 교육, 교육공학, 교육심리 | |
| | 특수 | 특수교육, 초등특수교육, 치료특수교육 | |
| | 아동 | 유아교육, 초등교육 | |
| | 어학 | 국어교육, 영어교육, 불어교육, 독어교육, 일어교육, 한문교육 | |
| | 사회 | 일반사회, 국사교육, 역사교육, 지리교육, 국민윤리교육 | |
| | 예·체능 | 음악교육, 체육교육, 미술교육 | |
| | 종교 | 기독교교육, 종교교육 | |
| | 기타 | 도서관교육 | |
| 의학 | 의학 | 의예, 치의예, 한의예, 간호 | 의사, 한의사, 간호사 |
| | 약학 | 약학, 제약, 위생제약, 한약재료, 한약자원 | 약사, 신약개발원, 한방건강식품제조원 |
| | 보건 | 보건, 보건행정, 물리치료, 임상병리, 공중보건, 의학공학, 건강관리 | 임상병리사, 물리치료사, 병원코디네이터, 위생사, 의무기록사 |

*출처 : http://www.career.go.kr/cnet/front/base/base/series/jobDataSeries01.do

부록

# 부록 2. 진로 영역별 롤모델 추천

## 진로 영역별 롤모델 추천

**의료**

1. 바보 의사 **장기려**
2. 조선 최고의 의서 〈동의보감〉의 저자 **허준**
3. 우리나라 최초의 여의사 **박에스더**
4. 현대 간호학의 창시자며 군 의료개혁의 선구자 **나이팅게일**
5. 인류애를 실천한 의사 **이태석**
6. 밀림의 성자 알베르트 **슈바이처**
7. 한국최초 WHO 사무총장 **이종욱 박사**
8. '사람 돌봄' 이론으로 간호학계의 노벨상인 '국제간호대상'을 수상한 한국 최초 간호학박사 1호 **김수지**

**정치/법/공무원**

1. 미국 최초의 흑인 대통령 **오바마**
2. 자유와 평등을 꿈꾼 미국 대통령 **링컨**
3. 인권 운동에 헌신한 미국의 영부인 엘러너 **루스벨트**
4. 피뢰침을 발명한 과학자이자 정치가 벤저민 **프랭클린**
5. 주먹이 아닌 말의 힘을 보여 주었던 인권 운동가 **마틴 루터 킹**
6. 노련한 협상가 UN 사무총장 **반기문**
7. 민주주의를 위해 싸우는 미얀마의 희망 **아웅산 수지**
8. 훈민정음을 창제한 가장 존경받는 왕 세종대왕
9. 민족의 지도자 **김구**
10. 대한민국 최초의 맹인 박사 **강영우** 교수
11. 불평등에 맞서 싸운 우리 나라 최초의 여성 변호사 **이태영**

**과학/공학/건축**

1. 평생을 침팬지와 함께한 동물학자 **제인 구달**
2. 라듐 연구로 노벨상을 두 번이나 받은 여성 과학자 **마리 퀴리**
3. 괴짜라 불린 천재 과학자 **아인슈타인**
4. 포기라는 말을 몰랐던 끈기의 발명가 **에디슨**
5. 루게릭병을 딛고 세계적인 물리학자가 된 **스티븐 호킹**
6. 조선 최고의 과학자 **장영실**
7. IT 창조자 **스티브잡스**
8. 세상을 움직이는 컴퓨터의 황제 **빌 게이츠**
9. 전자 분야의 권위자 삼성전자 **윤부근** 사장
10. 의사에서 컴퓨터 보안 전문가에서 대학 교수에 이르기까지 **안철수** 원장
11. 전신마비 KAIST 청년에서 첨단 재활공학박사에 이르기까지 **김종배** 박사
12. 새처럼 날고 싶었던 비행기 발명가 **라이트형제**
13. 자연의 아름다움을 담은 건축가 **안토니오 가우디**
14. 프로복서에서 독학으로 건축가가 되기까지 **안도 다다오**

**인문학/ 문학교육**

1. 자기성찰의 시인 **윤동주**
2. 세계적인 동화 작가 **안데르센**
3. 해리포터의 저자 **조앤 롤링**
4. 세상을 바꾼 신문의 왕 **퓰리처**
5. 69년부터 94년까지 26년에 걸쳐 집필한 대하소설 『토지』의 작가 **박경리**
6. 사색에서 실천으로 나아간 위대한 실학자 다산 **정약용**
7. 조선 최고의 유학자 **이황과 이이**
8. 아이의 눈높이에서 교육을 시작한 **마리아 몬테소리**
9. 참된 교육을 실천한 선생님 **페스탈로치**

**예술**

1. 열정으로 예술을 창조한 화가 **피카소**
2. 한국이 낳은 세계적인 소프라노 **조수미**
3. 한국이 낳은 세계적인 비디오 아티스트 **백남준**
4. 세상에서 가장 아름다운 발을 가진 발레리나 **강수진**
5. 음악 나눔을 실천하는 지휘자 **금난새**
6. 최악의 운명을 최강의 능력으로 바꾼 **스티비원더**
7. 대중이 가장 사랑한 천재 아티스트 **엔디워홀**
8. 마흔아홉 번의 오디션 탈락과 실패를 이겨낸 전설의 록밴드 **'비틀스'**
9. 소아마비와 사고로 인한 장애에도 자신의 고통을 표현한 독특한 작품세계로 전 세계의 주목을 받은 화가 **프리다 칼로**

**디자인/ 광고**

1. 한국이 낳은 세계적인 디자이너 **앙드레김**
2. 패션 혁명가 **코코샤넬**
3. 미국 실리콘벨리에 한국인 최초 디자인 회사를 설립한 **김영세** 교수
4. 한국 홍보 전문가 **서경덕** 교수
5. 지방대 출신의 광고 천재 **이제석**

**기업/복지**

1. 서양에 동양을 알린 베네치아의 상인 **마르코 폴로**
2. 신분을 뛰어넘은 여성 상인 사업가 **김만덕**
3. 참된 기업인의 본보기 **유일한**
4. 나눔을 실천한 기업가 **앤드류 카네기**
5. 소명의식과 베푸는 삶 **록펠러**
6. 가난하고 병든 사람들을 위해 봉사한 사랑의 어머니 **마더 테레사**
7. 적십자를 세운 사회 운동가 **앙리 뒤앙**
8. 여행가에서 구호활동 전문가에 이르기까지 바람의 딸 **한비야**
9. 세계 최고의 투자가 **워렌버핏**

**방송/애니메이션**

1. 아이들에게 꿈을 선물한 만화 영화 제작자 **월트 디즈니**
2. 75개국 21개 언어로 번역된 피너츠(Peanuts)의 만화가 **찰스먼로슐츠**
3. 카메라에 꿈을 담은 스티븐 **스필버그**
4. 대학생들이 가장 닮고 싶은 여성 1위 **김주하**
5. 꿈이 있는 거북이는 치지지 않는다의 저자 **김병만**
6. 토크쇼의 여왕 오프라 **윈프리**
7. 뽀통령의 아빠 뽀로로 제작자 **최종일**
8. 세상을 감동시킨 영화 예술가 **찰리 채플린**
9. 아이들의 꿈과 희망, 애니메이션 감독 **미야자키 하야오**
10. 한국 온라인 게임의 역사를 새롭게 쓴 '리니지'를 만든 **김택진**

 **기타**

1. 두려움 속에서도 꿈을 잃지 않았던 소녀 **안네 프랑크**
2. 장애를 극복한 미국의 작가겸 사회사업가 **헬렌켈러**
3. 도전과 희생정신을 전한 탐험가 **로버트 스콧**
4. 인류 최초의 남극 정복, 탐험가 **로알 아문센**
5. 여행가에서 구호활동 전문가에 이르기까지 바람의 딸 **한비야**

(꾸꾸 교사연수 '자기주도학습지도 7강 진로지도를 통한 학습부진학생 동기부여방안 中)

# 부록 3. 수시 지원 계획서

## 20    학년도 4년제 대학 수시 지원계획서(최종)

3학년 반   번 이름:

※장래희망 (직업/구체적으로): 본인＿＿＿＿＿＿ 부모님＿＿＿＿＿

※내신점수: 전과목＿＿＿ 국영수사＿＿＿ 국영사＿＿＿

(※ 희망대학의 홈페이지를 방문하여 모집 요강을 확인 후, 대학명, 학과명, 전형 방법, 반영 비율 등을 정확히 기재하여 제출해주세요.)

| | 대학명 | 모집단위 | 전형 | 모집인원 | 단계 or 일괄 | 전형방법(%) 학생부 | 면접 | 논술 | 적성 | 실기 | 기타 | 학생부 반영 교과 | 학년별 반영 비율 | 반영 내신 점수 | 수능최저 학력기준 | 제출서류 | 접수기간 | 대학별고사 | 발표 |
|---|---|---|---|---|---|---|---|---|---|---|---|---|---|---|---|---|---|---|---|
| 예시 | 순천향대 | 중국학과 | 고른기회 | 4 | 1단계 (3배수) | 100 | | | | | | 국영수사과 전과목 (국어 가중치 10%) | 학년가중 치없음 | | 국수영탐(1) 중 2개합 9 | 학생부 자소서 | 9/11~9/15 6시 | X | 1단계 11/8 |
| | | | | | 2단계 | | 100 | | | | | | | | | | | | 최종 12/3 |
| 1 지망 | | | | | | | | | | | | | | | | | | | 1단계 |
| | | | | | | | | | | | | | | | | | | | 최종 |
| 2 지망 | | | | | | | | | | | | | | | | | | | 1단계 |
| | | | | | | | | | | | | | | | | | | | 최종 |
| 3 지망 | | | | | | | | | | | | | | | | | | | 1단계 |
| | | | | | | | | | | | | | | | | | | | 최종 |
| 4 지망 | | | | | | | | | | | | | | | | | | | 1단계 |
| | | | | | | | | | | | | | | | | | | | 최종 |
| 5 지망 | | | | | | | | | | | | | | | | | | | 1단계 |
| | | | | | | | | | | | | | | | | | | | 최종 |
| 6 지망 | | | | | | | | | | | | | | | | | | | 1단계 |
| | | | | | | | | | | | | | | | | | | | 최종 |

20  년  월  일  학생확인:            (인)
학부모 확인:            (인)

# 20　학년도 2, 3년제 대학 수시 지원계획서(최종)

3학년 반　번 이름:

※장래희망 (직업/구체적으로): 본인＿＿＿＿＿＿＿＿ 부모님＿＿＿＿＿＿＿＿

※내신점수: 전과목＿＿＿ 국영수사＿＿＿ 국영사＿＿＿＿

(※ 희망대학의 홈페이지를 방문하여 모집 요강을 확인 후, 대학명, 학과명, 전형 방법, 반영 비율 등을 정확히 기재하여 제출해주세요.)

| | 대학명 | 학과 | 1차/2차 | 전형 | 모집인원 | 단계or일괄 | 전형방법(%) 학생부 | 면접 | 실기 | 기타 | 학생부 반영교과 | 학년별 반영비율 | 반영내신점수 | 수능최저 학력기준 | 제출서류 | 접수기간 | 대학별고사 | 발표 |
|---|---|---|---|---|---|---|---|---|---|---|---|---|---|---|---|---|---|---|
| 예시 | 정화예술대 | 메이크업학과 | 1차 | 특별 | 99 | 일괄 | 95 | 5 | | | 전과목 | 2학년 1,2학기 | | 없음 | 자격증 (원본대조필) | 9/6(목)- 10/7(일) | 면접: 10/12 (금) | 10/19 (금) 10:00 |
| 1 지망 | | | | | | | | | | | | | | | | | | |
| 2 지망 | | | | | | | | | | | | | | | | | | |
| 3 지망 | | | | | | | | | | | | | | | | | | |
| 4 지망 | | | | | | | | | | | | | | | | | | |
| 5 지망 | | | | | | | | | | | | | | | | | | |
| 6 지망 | | | | | | | | | | | | | | | | | | |

20 년 월 일　학생확인:　　　　　　(인)

학부모 확인:　　　　　　(인)

# 부록 4. 대학 인재상

## 서울시립대학교 인재상

 **정경대학**

### 행정학과

- 기초교과의 성취도가 우수한 학생
- 사회문제와 공동체 가치에 대한 관심이 높고 사회현상에 대한 분석적 · 비판적 사고력을 바탕으로 자신의 미래를 적극적으로 개발하려는 의지가 강한 학생
- 원활한 의사소통능력과 갈등에 대한 이해 및 조정능력을 갖춘 학생

### 국제관계학과

- 외국어, 언어 및 사회교과의 성취도가 우수한 학생
- 국제평화와 번영 등 국제사회문제(국제평화, 국제개발, 국제협력, 국제시사문제)와 국가발전 등 정치외교문제(통일, 평화)에 관심이 많은 학생
- 봉사정신, 리더십 · 소통능력 및 배려심이 있는 학생

### 경제학부

- 다양한 분야의 경제문제에 관심이 많고 수학적 소양이 우수한 학생
- 정보화 적응력 및 분석적 사고를 바탕으로 혁신과 창의성이 뛰어나며 글로벌 마인드, 적극적인 리더십이 있는 학생
- 공동체 의식을 바탕으로 협동정신과 봉사정신이 뛰어나며 높은 윤리 의식을 가진 학생

### 사회복지학과

- 기초교과의 성취도가 우수하며, 다양한 분야의 사회복지문제에 관심이 많은 학생
- 지식, 정보를 유연하고 비판적으로 활용할 줄 알며 창의적인 학생
- 타인과의 의사소통능력, 원활한 대인관계 형성 · 유지 능력 및 리더십이 있는 학생

### 세무학과

- 전 교과의 성취도가 우수하고 자기주도적 학습능력을 갖춘 학생
- 통합적 사고능력을 바탕으로 한 융합학문에 대한 이해를 통하여 새로운 가치 창출을 추구하는 학생
- 높은 윤리의식을 바탕으로 지속적인 발전과 혁신을 추구하는 리더십이 있는 학생

 **경영대학**

### 경영학부

- 수리적 분석력과 정보 활용 능력, 외국어 능력이 우수한 학생
- 논리적 사고력을 갖추고 창의적인 문제해결방안 제시가 가능하며 도전정신을 가진 학생
- 사회통합형 리더십과 팀워크 능력, 올바른 기업윤리 정신에 대한 이해와 시민의식을 가진 학생

**공과대학**

### 전자전기컴퓨터공학부

- 수학과 물리에 대한 풍부한 기초지식을 지니고 있으며 우수한 외국어 능력을 갖춘 학생
- 전자전기컴퓨터공학 기술에 대한 탐구 의욕이 강하며 창의적인 사고를 할 수 있는 학생
- 다양한 의견들을 통합할 수 있는 리더로서의 능력을 지니고 있으며 미래의 목표를 설정하고 끊임없이 노력하는 학생

### 화학공학과

- 기초 과학 및 수학 교과목에 대해 깊은 소양을 갖춘 학생
- 공학적 응용에서 요구되는 창의적이고 분석적인 사고력을 겸비한 학생
- 타인과 공동목표를 위해 협동하는 능력 및 다양한 의견들을 통합할 수 있는 리더십을 갖춘 학생

### 기계정보공학과

- 수학(미적분, 기하) 및 기초과학(물리)에 대한 학업성취도가 높은 학생
- 기계 및 정보 과학기술에 흥미가 높으며 창의적인 사고력이 있는 학생
- 타인과 협동하는 리더십을 갖춘 학생

### 신소재공학과

- 기초교과(수학, 물리, 화학) 및 외국어능력 성취도가 우수하고, 자신의 생각을 논리 정연한 글로써 나타낼 수 있는 학생
- 단순히 학점만을 위한 공부가 아니라, 전공학문에 대한 흥미와 호기심을 바탕으로 창의적인 질문을 생각해 내고 그에 대한 해답을 찾기 위해 끊임없이 탐구하는 학생
- 타인을 배려하고 전체 속에서 자신의 역할을 스스로 찾아 수행해 가며, 원활한 의사소통능력을 발휘하여 팀워크를 세워나가는 학생

### 토목공학과

- 공학이수를 위한 기초교과(수학, 물리, 화학, 지구과학) 성취도가 우수한 학생
- 전공에 대한 흥미와 창의성 및 학업 열의가 강한 학생
- 사회 전반에서 발생하는 여러 문제들에 대한 이해도가 높고 문제해결 의지가 강한 학생

### 컴퓨터과학부

- 수학, 기초과학에 대한 지식 및 외국어능력을 갖춘 학생
- 컴퓨터 및 정보 · 과학기술에 흥미가 높으며 창의적이고 자기주도적인 문제해결능력을 갖춘 학생
- 의사소통능력 및 협동능력을 갖춘 학생

🎓 인문대학

### 영어영문학과

- 기초교과 성취도가 우수하고 특히 영어 및 국어의 성취도가 우수한 학생
- 영어 능력을 바탕으로 영미문학, 영어학 및 영미문화에 관심과 열정이 있고 창의력과 사고력을 갖춘 학생
- 의사소통능력과 타인에 대한 공감과 배려, 자신과 다른 의견에 대한 포용력이 뛰어난 학생

### 국어국문학과

- 한국어문학 소양이 우수한 학생
- 언어능력과 문학적 감수성을 지닌 학생
- 의사소통능력과 봉사정신을 갖춘 학생

### 국사학과

- 역사 관련(한국사, 동아시아사, 세계사) 교과 및 언어 영역(국어, 영어) 교과 성취도가 우수한 학생
- 역사적 사고 능력과 사료 해석 능력을 갖춘 학생
- 협업능력과 창의력을 겸비한 학생

### 철학과

- 기초교과의 성취도가 우수한 학생
- 비판적 사고력을 바탕으로 논리적이고 창의적인 탐구가 가능한 학생
- 다양한 사고방식을 이해하고 서로 소통하고 협력할 수 있는 능력을 갖춘 학생

### 중국어문화학과

- 기초교과의 성취도가 우수하고 특히 국어 및 역사 교과의 소양이 뛰어난 학생
- 비판적 사고와 통찰력을 바탕으로 중국의 문화와 사회에 대해 관심이 큰 학생
- 텍스트를 이해하여 환경에 맞게 해석할 수 있으며 자신의 의견이나 생각을 명확하고 설득력 있게 설명할 수 있는 학생

**자연과학대학**

**ⓐ 수학과**

- 수학 및 과학 교과의 성취도가 우수하고 외국어 능력을 갖춘 학생
- 수리 논리적 사고능력을 바탕으로 수학적 탐구심과 창의성이 있는 학생
- 성실하고 의사소통능력을 갖춘 학생

**ⓑ 통계학과**

- 전문성 : 통찰력과 합리적인 사고를 바탕으로 수리적인 지식을 쌓은 학생
- 창의성 : 새로운 아이디어를 바탕으로 변화와 혁신을 추구하며 창의적으로 공부하는 학생
- 협동성 : 열린 마음으로 소통하고 배려하여 합리적인 결과를 도출하는 능력을 갖춘 학생

**ⓒ 물리학과**

- 수학, 과학의 학업역량이 우수한 학생
- 자연현상 및 현대 과학기술의 근본원리에 대한 호기심이 강하고 관련된 문제와 해결방안을 창의적으로 제시하는 학생
- 공동체 발전 및 팀워크를 통한 문제 해결을 중시하는 학생

**ⓓ 생명과학과**

- 기초과학교과의 성취도가 우수한 학생
- 생명현상의 원리에 대한 관심이 많고 과학적 소질을 가진 학생
- 성실하고 창의성이 있는 학생

**ⓔ 환경원예학과**

- 과학관련 교과(생명과학, 화학)가 우수한 학생
- 환경원예분야(환경, 생태, 식물)에 대한 높은 관심이 있고 과학적 소질을 가진 학생
- 긍정적인 사고를 가지고 자신에게 주어진 일에 최선을 다하는 학생

 **도시과학대학**

**ⓐ 도시행정학과**

- 외국어 및 사회교과의 성취도가 우수하고 자기주도적 학습역량을 갖춘 학생
- 도시 및 사회현상을 다양한 관점에서 이해하며 분석력을 갖춘 학생
- 도전정신 및 소통과 통합역량, 진취적 리더십 및 봉사정신을 갖춘 학생

**ⓑ 도시사회학과**

- 균형 있는 학업성취도를 나타내며 문제해결 능력이 뛰어난 학생
- 사회현상에 대한 객관적 관찰력을 갖추고 창의적·혁신적 문제 제기가 가능한 학생
- 동아리활동, 팀프로젝트, 토론과 실습을 통한 학습 등에 적극적인 학생

## ⓒ 건축학부(건축공학전공)

- 건축공학분야에 대한 흥미와 수학 및 과학교과의 학업역량이 우수한 학생
- 창의성과 실천력을 갖춘 인재로 발전가능성이 높은 학생
- 의사소통능력이 있고 성실히 공부하는 학생

## ⓓ 건축학부(건축학전공)

- 기초 교과 성취도가 우수한 학생
- 건축 및 디자인에 대한 관심이 많고 창의성과 기획력을 갖춘 학생
- 협력과 의사소통역량 및 리더십을 갖춘 학생

## ⓔ 도시공학과

- 전 교과의 성취도가 우수하고 자기주도적인 학습역량을 갖춘 학생
- 미래 변화 예측과 능동적 대응에 필요한 창의성과 유연성을 갖춘 학생
- 도시문제 해결을 위한 협력적 리더십과 의사소통능력을 갖춘 학생

## ⓕ 교통공학과

- 기초 교과(수학, 물리, 영어) 성취도가 우수한 학생
- 사물과 현상에 대한 수학적 · 과학적 사고력이 뛰어난 학생
- 의사소통능력 및 높은 윤리의식을 가진 학생

## ⓖ 조경학과

- 조경학에 대한 학습 열의가 높고 기초 교과 성취도가 우수한 학생
- 과학적 사고 및 예술적 소양을 바탕으로 환경과 조경에 대한 통찰력과 창의성을 갖춘 학생
- 의사소통능력이 우수하고 공동체의식을 바탕으로 사회관계능력을 갖춘 학생

## ⓗ 환경공학부

- 환경문제에 대한 내재적 동기부여를 갖고 있으며 수학, 물리, 화학, 생명과학을 기반으로 공학적 응용 및 문제해결능력을 겸비한 학생
- 주어진 문제에 대한 창의적이고 비판적 사고력을 겸비한 학생
- 타인과의 신뢰를 바탕으로 배려와 양보를 실천하며 스스로에 대한 가치를 인정할 수 있는 학생

## ⓘ 공간정보공학과

- 수학과 물리, 지구과학, 지리과목에 대한 지식이 풍부하고 전공이수에 필요한 소프트웨어 및 외국어 능력을 갖춘 학생
- 공간정보 분야에 대한 높은 관심을 바탕으로 분석적 사고력과 창의성을 지닌 학생
- 의사소통능력과 갈등해결능력이 있는 학생

## 🎓 예술체육대학

### ⓐ 스포츠과학과

- 기초교과 성취도가 우수하며 외국어 능력을 갖춘 학생
- 체육 실기능력이 뛰어나고 도전정신과 적극적인 사고 및 창의적 사고를 갖춘 학생
- 스포츠를 통한 복지실현 및 봉사정신을 갖춘 학생

## 🎓 자유융합대학

### ⓐ 자유전공학부

- 기초교과 성취도가 우수하고 자기주도적 학습능력을 갖춘 학생
- 인문 · 사회과학 분야의 소양을 토대로 다학제적 응용능력을 발현할 수 있는 학생
- 지식과 정보를 유연하게 활용하는 의사소통능력과 타인을 배려하는 리더십을 갖춘 학생

### ⓑ 국제관계학-빅데이터분석학 전공

- 사회와 수학 교과의 성취도가 우수한 학생
- 국제적 평화와 번영 및 국가의 발전 등 정치외교문제(통일, 평화, 국제 개발 및 협력 등)에 관심이 많은 학생으로 통계와 수학적 모델을 활용할 수 있는 학생
- 봉사정신, 리더십, 소통능력, 배려심이 있는 학생

### ⓒ 국사학-도시역사경관학 전공

- 역사 관련(한국사, 동아시아사, 세계사) 교과 및 언어 영역(국어, 영어) 교과 성취도가 우수한 학생
- 역사적 사고 능력과 사료해석 능력을 갖추고 도시 및 역사경관에 대한 이해능력을 갖춘 학생
- 협업능력과 창의력을 겸비한 학생

### ⓓ 철학-동아시아문화학 전공

- 기초교과의 성취도가 우수한 학생
- 동아시아 문화 전반에 관심을 가지고 있으며 비판적 사고력을 바탕으로 논리적이고 창의적인 탐구가 가능한 학생
- 다양한 사고방식을 이해하며 서로 소통하고 협력할 수 있는 능력을 갖춘 학생

### ⓔ 도시사회학-국제도시개발학전공 전공

- 외국어 능력이 뛰어나고 균형 있는 학업성취도를 나타내는 학생
- 세계질서 및 국제사회현상에 대한 객관적 관찰력을 갖추고 창의적 · 혁신적 문제제기가 가능한 학생
- 동아리활동, 팀프로젝트, 토론과 실습을 통한 학습 등에 적극적인 학생

## ⓕ 물리학-나노반도체물리학 전공

- 수학, 과학의 학업역량이 우수한 학생
- 과학기술의 발전과 첨단 기기의 작동 원리에 대한 호기심이 강하고 관련된 문제와 해결방안을 창의적으로 제시하는 학생
- 공동체 발전 및 팀워크를 통한 문제 해결을 중시하는 학생

## ⓖ 생명과학-빅데이터분석학 전공

- 기초과학 및 수학 과목의 성취도가 우수한 학생
- 생명현상의 원리를 수리통계적으로 분석하는데 관심이 많은 학생
- 성실하고 창의성이 있는 학생

## ⓗ 도시공학-도시부동산기획경영학 전공

- 전 교과의 성취도가 우수하고 자기주도적인 학습역량을 갖춘 학생
- 도시문제와 공익에 대한 관심이 크고 기획력 및 창의성을 갖춘 학생
- 의사소통능력, 갈등해결능력 및 창의적 리더십을 갖춘 학생

## ⓘ 도시공학-국제도시개발학 전공

- 전 교과의 성취도가 우수하고 자기주도적인 학습역량을 갖춘 학생
- 도시문제와 공익에 대한 관심이 크고 기획력 및 글로벌 마인드를 갖춘 학생
- 의사소통능력, 창의적 리더십을 갖춘 학생

## ⓙ 조경-환경생태도시학 전공

- 환경생태적으로 지속가능한 도시에 관심이 많고, 수학(통계), 영어, 과학(물리, 화학), 사회(경제, 지리) 교과 성취도가 우수한 학생
- 환경과 공간 문제에 대한 비판적 사고력이 우수하며, 통찰력과 기술활용능력을 향상시킬 의지가 있는 학생
- 의사소통능력이 우수하고 사회관계능력과 갈등해결능력을 갖춘 학생

# 부산대학교 인재상

## 🎓 사범대학

### 국어교육과
통합적 사고능력을 갖춘 학생     관련교과목 국어, 영어, 수학

### 영어교육과
교육자적 인생 및 외국어 이해력과 구사능력을 갖춘 학생     관련교과목 국어, 영어, 사회

### 불어교육과
프랑스어, 프랑스어권 문화, 언어·문화교육에 대한 지적 호기심과     관련교과목 국어, 영어, 사회,
자기주도적 학업태도를 갖춘 잠재력 있는 학생     프랑스어I, 프랑스어회화I

### 교육학과
종합적 사고력과 문제해결력, 교육자적 자질을 지닌 학생     관련교과목 국어, 영어, 사회

### 유아교육과
감성과 이성의 조화로운 균형을 가지고 가르치는 교육에 대한     관련교과목 국어, 영어, 사회, 생명과학I
소명의식과 교육적 신념을 가진 학생

### 특수교육과
교육에 대한 소명의식과 봉사정신을 갖춘 학생     관련교과목 국어, 영어, 사회

### 일반사회교육과
예비 사회과 교사로서 민주시민성의 자질을 갖춘 학생     관련교과목 국어, 영어, 사회

### 역사교육과
과거와 현재 그리고 미래에 대한 올바른 안목을 갖추고, 훌륭한 역사     관련교과목 국어, 사회, 한문
교사로서의 자질을 갖춘 학생

### 지리교육과
국내외 지리적 현상에 대한 종합적 이해와 다면적인 탐구 역량을 갖춘 학생     관련교과목 국어, 영어, 사회

### 윤리교육과
도덕적 지식과 판단력 및 실천의지를 갖춘 학생     관련교과목 국어, 영어, 사회

## 🎓 경영대학

### 경영학과
글로벌 역량과 윤리의식을 갖춘 경영리더로 성장할 수 있는 소양을     관련교과목 국어, 영어, 사회
갖춘 학생

**경제통상대학**

**무역학부**

글로벌 역량과 사회과학적 사고력 및 분석력을 갖춘 학생　　　　　　　　관련교과목 국어, 영어, 수학

**경제학부**

글로벌 마인드와 사회과학적 사고력 및 창의력을 갖춘 학생　　　　　　　관련교과목 국어, 영어, 수학

**관광컨벤션학과**

글로벌 마인드를 가지며 의사소통 및 지식정보처리 능력을 갖춘 학생　　　관련교과목 영어, 수학, 사회

**공공정책학부**

공공정책에 대한 의식 및 분석능력을 갖춘 학생　　　　　　　　　　　　관련교과목 국어, 영어, 사회

 **생활환경대학**

**아동가족학과**

건강한 아동가족 지원을 위한 창의적 인재　　　　　　　　　　　　　　관련교과목 국어, 영어, 사회

**의류학과**

섬유패션산업의 세계화에 대응할 수 있는 창의력·글로벌역량·응용력을 지닌 인재　　관련교과목 국어, 영어

**실내환경디자인학과**

인간 중심의 생활공간 창조에 기여하는 창의적 사고 역량과 심미적 감정　　관련교과목 국어, 영어, 예술(미술)
역량을 겸비한 인재

**생명지원과학대학**

**식품자원경제학과**

우리 사회와 경제 현황에 대해 균형잡힌 시각과 분석적 능력을 갖춘 학생　　관련교과목 영어, 수학, 사회

**예술대학**

**디자인학과(시각디자인전공, 애니메이션전공)**

예술적인 감성과 다양한 문제해결능력을 바탕으로 미래사회가 요구하는　　관련교과목 국어, 영어, 수학, 사회
창의적인 디자인을 구현할 수 있는 학생

**예술문화영상학과**

인간에 대한 이해를 바탕으로 예술적 감성과 영상기술을 통합적으로 구현할 수　　관련교과목 국어, 영어, 사회
있는 학생

**인문대학**

### 국어국문학과
올바른 가치관과 윤리성에 기반한 창의력과 비판력, 논리적
사고력을 찾춘 글로벌 인재

관련교과목 국어, 영어, 수학

### 중어중문학과
글로벌 시대에 필요한 의사소통능력과 창의력·논리력·탐구력을 갖춘 학생

관련교과목 국어, 영어, 사회

### 일어일문학과
논리적 사고와 국제적 감각을 바탕으로 타인과의 소통을 원만히
수행할 수 있는 인재

관련교과목 국어, 영어, 일본어

### 영어영문학과
언어능력과 분석적 사고 및 문학적 소양을 갖춘 학생

관련교과목 국어, 영어, 수학

### 불어불문학과
언어능력과 인문학적 소양 및 논리적 사고력을 갖춘 학생

관련교과목 국어, 영어, 프랑스어

### 독어독문학과
언어적 소통능력과 인문학적 소양을 갖춘 학생

관련교과목 국어, 영어, 사회

### 노어노문학과
폭넓은 러시아어·문학 및 문자 지식을 바탕으로 다양한 전문 분야의 지식,
기술, 경험을 융합적으로 활용하여 새로운 것을 창출하는 창의적 사고 역량이
뛰어난 학생

관련교과목 국어, 영어, 러이사어/II

### 한문학과
고전을 통해 습득한 인성을 바탕으로 사람을 배려하고 함께 살아갈 수 있는 인재

관련교과목 국어, 영어, 한문

### 언어정보학과
언어학적 사고력과 창의력 및 분석력을 갖춘 학생

관련교과목 국어, 영어, 사회

### 사학과
창의적 사고력과 탐구력 및 논리력을 갖춘 학생

관련교과목 국어, 영어, 사회

### 철학과
논리적이고 비판적인 사고력을 지니고, 인간 및 세계 탐구의 열정을 지닌 학생

관련교과목 국어, 영어, 사회

### 고고학과
역사에 관심이 많고, 사물에 대한 관찰력이 뛰어난 학생

관련교과목 사회

## 🎓 사회과학대학

### 행정학과·정치외교학과·사회학과
사회현상에 대한 사고력 및 분석력을 갖춘 학생      관련교과목 국어, 영어, 사회

### 사회복지학과
사회현상에 대한 탐구력과 분석력 그리고 사회정의를 위한 실천의지를 갖춘 학생      관련교과목 국어, 영어, 사회

### 심리학과
인간행동과 사회현상에 대한 과학적 사고력과 통찰력 및 분석력을 갖춘 학생      관련교과목 국어, 영어, 사회

### 문헌정보학과
사회와 정보현상에 대한 통찰력과 분석력을 갖춘 학생      관련교과목 국어, 영어, 사회

### 미디어커뮤니케이션학과
미디어 환경 및 커뮤니케이션 현상에 대한 사고력 및 분석력을 갖춘 학생      관련교과목 국어, 영어, 사회


##  자연과학대학

### 수학과
수학적 사고력 및 분석력을 갖춘 창의적 학생      관련교과목 영어, 수학, 물리학I/II

### 통계학과
수학적 사고력과 자료의 수집 및 분석력을 갖춘 창의적 사고역량이 뛰어난 학생      관련교과목 영어, 수학

### 물리학과
자연에 대한 호기심과 학업탐구 열정을 가진 유능한 학생      관련교과목 영어, 수학, 물리학I/II

### 화학과
융합적 사고력을 바탕으로 창의력을 갖춘 학생      관련교과목 영어, 수학, 화학I/II

### 생명과학과
과학적 탐구력을 바탕으로 창의력을 갖춘 학생      관련교과목 화학I/II, 생명과학I/II

### 미생물학과
과학적 사고력 및 창의력을 갖춘 학생      관련교과목 수학, 화학I/II, 생명과학I/II

### 분자생물학과
생명현상에 대한 진지한 관심과 자기 삶에 적극적 자세를 가진 학생      관련교과목 화학I, 생명과학I/II

### 지질환경학과

자연현상의 관찰력, 분석력, 논리적 사고력을 갖춘 학생　　　관련교과목 영어, 수학, 지구과학I/II

### 해양학과

미지의 세계에 대한 도전적이고 진취적 성향을 가진 학생　　　관련교과목 영어, 수학, 지구과학I/II

### 대기환경과학과

수학적 사고력 및 지구과학적 분석력을 갖춘 학생　　　관련교과목 영어, 수학, 지구과학I/II


## 🎓 공학대학

### 기계공학부

공학적 사고력, 응용력, 창의력, 소통형 리더십을 갖춘 학생　　관련교과목 국어, 영어, 수학, 물리학I/II, 화학

### 고분자공학과

공학적 창의력 및 융합적 사고력을 갖춘 학생　　　관련교과목 수학, 물리학I/II, 화학I/II

### 유기소재시스템공학과

응용과학에 대한 논리적이고 체계적인 사고력 및 공학적 창의력과 응용 관련교과목 영어, 수학, 물리학I/II, 화학I/II
능력을 구비한 학생

### 화공생명·환경공학부

화공생명공학전공 : 화공생명문야의 과학적 지식과 응용능력 및 공학윤리를　관련교과목 영어, 수학, 물리학I/II, 화학I/II
갖춘 학생　　　　　　　　　　　　　　　　　　　　　관련교과목 영어, 수학, 물리학, 화학I/II, 생명과학I/II
환경공학전공 : 환경분야의 과학적 지식과 응용능력 및 공학윤리를 갖춘 학생

### 재료공학부

공학적 창의성과 리더십을 갖춘 학생　　　관련교과목 국어, 영어, 수학, 물리학I/II, 화학I/II

### 전자공학과

논리적 사고력, 분석력, 응용력, 창의력 및 성실성을 갖춘 학생　　관련교과목 영어, 수학, 물리학I/II

### 전기공학과

공학적 사고력과 창의성을 가진 학생　　　관련교과목 영어, 수학, 물리학I/II

### 건설융합학부

건축학전공 : 심미적 감성을 바탕으로 사회, 문화에 대한 이해와 융합적이고　　관련교과목 국어, 영어, 사회
창조적인
사고능력을 갖춘 학생　　　　　　　　　　　　　　　　관련교과목 국어, 영어, 수학, 물리학I
건축공학전공 : 공학적 사고력 및 창의성과 팀워크를 갖춘 학생　　관련교과목 영어, 수학, 사회
도시공학전공 : 의사소통 능력을 포함한 융합적, 창의적 사고력을 갖춘 학생　관련교과목 영어, 수학, 물리학I/II, 화학I/II
토목공학전공 : 공학적 사고력, 창의성 및 리더십을 갖춘 학생

### 항공우주공학과
수학적 사고력 및 공학적 분석력을 바탕으로 지식정보처리 역량과 창의 적 사고 역량이 우수한 학생
관련교과목 영어, 수학, 물리학I/II

### 산업공학과
체계적인 사고력, 공학적 논리력, 분석력, 협동력을 갖춘 학생
관련교과목 영어, 수학, 물리학I/II

### 조선해양공학과
공학적 사고력 및 분석력을 갖춘 창의적인 학생
관련교과목 영어, 수학, 물리학I/II

 ## 사범대학

### 수학교육과
수학적 활동을 통해 사회 공동의 가치를 실현하려는 의지를 가지고 있으며 수학적 사고력 및 분석력을 가진 학생
관련교과목 수학, 물리학I/II

### 물리교육과
자연현상의 근원에 대한 호기심을 가지고, 상상력과 과학적 사고력 및 분석력을 가지며 타인과 소통에 즐거움을 가지는 학생
관련교과목 수학, 물리학I/II, 화학I/II

### 화학교육과
화학교사를 위한 화학을 비롯한 과학적 소양과 인성을 갖춘 학생
관련교과목 수학, 물리학I/II, 화학I/II

### 생물교육과
생명과학 영역에 대한 전문적 소양 및 과학탐구능력과 논리성을 갖춘 학생
관련교과목 영어, 수학, 생명과학I/II

### 지구과학교육과
지구과학에 대한 호기심과 과학적 사고력 및 교육자적 인성을 갖춘 학생
관련교과목 수학, 물리학I/II, 지구과학I/II

 ## 간호대학

### 간호학과
비판적 사고력과 의사소통력을 갖춘 학생
관련교과목 영어, 수학, 생명과학I/II

 ## 생활환경대학

### 식품영양학과
식품 및 영양에 관한 높은 열의와 지식을 바탕으로 식생활 개선을 통한 국민의 건강 증진에 기여할 수 있는 인재
관련교과목 영어, 화학I/II, 생명과학I/II

## 🎓 나노과학기술대학

### 나노에너지공학과
합리적인 사고와 종합적인 설계능력을 지닌 창의적 인재      관련교과목 수학, 물리학I/II, 화학I/II

### 나노메카트로닉스공학과
창의적 공학 마인드와 비판적 사고력을 갖춘 학생      관련교과목 영어, 수학, 물리학I/II, 화학I/II

### 광메카트로닉스공학과
합리적인 사고와 종합적인 설계능력을 지닌 창의적 인재      관련교과목 수학, 물리학I/II, 화학I/II, 생명과학I/II


## 🎓 생명자원과학대학

### 식물생명과학과
생물현상에 대한 관찰력이 우수하고 분석력을 갖춘 학생      관련교과목 영어, 화학I/II, 생명과학I/II

### 원예생명과학과
생명과학분야에 대한 창의력과 도전적 사고를 가진 학생      관련교과목 영어, 화학I/II, 생명과학I/II

### 동물생명자원과학과
동물생명과학 분야에 탐구적 역량과 창의적 사고 역량을 갖춘 학생      관련교과목 영어, 화학I, 생명과학I/II

### 식품공학과
창의적 사고력 및 추진력을 갖춘 학생      관련교과목 영어, 화학I/II, 생명과학I/II

### 생명환경화학과
생명과학의 새로운 분야 개척에 도전하고 사고력을 갖춘 학생      관련교과목 영어, 화학I/II, 생명과학I/II

### 바이오소재과학과
창의적인 사고력과 탐구적인 정신을 갖춘 학생      관련교과목 영어, 화학I/II, 생명과학I/II

### 바이오산업기계공학과
기계에 대한 이해와 분석력을 갖춘 학생      관련교과목 영어, 수학, 물리학I/II

### IT응용공학과
융복합사고력과 문제해결력을 지닌 실천적 창의역량형 학생      관련교과목 국어, 수학, 물리학I/II

### 바이오환경에너지학과
환경과 에너지 관점에서 종합적인 사고력과 분석력을 갖춘 학생      관련교과목 영어, 화학I/II, 생명과학I/II

### 조경학과
조경의 미래지향적 사고를 가지고, 새로운 분야에 도전하려는 창의력을 가진 학생      관련교과목 영어, 수학, 생명과학I/II

##  예술대학

### 디자인학과(디자인앤테크놀로지전공)

예술적인 감성과 다양한 문제해결능력을 바탕으로 미래사회가
요구하는 창의적인 디자인을 구현할 수 있는 학생

관련교과목 국어, 영어, 수학, 생명과학I/II

##  정보의생명공학대학

### 정보컴퓨터공학부

컴퓨팅 사고력을 바탕으로 만들기를 좋아하는 학생

관련교과목 영어, 수학, 물리학I/II

### 의생명융합공학부

공학적 사고력과 창의·융합적 소양을 기반으로 문제 해결
능력을 갖춘 학생

관련교과목 영어, 수학, 물리학I/II, 생명과학I/II

##  의과대학

### 의예과

투철한 윤리의식과 건전한 사회성을 바탕으로 생명현상에 대한 의문을
창의적인 사고와 탐구정신을 통해 자기주도적으로 해결하려는 의지를
가진 학생

관련교과목 수학, 미적분, 과학

## 치의학전문대학원

### 학·석사통합과정

도덕성과 소통능력 그리고 생명현상에 대한 호기심을 바탕으로 자기주도
적으로 탐구하여 문제를 해결할 수 있는 능력을 가진 학생

관련교과목 국어, 수학, 화학, 생명과학

# 부록 5. 3학년 1학기 2차고사 학습 계획표

| | Just do it now!! | | 학습계획표(6월)<br>3학년 반 번 이름 | | | Do your best! | |
|---|---|---|---|---|---|---|---|
| | 월 | 화 | 수 | 목 | 금 | 토 | 일 |
| | 6/6 (D-31) | 6/7 (D-30) | 6/8 (D-29) | 6/9 (D-28) | 6/10 (D-27) | 6/11 (D-26) | 6/12 (D-25) |
| 국어 | | | | | | | |
| 영어 | | | | | | | |
| 수학 | | | | | | | |
| 동아 | | | | | | | |
| 사문 | | | | | | | |
| 한국사 | | | | | | | |
| | 6/13 (D-24) | 6/14 (D-23) | 6/15 (D-22) | 6/16 (D-21) | 6/17 (D-20) | 6/18 (D-19) | 6/19 (D-18) |
| 국어 | | | | | | | |
| 영어 | | | | | | | |
| 수학 | | | | | | | |
| 동아 | | | | | | | |
| 사문 | | | | | | | |
| 한국사 | | | | | | | |
| | 6/13 (D-24) | 6/14 (D-23) | 6/15 (D-22) | 6/16 (D-21) | 6/17 (D-20) | 6/18 (D-19) | 6/19 (D-18) |
| 국어 | | | | | | | |
| 영어 | | | | | | | |
| 수학 | | | | | | | |
| 동아 | | | | | | | |
| 사문 | | | | | | | |
| 한국사 | | | | | | | |

| | 월 | 화 | 수 | 목 | 금 | 토 | 일 |
|---|---|---|---|---|---|---|---|
| | | | **학습계획표(6-7월)** | | | | |
| | Just do it now!! | | 3학년 반 번 이름 | | | Do your best! | |
| | 6/27 (D-10) | 6/28 (D-9) | 6/29 (D-8) | 6/30 (D-7) | 7/1 (D-6) | 7/2 (D-5) | 7/3 (D-4) |
| 국어 | | | | | | | |
| 영어 | | | | | | | |
| 수학 | | | | | | | |
| 동아 | | | | | | | |
| 사문 | | | | | | | |
| 한국사 | | | | | | | |
| | 7/4 (D-3) | 7/5 (D-2) | 7/6 전국연합 | 7/7 2차지필 | 7/8 2차지필 | 7/9 | 7/10 |
| 국어 | | | | | | | |
| 영어 | | | | | | | |
| 수학 | | | | | | | |
| 동아 | | | | | | | |
| 사문 | | | | | | | |
| 한국사 | | | | | | | |

### 학습계획 짜는 방법

1. 2차 지필평가 목표달성을 위해 1달동안 공부해야 할 분량을 계획한다.

2. 한 달 공부분량을 일요일을 제외한 24일로 나눠 하루 공부분량을 계획한다.

3. 하루 동안 공부해야 할 시간을 고려하여 한시도 낭비하지 않도록 알차게 실천가능한 계획(i+1)을 세운다.

4. 매일매일 O, X, △로 표시하여 실천여부를 확인한다.

5. 평일에 다 못한 분량은 일요일에 온 힘을 다하여 완료한다.
   (1주일 분량을 다 한 사람은 일요일은 휴식의 선물을 받는다 or 추가 학습의 시간을 갖는다.)

6. 내 생애 최고의 내신이 찍힌 성적표를 받는다.

# 3학년 1학기 최고의 내신을 만들기 위한 나의 약속

3학년 반   번 이름:

|  | 독서와문법 | 영어독해와 작문 | 수학연습 | 동아시아사 | 사회문화 |
|---|---|---|---|---|---|
| 목표점수 |  |  |  |  |  |
| 목표등급 |  |  |  |  |  |
| 성취점수 |  |  |  |  |  |
| 성취등급 |  |  |  |  |  |

3학년 1학기 2차 지필평가의 중요성은 다시 말하지 않아도 누구나 공감하는 것!!! 나의 목표 성적을 성취하기 위해 구체적으로 계획을 세우고, 그 계획을 만천하에 알려서 지키지 않으면 안 될 상황을 만들어봅시다. 그리고, 이 계획을 점검해줄 친구를 1명 이상 정하고, 지키지 못하면 이 친구에게 무엇을 해줄 것인가 약속을 정합니다. 물론 그 약속은 둘 다 합의해서 정하는 것임을 명심해야 합니다. 매주 금요일에 교차 점검하여 약속을 실천하지 못했을 시엔 자장면을 사주겠다, 1주일동안 친구에게 형님이라고 부르겠다 등등

1. 학습계획은 구체적으로 씁니다.

매일 무슨 문제집을 풀 것이며, 단어는 몇 개를 외울 것이며, 인강은 무엇을 몇 시간 들을 것이며... 등등. 정말 구체적으로 써야함!!!

2. 서약: 저는 이 약속을 자신과 친구 _____에게 했으며, 이것을 지키지 못하면 친구 _____에게 _____ 해주기로 약속합니다.

promise-keeper _____ (인)

helper _____ (인)

부모님 확인 _____ (인)

* 이 약속은 학급 전체가 볼 수 있도록 문서로 작성해서 교실에 게시할 것입니다. 지킬 수 있도록 작성하세요^^

# 부록 6. 교육대학

## 교육대학 캠퍼스 라이프

초등학교 교원의 양성을 위한 교육대학은 국립 또는 공립에(이화여자대학교 초등교육과를 제외한) 한하며, 수업연한은 4년이다. 교육대학의 졸업생에게는 초등학교 2급 정교사 자격증을 수여하며 초등교원임용경쟁시험에 응시할 수 있는 자격이 주어진다.

### ① 교육대학 캠퍼스 라이프

| 교육대학 및 초등교육학과 | | |
|---|---|---|
| 학교명 | 지역 | 구분 |
| 경인교육대학교 (경기캠퍼스) | 경기안양시 | 4년제 국립 교육대학교 |
| 경인교육대학교 (인천캠퍼스) | 인천 계양구 | 4년제 국립 교육대학교 |
| 공주교육대학교 | 충남 공주시 | 4년제 국립 교육대학교 |
| 광주교육대학교 | 광주 북구 | 4년제 국립 교육대학교 |
| 대구교육대학교 | 대구 남구 | 4년제 국립 교육대학교 |
| 부산교육대학교 | 부산 연제구 | 4년제 국립 교육대학교 |
| 서울교육대학교 | 서울 서초구 | 4년제 국립 교육대학교 |
| 전주교육대학교 | 전북 전주시 | 4년제 국립 교육대학교 |
| 청주교육대학교 | 충북 청주시 | 4년제 국립 교육대학교 |
| 춘천교육대학교 | 강원 춘천시 | 4년제 국립 교육대학교 |

| 교육대학교(초등교육과) 수시 전형 | | |
|---|---|---|
| 전형유형 | 구분 | 대학 |
| 학생부 종합 | 서류 | 이화여대 초등교육과 |
| 학생부 종합 | 서류 + 면접 | 이화여대 외 모든 교대 |
| 학생부 종합 | 교과 | 이화여대(고교추천), 서울교대(학교장추천), 전주교대(고교성적우수자), 공주교대(고교성적우수자), 제주대(일반학생I 지역인재) |
| 면접비중 20%이하 대학 | | 한국교원대(서류 80+면접20) |
| 수능 최저 적용대학 | | 학종)이화여대, 서울교대, 춘천교대, 전주교대 논술)이화여대 학교)서울교대, 전주교대, 공주교대, 제주대 |

### ② 교육대학은 무엇을 배우나요?

**초등학생이 배우는 모든 과목**
국어, 영어, 수학, 사회, 과학, 도덕, 음악, 미술, 체육, 컴퓨터, 생활과학 (실과) 등

**과목의 지도법과 개론**
미술교육학, 사회과교육개론, 초등도덕교육론 등

**교직에 필요한 교육학 필수 과목**
교육의 역사, 철학적 기초, 특수아동의 이해, 교육과정과 수업 등

**일반적인 교양 과목**
대 수학의 기초, 철학의 이해, 사회학, 생명과학 등

### ③ 교육대학의 조별과제

조별활동에 적극 참여

수강후기를 보고 신청

**수강 신청한 과목과 교수님에 따라 조별과제의 개수가 달라진다.**

ex.

| | | |
|---|---|---|
| 1학년 1학기 | 8팀플 / | 11과목 |
| 1학년 2학기 | 4팀플 / | 10과목 |
| 2학년 1학기 | 4팀플 / | 9과목 |

조별과제의 3가지 유형

#### ① 주제에 대해 조사하고 발표
가장 흔한 형태로 조별과제 중 가장 수월하게 할 수 있는 과제!

#### ② 보고서 또는 작품 만들기
역할 분담과 화합이 보고서와 작품의 퀄리티를 좌우함.

#### ③ 수업 시연
수업 구상부터 연습까지 가장 많은 시간이 필요한 과제로 끝나고 배우는 점이 많다.

#### ◆ 좋은 조원을 만나 조별과제를 하면
좋은 결과물과 함께 좋은 학점을 받고 좋은 인간관계를 만들 수 있다.

### ④ 교육대학의 실기과제

**체육** 대부분의 수업에서 기량 대신 발표와 수업시연을 통해 "학생들에게 체육을 얼마나 효과적으로 지도하는가?"를 평가한다. 그러나 무용 같은 경우는 "얼마나 춤을 잘 추는지" 평가하기도 한다.

**미술** 실제 수업 시간에 활용할 수 있을 만한 작품을 제작해 보는 수업이 주를 이룬다. 아크릴물감, 수채화물감, 목탄 등 다양한 재료를 직접 사용해본다.

**음악** 피아노, 리코더 위주의 기악과 가창 수업으로 짧은 이론 + 실기 + 교수법을 배운다. 초등 교육 현장에서 쓸 수 있는 우쿨렐레, 차임벨 같은 악기를 배우기도 한다.

### ⑤ 교육대학의 학과

재학증명서

성 명 : 쨍
전공(심화) : 초등교육과(사회)

모든 교대생은 90% 동일한 교육과정을 이수한다.

그래서 졸업 후에는 과와 상관없이

**3-1**

담임 교사가 될 수도, 교과 전담이 될 수도 있다.

정확하게 말하면 초등교육이지만 ( )안에 심화전공을 표시

교대에서 말하는 '과'는 심화 전공일 뿐 90%는 동일한 교육과정

담임교사가 될 수도, 교과전담교사가 될 수도 있음

## 6 교육대학 생활의 꽃 교생실습

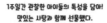

1주일간 관찰한 아이들의 특성을 담아! 맛있는 사탕과 함께 선물했다.

아이들에게 받은 선물인 롤링페이퍼도 감동의 연속이었다.

말 한마디로 아이에게 긍정적인 변화를 줄 수 있다는 사실이 벅찬 감동으로 다가왔다.

미리 체험해보는 교생실습으로 적성에 맞는지 확인하는 좋은 기회

**전문가 팁**
교육대학 진학 로드맵

1. 자신이 가고 싶은 학교나 다른 학교 입시 제도 찾아보기
2. 자신의 성적이나 서류 전형 등을 고려해서 지원하기
3. 내신관리는 항상 꾸준히
4. 서류준비(학생부, 자기소개서, 추천서)
5. 면접 준비
6. 수능 최저 등급 충족을 위해 수능 공부 소홀히 하지 않기

# 부록 7. 특별 대학 소개

## 특별 대학

◆ **사관학교·경찰대** 특별법에 의해 설립된 대학으로 수시 6회 제한에 해당이 안 되는 사관학교(육·해·공·국군간호)와 경찰대학을 희망하는 학생은 공통적으로 국영수 과목의 1차 지필평가와 체력검정(오래달리기, 윗몸일으키기, 팔굽혀펴기 등)을 준비해야 됨과 가산점으로 주어지는 한국사 인증시험을 응시할 것을 안내해 주면 좋습니 다. 1차 지필평가를 통과하기 위해서나 경찰대학에 진학하기 위해서는 수능준비를 병행해야 함을 안내해야 합니다. 특히 요즘 선호도가 높은 공군사관학교의 경우 시력을 중시하는데, 안과관련 수술을 하면 자격 조건이 사라 진다는 점도 안내해 주어야 합니다. 경찰대학의 경우 사관학교와 달리 올해부터 남녀 비율적용이 없어 졌다는 것도 특징입니다.

◆ **과학기술원(DGIST, GIST, KAIST, UNIST)** 사관학교와 같이 특별법에 의해 설립된 특수대학으로 취급되어 수시 6회 지원 제한은 물론 정시 모집군 제한에서 자유로운 것이 특징입니다. 모집정원의 대부분을 수시모집에서 선발하며, 수학·과학·영어 교과 성적이 우수하고 과학계열의 심화된 활동실적으로 준비할 수 있습니다. DGIST, GIST, KAIST의 경우 학교장 추천 전형을 운영하고 있어 일반고의 경우는 학교장 추천 전형에 지원하여 과학고 학생들과의 경쟁을 피할 수도 있습니다. 정시모집에서는 DGIST, GIST는 과학II 해당 과목 변환표준 점수의 10%를 가산점으로 부여하며, KAIST는 과학탐구영역에서 서울대와 마찬가지로 서로 다른 교과의 I + II 조합을 선택해야 합니다. DGIST, GIST, KAIST는 한국사에 가산점을 부여합니다.

◆ **의대** 최상위권 성적의 학생들이 주로 희망하는 의학계열의 경우 높은 내신 성적에서 합격생이 나타납니다. 또한 대부분 매우 높은 수능최저학력기준을 요구하고 있습니다. 즉, 의학계열 입시에서는 수능 최저학력기준의 충족 여부가 지원 여부를 결정하는 주된 판단 요소가 되기 때문에 의학계열을 희망하는 학생들에게는 내신과 함께 수능 준비가 병행되도록 안내하는 것이 필요합니다. 최근 의사들의 윤리의식에 대한 요구가 높아지면서 다중미니면접(MMI)을 중심으로 인·적성 평가가 강화되는 추세입니다. 다중 미니면접은 지원자가 면접실마다 주어진 상황이나 제시문을 분석하고 해결방안을 답하는 과정에서 인성, 협동심, 소통능력 등을 종합적으로 평가 받습니다. 건양대, 계명대, 고신대, 대구가톨릭대, 동아대, 서울대, 성균관대, 아주대, 울산대, 인제대, 한림대 등에서 실시하고 있습니다.

◆ **약대** 기존의 약학전문대학원(2+4년제: 약대가 아닌 다른 학과·학부 등에서 2년 이상 기초·소양 교육 이수 후 약대에 편입하여 4년의 전공교육을 이수하는 교육체제)모집에서 2022학년도부터 통합 6년제(고등학교 졸업자(졸업예정자 포함))를 신입생으로 선발하여 6년의 기초·소양 교육 및 전공 교육과정을 이수하는 교육체제)로 신입생을 모집하기 때문에, 전국 35개 약대 모두 통합 6년제로 전환 시 2022학년도부터 약 1,700여 명의 약대 신입생 선발이 증가할 수 있습니다.

◆ **교육대학** 초등교육(학)과는 서울교대 등 10개 교육대학과 한국교원대, 이화여대, 제주대에서 약 4200여명을 선발합니다. 공주, 전주, 서울, 춘천교대의 일부 전형을 제외하고는 수능최저학력기준을 적용하고 있지 않습니다. 그러다 보니 수시에서의 합격자는 매우 높은 내신 성적에서 나타납니다. 반면, 정시 인원은 가군에서 15명을 모집하는 이화여대와 45명을 모집하는 한국교원대를 제외한 모든 대학이 나군에서만 선발합니다. 정시에서는 군별로 한곳씩만 지원이 가능하므로 수시에 비해 낮은 경쟁률을 보입니다. 교대를 희망한다면 정시까지 준비할 수 있도록 안내도 필요합니다.

◆ **예체능계열** 예체능계열에서도 음악계열 모집단위는 실기전형이 압도적으로 많지만, 미술과 체육계열에서는 비실기 전형의 비중이 늘어나고 있습니다. 특히 체육계열 지원학생들은 정시에서는 수능성적의 영향력이 절대적임을 안내하여 학과 공부를 등한시 하지 않도록 지도하는 것이 필요합니다.

# 부록 8. 장학금

## 장학금 꿀팁

장학금 종류가 매우 다양하다는 것을 알고 계시나요? 가정형편이 어려워도 공부를 잘하거나 꿈만 있다면 대학에 도전해도 된답니다. 생각보다 장학금 제도가 많이 있기 때문입니다. 여러분이 받을 수 있는 국가장학금, 지역장학금, 사설장학 재단, 학교장학금 등을 알아보도록 해요.

### 1 한국장학재단 소개

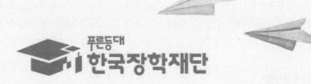

"당신의 꿈은 반드시 이루어집니다"

| | | |
|---|---|---|
| **소득연계형 국가장학금**  대학생이라면 누구나 신청하여 소득에 따라 지원받는 국가장학금 | **학자금대출**  학업에 전념할 수 있도록 등록금과 생활비를 지원하는 학자금대출 | **국가우수장학금**  분야별 우수학생의 성장과 발전을 위한 국가우수장학금 |
| **국가근로 및 취업연계 장학금** **(희망사다리Ⅰ, Ⅱ유형 등)**  근로경험도 쌓고 장학금도 받는 /중소기업 취업(창업) 및 고졸 후학습자를 지원하는 장학금 | **인재육성/기부 /푸른등대 기부장학금**  꿈과 희망이 함께하는 인재육성/기부/푸른등대 기부장학금 | **학자금뱅킹**  학자금대출의 상환과 관리를 위한 학자금 뱅킹 |

209

**2** 장학금의 종류

| 국가장학금 | 지역장학금 | 사설장학재단 | 학교장학금 |
|---|---|---|---|

국가 장학금 알아보기

### 국가장학금 지원 유형

**Ⅰ유형(학생직접지원유형)**
소득 8분위 이하 중 성적기준(80점)과 기준 이수학점을 충족하는 학생에게 소득분위별로 차등 지원하고 올해 최대 지원금액은 520만 원

**Ⅱ 유형(대학연계지원형)**
'Ⅱ유형(대학연계지원형)'에 참여 대학중 대학 자체 지원기준에 따라 장학금을 지원하되 저소득층을 우선으로 지원
Ⅱ 유형 중 '지방인재 장학금'은 지방대학에 입학한 1~2학년 중 성적 우수 학생으로, 등록금 전액을 지원

**다자녀 지원 유형**
다자녀가구(세자녀이상) 모든 자녀 지원. 대상대학, 소득기준, 심사기준은 국가장학금 Ⅰ유형(학생직접지원형)과 동일

### 국가장학금 신청기간 및 신청방법

● 한국장학재단 홈페이지에 회원가입

● 회원가입 후 로그인 해 '국가장학금 신청' 버튼을 누르고 필요한 개인정보를 기입(학생 본인 명의의 공인인증서, 부모 명의의 공인인증서 준비)

● 구비서류 제출과 가구원 동의는 신청 마감 후 꼭 완료

---

*예비 대학생 기준
### 고교생 국가장학금 예비신청

*앱 설치 활용활용

---

* 신청기간 : 해마다 한국장학재단 홈페이지에서 확인

● **신청일정**: 2020. 2. 3.(월) 9시 ~ 2020. 3. 10.(화) 18시
 - 주말 및 공휴일 포함 신청기간 내 24시간 신청 가능(단, 마감일 제외)
 - 대상자: 신입생 · 편입생 · 재입학생, 복학생

기타 장학금 정보

· 광역시보다 소규모 도시에서 지자체나 지역장학재단에서 지급하는 장학금
· 지역에 거주하는 학생을 대상으로 선발하여 지급
· 지역 장학재단 홈페이지로 확인

· 대학교 내에서 재학생을 대상으로 지급
· 주로 성적우수자, 특기 우수자에게 지급
· 열공하여 학점도 올리고 성적장학금도 노려보세요.

· 성적보다는 가정형편에 따른 지급형태가 많고 품행이나 장래성을 평가하여 선발
· 재단별 금액이 다르고 신청기간이 다르므로 홈페이지로 챙겨보기
· 예시) 롯데장학재단, 농협재단, 삼성꿈 장학재단

## ③ 전국 주요 장학재단 현황

| 이름 | 주소 | 신청자격 및 지급내용 |
|---|---|---|
| 교보생명교육문화재단 | http://www.kbedu.or.kr | 보육시설 및 그룹홈에서 성장한 청소년<br>저소득층 가정 |
| 농협문화복지재단 | http://jaedan.nonghyup.com | 영농의지가 뚜렷한 농업계열 전공자 |
| 대동장학회 | http://scholar.dd.co.kr | 대학교 추천제 (소속 대학에 문의) |
| 대한전기협회 | www.electricity.or.kr | 전기공학 및 원자력 공학도 3, 4학년 |
| 덕영재단 | http://www.dukyoung.org | 대학생 중 봉사활동, 성적우수자 |
| 동아꿈나무재단 | http://www.dkf.or.kr | 일반장학금: 가정형편, 봉사활동, 학교 추천<br>특별장학금: 직업전문학교에 재학 학생 |
| 롯데장학재단 | http://www.lottefoundation.or.kr | 우수한 인재를 선발 |
| 미래에셋박현주재단 | http://foundation.miraeasset.com | 해외 교환 장학생, 글로벌 장학생 선발 |
| 삼성꿈장학재단 | http://www.sdream.or.kr/ | 멘토링 꿈 장학, 배움터 교육지원사업 |
| 아산사회복지재단 | http://www.asanfoundation.or.kr | 경제적 어려움을 겪는 학생<br>아동생활시설에서 성장한 학생<br>재능을 어려운 이웃과 나누는 학생<br>성적우수장학생 |
| 우양재단 | http://www.wooyang.org | 서울, 경인지역 4년제 대학 재학생<br>보호시설 성장한 학생(전문대도 가능)<br>4년제 서울권 주요 대학생<br>(서울,연세,고려,이화,서강,성균,한양) |
| 미래의 동반자재단 | www.partners-korea.org | 한국장학재단 산정 기준<br>소득분위 7분위 이하인 학생 |
| 포스코청암재단 | www.postf.org | 포항·광양 지역 가정 자녀 기초생활수급자 및<br>차상위 계층, 소득 3분위 이내, 복지시설 청소년 |
| 한국지도자육성장학재단 | http://www.kosffl.or.kr | 대학교 추천제 (소속 대학에 문의) |
| 한미교육위원단<br>(GE재단장학금) | www.fulbright.or.kr | 폴 브라이트 장학 프로그램 운영<br>영어교육 전공 학부 4학년 이상의 대학생(대학원생) |
| MBK SCHOLARS | http://www.mbkscholars.org | 대학 입학 예정자 어려운 생활 및 학업 환경 속에서도<br>우수한 성적과 잠재력을 가진 학생 |
| STX 장학재단 | http://www.stxfoundation.or.kr | 국내 종합 4년제 대학교3학년 1학기(5학기) 진급 예정자 |
| 대상문화재단 | www.daesangfoundation.or.kr | 국내 대학교 및 대학원 재학, 자세한 것은 개별 학교에 문의 |
| 신양문화재단 | www.sinyang.org | 대학생 신학기 2, 3, 4학년 각 학교/기관에서 선발 |

**전문가 팁**
**푸른등대 국가장학재단**

이공계국가장학금
학자금대출
농촌출신대학생학자금융자지원

http://www.kosaf.go.kr/
 **1599-2000**

## 면접 끝판왕

### <면접 끝판왕>이 답인 이유

✓ 1. 현직에 있는 진학 전문 교사들의 생생한 경험을 담았습니다.

✓ 2. 학생부종합전형&교과전형의 중요한 핵심 키워드로 '면접'을 뚫는 해법을 담았습니다.

✓ 3. 다양한 유형의 질문을 활용해 스스로 면접을 준비하는 방법을 터득할 수 있습니다.

✓ 4. 학생부를 면접으로 연결하는 전략으로 나만의 면접을 완성할 수 있습니다.

✓ 5. 면접을 위해 학교 활동을 어떻게 하면 좋은지 방향을 제시해 줄 수 있는 책입니다.

✓ 6. 기출면접문항에 추천답변을 제시해 학생들이 답변을 만들 때 길잡이가 될 수 있는 책입니다.

✓ 7. 다양한 분야의 시사이슈를 수록해 심층 면접도 대비할 수 있는 책입니다. 시사이슈에 대한 대비는 지적인 소양의 향상은 물론, 토론 역량도 길러주는 일석이조의 효과가 있습니다.

✓ 8. 방대한 양의 자료를 활용해 계열별, 학과별로 면접 문항과 추천 답변을 참고할 수 있게 세분화 했습니다.

✓ 9. 면접 문항에 담긴 키워드를 학생부와 자기소개서에서 추출할 수 있도록 실질적인 사례를 제시 하고 있습니다.

✓10. 기존의 면접 책들이 '면접 기출문항', '면접 소개'에 주력한 것과 달리 독자들이 책을 읽으면 면접장에서 자신감을 가질 수 있도록 구체적인 방법을 제시했습니다. 단계별로 면접 방법을 제시해 독자들이 읽기만 해도 실제 면접에 참여하는 효과를 거둘 수 있도록 차별화했습니다.

## 공부 끝판왕

### <공부 끝판왕>이 답인 이유

✓ 1. 내가 공부가 안 된 이유, 콕콕!

✓ 2. 학년별 오르는 공부 끝판 전략, 콕콕!

✓ 3. 성적대별로 선택하고 집중할 과목, 콕콕!

✓ 4. 고1, 2, 3 학년별, 점수별 인강 추천, 콕콕!

✓ 5. 고1, 2 3 학년별, 점수대별 문제집 추천, 콕콕!

✓ 6. 국어, 수학, 영어, 사회, 과학 끝판 공부법, 콕콕!

✓ 7. EBSi, M스터디, E투스의 활용 극대화 분석, 콕콕!

✓ 8. 진학기반의 상, 중, 하위권별 공부 개인 코칭, 콕콕!

✓ 9. 선배들의 뼈있는 공부를 위한 조언과 경험 나눔, 콕콕!

✓10. 3월, 6월, 9월, 11월(수능)까지 시기별 대비 특강, 콕콕!

# 학생부 끝판왕 1권

### <학생부 끝판왕>이 답인 이유

✓ 1. 합격한 학생부를 분석하여 내 것으로 할 수 있다.

✓ 2. 단순한 지침이 아닌, 실제 활동과 전략이다.

✓ 3. 나의 학생부와 비교하면서, 부족한 학교생활의 방향을 잡을 수 있다.

✓ 4. 학교활동 중 나에게 딱 맞는 의미 있는 활동이 무엇인지 알 수 있다.

✓ 5. 대학에서 요구하는 활동이 구체적으로 실현되는 부분을 알 수 있다.

✓ 6. 학과별(계열별) 합격생의 학생부를 분석하여 학생 개인별 맞춤형이 가능하다.

✓ 7. 구체적으로 소개된 내용을 활용하여 수업이나 동아리 계획을 구상할 수 있다.

✓ 8. 진로에 맞춘 수업 선택을 고민하고, 전략적으로 택할 기회를 제공한다.

✓ 9. 합격공통요소가 정리되어 진학하고자 하는 계열의 합격 방향을 생각해볼 수 있다.

✓ 10. 다양한 활동에서 새로운 접점을 찾아낼 수 있다.
　　(여러 활동을 통해 내게 필요한 새로운 활동을 개발할 수 있다)

# 학생부 끝판왕 2권

### <학생부 끝판왕>이 답인 이유

✓ 1. 합격한 학생부를 분석하여 내 것으로 할 수 있다.

✓ 2. 단순한 지침이 아닌, 실제 활동과 전략이다.

✓ 3. 나의 학생부와 비교하면서, 부족한 학교생활의 방향을 잡을 수 있다.

✓ 4. 학교활동 중 나에게 딱 맞는 의미 있는 활동이 무엇인지 알 수 있다.

✓ 5. 대학에서 요구하는 활동이 구체적으로 실현되는 부분을 알 수 있다.

✓ 6. 학과별(계열별) 합격생의 학생부를 분석하여 학생 개인별 맞춤형이 가능하다.

✓ 7. 구체적으로 소개된 내용을 활용하여 수업이나 동아리 계획을 구상할 수 있다.

✓ 8. 진로에 맞춘 수업 선택을 고민하고, 전략적으로 택할 기회를 제공한다.

✓ 9. 합격공통요소가 정리되어 진학하고자 하는 계열의 합격 방향을 생각해볼 수 있다.

✓ 10. 다양한 활동에서 새로운 접점을 찾아낼 수 있다.
　　(여러 활동을 통해 내게 필요한 새로운 활동을 개발할 수 있다)

# 강력한 스토리로 매혹하라! <끝판왕 시리즈>

## 과제탐구 끝판왕

<과제탐구 끝판왕>이 답인 이유

✓ 1. 과제탐구 활동을 하고 싶은 학생에게 로드맵 제공

✓ 2. 과제탐구 수업을 하고 싶은데 부담만 있는 선생님께 손쉬운 전략 제공

✓ 3. 학생의 성장을 위한 활동으로 다양한 학교프로그램을 진행할 아이디어와 노하우 제공

✓ 4. 주제별 탐구보고서를 통해 동아리활동이나 교내대회 준비와 연동되는 가이드 라인 제공

✓ 5. 학생마다 각자의 브랜드로 특화된 학교생활기록부의 기재항목별 영역이 유기적으로 연결

✓ 6. 학생의 관심 분야과 도전할만한 학문적 범위를 좁히고, 탐구활동을 통한 연구에의 몰입경험

✓ 7. 탐구 활동을 통해 배경지식을 쌓는 과정 훈련과 [독서활동상황]에 기록될 심화 독서는 덤

✓ 8. 학생이 희망하는 진로 분야의 경험을 통해 자기주도적 문제해결능력을 기르고, 이를 [과세특]에 드러낼 전공적합성

✓ 9. 학생부의 비교과 활동의 핵심 근거가 되어줄 과제탐구 활동은 [행동특성 및 종합의견]에 리더십과 탐구심을 드러낼심 핵근거

✓ 10. 발명 및 창업 캠프, 디자인 활동, 4차 산업혁명 캠프 등과 연계한 탐구 활동 학교프로그램 구성하여 별[개 세인특]에 기록

## 자소서 끝판왕

<자소서 끝판왕>이 답인 이유

✓ 1. 학생별 개별화 진로지도 전략 수록

✓ 2. 고등학교 생활 전반의 진로요소 추출

✓ 3. 진로에 맞춘 진학 설계의 다양한 Tip 제공

✓ 4. 진로지도를 하고 싶은 교사에게 로드맵 제공

✓ 5. 진로에 기반한 진로진학 상담의 노하우 제공

✓ 6. 진로수업이나 진로지도에 필요한 활동지 제공

✓ 7. 고등학교 창의적 체험활동을 진로로 묶어내는 방법 수록

✓ 8. 면접부터 멘탈관리까지 진로진학 지도의 실질적인 부분 기록

✓ 9. 학생 자신도 모르는 부족한 부분을 제대로 집어낼 방법 소개

✓ 10. 공부스타일 진단과 플래너 사용 등 실제적인 진로코칭 방법 수록

# 진로 끝판왕 1권

### <진로 끝판왕>이 답인 이유

✓ 1. 학생별 개별화 진로지도 전략 수록

✓ 2. 고등학교 생활 전반의 진로요소 추출

✓ 3. 진로에 맞춘 진학 설계의 다양한 Tip 제공

✓ 4. 진로지도를 하고 싶은 교사에게 로드맵 제공

✓ 5. 진로에 기반한 진로진학 상담의 노하우 제공

✓ 6. 진로수업이나 진로지도에 필요한 활동지 제공

✓ 7. 고등학교 창의적 체험활동을 진로로 묶어내는 방법 수록

✓ 8. 면접부터 멘탈관리까지 진로진학 지도의 실질적인 부분 기록

✓ 9. 학생 자신도 모르는 부족한 부분을 제대로 집어낼 방법 소개

✓10. 공부스타일 진단과 플래너 사용 등 실제적인 진로코칭 방법 수록

# 진로 끝판왕 2권

### <진로 끝판왕>이 답인 이유

✓ 1. 너무나 다른 학생별, 상황별 진로 진학 상담 노하우를 제공해요

✓ 2. 진로를 잘 모르셔도, 진로에 기반한 성장 설계 방법을 제공해요

✓ 3. 고등학교 담임교사의 수고를 덜어줄 시기별 맞춤 워크북을 제공해요

✓ 4. 막막한 창체 진로수업이나 진로지도에 쓰기 딱인 활동지를 제공해요

✓ 5. 매번 바뀌는 진학지도가 부담되는 선생님에게 쉬운 로드맵을 제공해요

✓ 6. 고등학교 생활 전반의 진로요소를 추출하여 진학으로 연결할 비법을 제공해요

✓ 7. 자소서부터 면접, 멘탈관리 지도까지 진로진학 지도의 실질적인 기술을 제공해요

✓ 8. 손 떨리는 고3 지도를 위한 학생별, 시기별 맞춤형 진로진학 지도전략을 제공해요

✓ 9. 기반을 잘 쌓아야 하는 고1, 2를 위한 시기별, 상황별 상담지도방법과 활동지를 제공해요

# 합격 빅데이터 기반 E-Book
# My Best 가이드 소개

## My Best 대학과 전형

내신과 모의고사 성적에 맞춘교과 전형 총평, 지원 가능 대학과 최저정보 그리고 종합 전형 총평과 대학별 참고 정보 제공

## My Best 학생부 로드맵

성적, 독서, 교과세특 및 창체활동과 교내 수상 내역 등의 정성평가 부분을 정량적으로 변환한 학생부 영역별, 대학 평가영역별 분석 프로파일 제공

## My Best 합격 자소서

진로 희망에 따라 계열별 개인 맞춤형 자기소개서 작성 방법을 알려줌. E북에서 가상의 학생이 작성하는 자기
소개서를 보고, 내 생활기록부의 내용을 찾아 나만의 자소서 만들기

## My Best 합격 면접

학생이 지원하는 학과에 맞춘 맞춤형 면접 준비 방법과 문항 추출법, 예시 답안을 제공

# 이 세상에 유일한 당신만을 위한 가이드
# My Best 가이드 소개

## My Best 합격 공부

공부가 안된 이유와 학습전략 로드맵 제공, 학년과 등급에 따른 과목별 학습법을 알려주고 선배에게 호평을 받은 인강 리스트와 문제집도 학년과 등급에 맞게 추천

## My Best 합격 교과선택

학생의 지원할 계열에 따라 맞춤형 교과선택 로드맵 제공

## My Best 합격 학생부

학생이 지원하는 학과에 맞는 개인 맞춤형 합격 데이터와 학생부 작성 방법, 기록 사례 제시

## My Best 계열 성향 검사

학생의 직업적 흥미 발견하고 이를 계열적 성향 분석을 통해 효율적인 계열별 진로 로드맵 전략 제공

# My Best 학년별 연간 프로그램

## 1학년은 진로!
## 기간별 학생
## 성장 프로그램

프로그램  **고1 진로다**

참여대상  고등학교 1학년

참여비용  검사비용X학생수, 강사비 별도(요청시)

세부내용  특강형 ☑, 캠프 활동형 ☑, 컨설팅형 ☑

---

### 3, 4월 나를 알다

- 내게, 친구가, 부모에게 묻자. 나의 흥미와 적성은?
- 검사지로 성향 검사하자
- 미션 설정 하자

**가이드7. My Best 계열 성향 검사**

### 5, 6월 성적을 알다

- 내신 성적의 의미
- 모의고사 성적의 의미
- 교우 관계의 의미

**가이드1. My Best 대학과 전형 가이드**

### 7, 8월 공부를 알다

- 1학기 돌아보기
- 자기주도계획 수립과 실행
- 성장 경험 공부

**가이드5. My Best 공부 가이드**

---

### 9, 10월 나를 파다

- 자기주도학습 잇기
- 교과선택 계열 적합성
- 학과를 탐하라

**가이드6. My Best 교과선택 가이드**

### 11, 12월 성적올리다

- 시험기간 전략 시간관리
- 피드백 즉 오답지
- 성적 올리는 공부성향법

**가이드2. My Best 학생부 가이드**
**가이드6. My Best 합격 학생부 포트폴리오**

### 1, 2월 2학년이다

- 1학년 돌아보기 PMI
- 방학자기주도 학습과 경험
- 2학년 미리 겪어보기

**가이드3. My Best 자소서 가이드**

# My Best 학년별 연간 프로그램

**2학년은 진로&진학!**
기간별 학생 성장 프로그램

프로그램    **고2 진진이다**
참여대상    고등학교 2학년
참여비용    검사비용X학생수, 강사비 별도(요청시)
세부내용    특강형 ☑, 캠프 활동형 ☑, 컨설팅형 ☑

## 3, 4월 다시 나를 알다

- 진로 좁히기 방법
- 1학년의 나를 분석하라
- 2학년 진로 공부 진학을 설계

**가이드1. My Best 대학과 전형 가이드**

## 5, 6월 다시 성적을 알다

- 공부성향 분석
- 자기주도 맞춤형 공부법, 인강, 학원
- 대학과 학과에 필요한 공부 잡기

**가이드5. My Best 공부 가이드**

## 7, 8월 다시 공부를 알다

- 1학기 돌아보기
- 혼자 공부, 함께 공부
- 대학 생활과 취업 간접 공부

**가이드6. My Best 교과선택 가이드**

## 9, 10월 다시 나를 파다

- 나를 객관화 하라, 위치
- 무엇에 집중할 것인가
- 부모님과 교사, 외부자원을 통해 지원받기

**가이드2. My Best 학생부 가이드**
**가이드6. My Best 합격 학생부 포트폴리오**

## 11, 12월 교과선택과 진학

- 나에게 필요한 교과선택
- 대학과 전형 좁히기
- 학생부, 자소서, 면접 시도

**가이드3. My Best 자소서 가이드**
**가이드 4. My Best 면접 가이드**

## 1, 2월 3학년이다

- 2학년 돌아보기 PMI
- 방학기간 진학, 진로 공부
- 3학년 미리 겪어보기

**가이드1. My Best 대학과 전형 가이드**
**가이드3. My Best 자소서 가이드**

# My Best 학년별 연간 프로그램

## 3학년은 진학!
## 기간별 학생 성장 프로그램

프로그램  **고3 진학이다**
참여대상  고등학교 3학년
참여비용  검사비용X학생수, 강사비 별도(요청시)
세부내용  특강형 ✓, 캠프 활동형 ✓, 컨설팅형 ✓

### 3, 4월 대학과 전형

◆ 성적별 대학, 전형 파악
◆ 대학 조건 파기
◆ 나의 스펙 분석

가이드2. My Best
학생부 가이드
가이드6. My Best
합격 학생부 포트폴리오

### 5, 6월 내신 끝장

◆ 선택과 집중 내신
◆ 수능과 연결이다
◆ 학생부와 연결이다

가이드1. My Best
대학과 전형 가이드

### 7, 8월 원서 끝장

◆ 성적대별 대학과 학과 좁히기
◆ 나의 장점 분석, 최선 뽑기
◆ 자소서와 지원 & 수능 최저

가이드3. My Best
자소서 가이드

### 9,10월 수능, 대학별 전형

◆ 수능이다, 최저다
◆ 면접과 대학별 고사
◆ 멘탈 관리

가이드4. My Best
면접 가이드

### 11, 12월 수능과 정시

◆ 수능점수의 의미
◆ 정시를 탐하라
◆ 버려진 시간 줍기

가이드4. My Best
면접 가이드
가이드 1. My Best
대학과 전형 가이드

### 1, 2월 대학생이다

◆ 고등학생은 잊어라
◆ 알바와 체험
◆ 독서와 진짜공부

# 끝판왕 추천후기

### 하*숙님
👍 독자후기

지난 주 신청한 자소서 끝판왕 책이 도착하여 꼼꼼히 읽어보고 부족하지만 후기 올려봅니다.
자소서의 각 문항의 작성 팁을 통해 먼저 전체 틀을 잡고 각 항목별로 평가요소에 맞춰 학생이 한 활동을 끼워 넣을 수 있는 장치가 되어있고계열별 학과별 사례까지 예시되어 있어 막막함에서 헤매다가 불빛을찾은 거 같아 자소서 작성에 자신감을 갖게 되었습니다 저자 선생님들께 감사드립니다.

### 양*동선생님
👍 전문가 후기

이책은 다년간 학생들의 자기소개서 작성을 지도하는 과정에서 이끌어낸 자기소개서 각 항목별 작성 비법을 한 곳에 모아둔 비법서임 이 틀림없다. 수시 모집의 당락을 좌우하는 학교생활기록부 자기소개서 면접의 연계를 가져다 줄 학생부종합전형 비법서가 바로 당신의 눈앞에 있다 힘든 길을 택하면 미래가 편해진다라는 신념으로 학생부종합전형에서 당신의 길을 찾고자 한다면 이 책은 무한한 길잡이가 될 것이다

### 두*맘님
👍 독자후기

현직선생님들의 감수를 하고 현직선생님들이 저자들이셔서 공교육 안에서 할 수 있는 면접 준비를 면접끝판왕을 통해서 할 수 있을 것 같습니다. 계열별로 나누어져 있고 자소서와 학생부를 활용해 면접 문제를 추출할 수 있는 방법도 함께 실려 있어 유용하게 쓸 수 있을 것 같습니다.
저희 아이의 경우 교육 계열이라 교육 계열 부분만 살짝 맛보기 하였 는데~~ 각 교육청에서 제공하는 자료를 바탕으로 사례를 들고 있어 더욱 신뢰할 수 있었습니다.

### 에듀동아
🎤 출간기자

면접 문항에 담긴 키워드를 학생부와 자기소개서에서 추출 할 수 있도록 실질적인 사례를 제시하고 있어 향후 대입 면접을 위해 학교 활동을 어떻게 하면 좋을지 그 방향을 제시해 주고 있는 책이다.
출판사 측은 "기존의 면접 대비서가 면접 기출문항이나 면접 소개에 주력한 것과 달리 이 책은 독자들이 면접장에서 자신감을 가질 수 있도록 구체적인 면접 대비 방법을 단계별로 제시하고 있다"면서 "이 책을 읽기만 해도 실제 면접에 참여하는 효과를 거둘 수 있을 것"이라고 밝혔다.

### mama313님
👍 독자후기

이런 분들에게 꼭!!!! 필요한 책입니다.
공부하는 방법을 제대로 알고 싶은 학생 또는 방법을 알아서 자녀들에게 알려주고 싶은 부모님!! 께 강추!!! 저도 초등교사로 공부는 이렇게 하는 거야라고 말해주기는 하지만 좀 더 구체적인 방법에는 설명이 늘 부족함을 느껴왔었는데 이 책을 읽고 속이 시~원해지는 느낌을 받았다고 할까요? 공부하는 방법에 대해 구체적으로 사례를 들어가며 총체적으로 설명해주어서 넘님 도움이 되었어요. 저희 아이들에게 적용중이며 큰 딸아이는 직접 읽어보더니 도움이 된다고 합니다. 중고등 학생과 학부모님들은 꼬~옥 읽어보시길 추천합니다~

### isom85님
👍 독자후기

고등 딸을 둔 엄마이자 아이들의 나침반이 되어야 할 나에게 공부면역력을 키워주게 도와줄 보물 같은 책입니다. 지인들에게 선물하고, 고등 딸에게 읽히고, 저 역시 옆에 끼고 보고 있어요. 정말정말 강추합니다.

# My Best 추천 후기

👍 독자후기

정보가 부족한 학부모에게 유용한 자료로 도움이 됩니다 학생들도 자신의 진로방향에 길라잡이 역할을 할 수 있을 것 같습니다. 학교선생님보다 더 자세한 상담자료로 가치가 크다고 생각됩니다.

1. 정시전형의 경우 지원가능 대학의 리스트가 많은데 수시전형의 경우는 전반적으로 지원가능대학의 리스트가 적어요.

2. 학생부 교과전형 지원가능대학 리스트에 평균 등급이 표기되면 좋을 듯 합니다.

3. 성적에 맞게 원하는 지역 계열로 추천해주시어 한번에 비교가 가능하여 좋았습니다.

4. 처음 과목별 내신등급 입력시 단위 수가 다른 과목들의 경우 등급계산이 애매했어요 등급 기재에 대한 안내가 살짝 되었으면 했습니다.

5. 사용후기의 수능전형의 선지답안이 논술답안 그대로 였어요 내년에 첫아이가 고 3 이 되니 입시에 대해선 잘 모릅니다 나름 공부를 하면서 다양한 전형들 속에서 아이에 유리한 전형을 생각해보았는데 그걸 확인하는 기회가 되어 좋았습니다.

수시전형의 추천대학이 더 추가 된다면 완벽할 듯 합니다. 감사합니다.

👍 체험후기

저는 큰애가 고 3 입니다 교과와 학종 투 트랙 으로 지원했어요.

그래서 정시나 논술에 대한 평을 어찌할지 몰라 보통으로 했습니다. 교과와 학종도 설문 조사할 때부터 지망순서대로 선 택 하는 항목에 따라 가능 대학을 추천해 주셨으면 하는 아쉬움이 남습니다 또한 현재 모의나 내신상태에서 어느 선까지 도달했을 경우 어느 선의 어느 대학까지는 원서 지원이 가능할 수도 있다. 뭐 이런 커리가 나오면 학부모나 아이 입장에서 목표도 생기고 동기부여가 될 수 있을 것 같습니다.

가령 저희는 화생공 약대 순으로 고려 중이거든요 그럼 현재 가능 대학은 이선이고 좀 더 끌어 올리면 이 대학선까지는 원서 제출을 할 수 있을 것 같다 요렇게요. 문자로 하려니 전달이 제대로 되었을지 모르겠네요. 앞으로도 꾸준히 받아 볼 수 있다면 받아 보면서 코멘트를 더 해 드리고 싶네요. 좋은 일들을 하셔서요.

👍 체험후기

전체적으로 유용합니다. 감으로만 예상했던 리스트가 작성되니 내년에도 꼭 활용하고 싶네요.

다만, 학종 부분과 논술은 모고 성적 대비 너무 낮게 작성되지 않았는지요. 전사고라 내신이 낮지만 모고 성적이 기준이 되어 주는게 아닌지 의문이 있네요. 실제 원서 쓸 때도 모고가 기준이 되어 학종과 논술 섞어 수시 6 장을 쓰지 않을까 싶은데요.

👍 체험후기

전체적으로 프로그램 아이디어가 너무 좋아요.

어디를 갈지 진학에 대해 막막했던 학생 입장에서는 큰 희망이 될 것 같아요. 부족한 점이나 보완할 점들을 알려주니 어떻게 해야 할지 방향 설정도 되구요. 내신성적 모의고사 성적 분석의 총평은 매우 좋습니다. 지원할 수 있는 대학의 가능성을 세밀하게 말해주고 있어서요.

지원가능 대학의 학과를 전 모집단위보다 좀 더 자세히 나타내줬으면 좋겠습니다 학생이 원하는 학과를 선택할 수 있도록 해서 전국의 대학 중에서 본인이 원하는 학과 위주로 지원 가능 대학을 알려주시면 좋겠습니다 내신 성적을 입력할 때 각 학년별로 과목별 등급을 입력하여 뚜렷한 성적 입력이 가능하면 좋겠습니다 수시로 지원하는 친구들에게

정시 모집단위도 알려줘서 수능에 미리 대비하고 준비하는 기회가 될 수도 있을 것 같아 좋습니다.

👍 독자후기

이렇게 세세히 각 전형마다 설명이 있을 줄 몰랐습니다.

그냥 간단한 내용으로 전달해 주실 줄 알았는데 각 전형마다 어찌해야 하는지 자세한 설명에 감탄했습니다. 진짜 최곱니다.

# My Best 추천 후기

👍 **체험후기**

〈대학과 전형〉에 이어 학생부 분석 자료 잘 받았습니다. 대학과 전형은 실제 대학 지원에 있어 현재 내신과 모의 성적을 바탕으로 지원이 유리한 전형들에 대한 안내 및 해당 대학 및 학과들을 콕 집어 추천해주시어 좋았습니다. 거기에 반해 학생부 분석의 경우는 학생부 자체를 분석하다 보니 같은 학생부라도 답하는 사람에 따라 다른 답들을 선택할 소지가 있고 또 학생부 자체를 점수로 메기는 부분에 있어 어려움이 컸으리라 봅니다. 또한 보내주신 자료 중 제 아이에 대한 분석 자료는 전체 자료 중 얼마 되지 않고 그보단 학생부 전형을 위한 전반적으로 챙겨져야 할 부분들이 안내가 들어 있었습니다. 이 자료는 고 2 보단 고 1 이 미리 알고 챙겨지면 더 좋겠단 생각입니다. 학생부 영역별 평가표를 보니 아이에게 부족한 영역이 한눈에 보여 수시전형의 학종을 생각하는 아이들에게는 많은 도움이 될 듯 합니다. 그리고 학생부 기록에 있어 학생이나 부모님이 아셔야 할 안내가 잘 되어있네요 끝 부분에 아이가 진학하길 원하는 계열 관련 동아리 및 봉사활동 안내가 구체적으로 잘 되어 있고 원하는 계열에 대한 다양한 직업명이 소개되어 있습니다. 그리고 진학을 원하는 학과 관련 고교 선택과목 소개 및 진학을 원하는 학과에 관련된 추천도서도 잘 되어있습니다. 정시 쪽으로 기운 큰 아이에겐 그닥 도움이 되진 않지만 곧 고등학생이 될 둘째는 이 자료를 참고로 잘 챙겨 봐야겠어요 감사합니다.

👍 **체험후기**

학종을 준비하는 고12 학생과 학부모에 매우 적절하다고 생각합니다. 개인별 특성에 대한 의견은 좀 부족하지만 기입한 자료가 적으니 당연하다고 생각합니다 대신 공통 내용은 학종을 잘 모르는 학생과 학부모도 알 수 있도록 구체적으로 길안내를 해 주는 지침서 및 체크리스트로 매우 유용합니다.

👍 **체험후기**

'현재 나의 학생부를 알자 에서 학생부를 다 드린 것이 아니라서 세부적인 내용 설명을 듣지 못하는 아쉬움은 있습니다. 그래프에서 한눈에 영역 중 무슨 영역이 높고 낮은지를 판단할 수 있는 것은 좋습니다. 낮은 영역에 대한 추가 설명이 좀더 구체적으로 있었으면 합니다.

👍 **체험후기**

'나만의 명품 만들기 에서는 다른 학생부 가이드 북보다 좀더 자세히 설명되어 있는 부분이 많아 좋습니다. 학교 생활에서만 알 수 있을 만한 내용이 첨부되어 있어 좀더 공들여 읽어야겠다는 생각을 했습니다.

👍 **체험후기**

저는 학원 설명회 대학교 입시설명회를 통해 얻은 지식들과 대학 입사관 11 상담 학생부 읽기를 위한 강의 수강 경험을 통해 저희 아이의 학생부를 조금이나마 객관적으로 볼 수 있는 상황이었습니다. 1 학년 기준 학생부를 개인적으로 읽었을 때 중간 중상 정도라고 판단했는데 막상 컨설턴트 상담을 통해 진단해 보니 중하 수준이었습니다. 그래서 좀더 엄격하게 학생부를 다시 한번 진단하고 문맥상에서 공통적인 ctrl V 내용이 아닌 우리아이의 특성을 나타내는 개인화된 서술을 중심으로 살펴보게 되었고 항목간의 유기성을 가지는 내용 연계되어 발전가능성을 보여주는 맥락에 대해 고민하게 되었습니다.

👍 **체험후기**

학생부 평가에서 가장 중요한 영역들을 알게 되었고 영역들 준비에 도움이 되었습니다. 독서기록하는 방법 전공별 도움되는 봉사활동 동아리활동 체험활동 보고서 선생님과 소통의 중요성 등 세부적인 부분까지 자세히 설명되어 있어서 좋았습니다.

**초 판 1쇄 발행** 2020년  7월 1일
**초 판 2쇄 발행** 2020년 11월 1일
**개정판 3쇄 발행** 2021년  1월 1일
**개정판 4쇄 발행** 2022년  1월 1일


**기 획**   정동완
**지은이**   정동완 손평화 송종욱 안혜숙
**펴낸이**   꿈구두
**펴낸곳**   꿈구두
**디자인**   안혜숙 맨디디자인


**출판등록**   2019년 5월 16일, 제 2019-000010호
**블로그**   https://blog.naver.com/edu-atoz
**이메일**   edu-atoz@naver.com
**ISBN**   979-11-971095-4-6

**고등학생 진로의 모든 것**

# 선생님을 위한 진로기반 진학 매뉴얼

# 진로끝판왕 워크북2

## 학생들의 미래를 이끌 대학진학 지도의 핵심!

학교    학년    학년

이름

# 워크북

&lt;진로끝판왕 워크북 활용법&gt;

많은 분들이 끝판왕을 사랑해 주셔서 특별히 준비한 감사 자료입니다. 현장에서
실제 지도에 필요한 것만 모았더니 이렇게 호응을 많이 해 주시네요. 진로끝판왕
출간 서적을 가지고 내용을 보시면서 시기별로 적절하게 워크북에 실린 자료를
학생들에게 직접 복사해서 나눠주시고 활용하시면 됩니다.

# 진로 끌판왕 활동지
# 성취기준

## 1. 활동지 2-1

**순서 1**
활동지 쪽수 1p      교재 쪽수 31p
성취 기준 **[12진로01-01]** 자신의 특성을 이해하고 긍정적 자아정체감을 가질 수 있다.

**순서 2**
활동지 쪽수 2~4p      교재 쪽수 32~33p
성취 기준 **[12진로03-01]** 자신의 학업성취 수준과 학습방법을 점검하고 효과적인 학습방법을 찾을 수 있다.

**순서 3**
활동지 쪽수 5p      교재 쪽수 37p
성취 기준 **[12진로03-01]** 자신의 학업성취 수준과 학습방법을 점검하고 효과적인 학습방법을 찾을 수 있다.

**순서 4**
활동지 쪽수 6p      교재 쪽수 38p
성취 기준 **[12진로03-01]** 자신의 학업성취 수준과 학습방법을 점검하고 효과적인 학습방법을 찾을 수 있다.

**순서 5**
활동지 쪽수 7~9p      교재 쪽수 42p
성취 기준 **[12진로03-01]** 자신의 학업성취 수준과 학습방법을 점검하고 효과적인 학습방법을 찾을 수 있다.
**[12진로03-02]** 대학과 전공 계열을 선택하기 위한 합리적 기준을 제시할 수 있다.

**순서 6**
활동지 쪽수 10p      교재 쪽수 61p
성취 기준 **[12진로02-02]** 직업세계의 변화에 맞추어 자신과 관련된 학과, 전공 및 자격의 변화를 예측하고 탐색할 수 있다.

**순서 7**
활동지 쪽수 11~12p      교재 쪽수 66p
성취 기준 **[12진로03-02]** 대학과 전공 계열을 선택하기 위한 합리적 기준을 제시할 수 있다.

## 2. 활동지 2-2

**순서 1**
활동지 쪽수 13~15p　　　교재 쪽수 71p
성취 기준 **[12진로01-02]** 신의 강점을 발전시키고, 약점을 보완하는 방법을 찾아 노력할 수 있다.

**순서 2**
활동지 쪽수 16~17p　　　교재 쪽수 73p
성취 기준 **[12진로02-02]** 직업세계의 변화에 맞추어 자신과 관련된 학과, 전공 및 자격의 변화를 예측하고 탐색할 수 있다.
　　　　**[12진로04-05]** 관심 있는 대학의 입학정보를 알아보고 필요한 조건을 갖출 수 있다.

**순서 3**
활동지 쪽수 18~19p　　　교재 쪽수 74p
성취 기준 **[12진로04-03]** 자신의 진로 목표와 관련 있는 직업·대학·학과를 탐색할 수 있다.

**순서 4**
활동지 쪽수 20~21p　　　교재 쪽수 75p
성취 기준 **[12진로03-03]** 자신의 진로개발과 관련 있는 평생학습의 기회를 탐색할 수 있다.

**순서 5**
활동지 쪽수 22p　　　교재 쪽수 89p
성취 기준 **[12진로04-04]** 개인 및 직업세계의 변화를 검토하여 자신의 진로계획을 재점검하고 수정할 수 있다.

**순서 6**
활동지 쪽수 23~24p　　　교재 쪽수 103p
성취 기준 **[12진로03-01]** 자신의 학업성취 수준과 학습방법을 점검하고 효과적인 학습방법을 찾을 수 있다.

**순서 7**
활동지 쪽수 25~26p　　　교재 쪽수 109p
성취 기준 **[12진로04-05]** 관심 있는 대학의 입학정보를 알아보고 필요한 조건을 갖출 수 있다.

**순서 8**
활동지 쪽수 27~28p　　　교재 쪽수 115p
성취 기준 **[12진로03-01]** 자신의 학업성취 수준과 학습방법을 점검하고 효과적인 학습방법을 찾을 수 있다.

## 3. 활동지 2-3

**순서 1**
활동지 쪽수 29p　　　교재 쪽수 115p
성취 기준 **[12진로04-04]** 개인 및 직업세계의 변화를 검토하여 자신의 진로계획을 재점검하고 수정할 수 있다.

**순서 2**
활동지 쪽수 30~33p　　　교재 쪽수 116~117p
성취 기준 **[12진로04-05]** 관심 있는 대학의 입학정보를 알아보고 필요한 조건을 갖출 수 있다.

순서 3  활동지 쪽수 34p  교재 쪽수 119p
성취 기준 **[12진로04-05]** 관심 있는 대학의 입학정보를 알아보고 필요한 조건을 갖출 수 있다.

순서 4  활동지 쪽수 35p  교재 쪽수 120p
성취 기준 **[12진로03-01]** 자신의 학업성취 수준과 학습방법을 점검하고 효과적인 학습방법을 찾을 수 있다.

순서 5  활동지 쪽수 36~38p  교재 쪽수 122~124p
성취 기준 **[12진로03-04]** 관심 직업의 현황, 전망, 산업구조 등 구체적인 정보를 수집할 수 있다.

순서 6  활동지 쪽수 39~40p  교재 쪽수 129p
성취 기준 **[12진로04-04]** 개인 및 직업세계의 변화를 검토하여 자신의 진로계획을 재점검하고 수정할 수 있다.

순서 7  활동지 쪽수 41~42p  교재 쪽수 130~131p
성취 기준 **[12진로04-03]** 자신의 진로 목표와 관련 있는 직업·대학·학과를 탐색할 수 있다.

# 4. 활동지 2-4

순서 1  활동지 쪽수 43p  교재 쪽수 138p
성취 기준 **[12진로04-05]** 관심 있는 대학의 입학정보를 알아보고 필요한 조건을 갖출 수 있다.

순서 2  활동지 쪽수 44~45p  교재 쪽수 142~143p
성취 기준 **[12진로04-05]** 관심 있는 대학의 입학정보를 알아보고 필요한 조건을 갖출 수 있다.

순서 3  활동지 쪽수 46p  교재 쪽수 156p
성취 기준 **[12진로04-05]** 관심 있는 대학의 입학정보를 알아보고 필요한 조건을 갖출 수 있다.

순서 4  활동지 쪽수 47~48p  교재 쪽수 170~171p
성취 기준 **[12진로03-04]** 관심 직업의 현황, 전망, 산업구조 등 구체적인 정보를 수집할 수 있다.

순서 5  활동지 쪽수 49p  교재 쪽수 172p
성취 기준 **[12진로03-04]** 관심 직업의 현황, 전망, 산업구조 등 구체적인 정보를 수집할 수 있다.

# CONTENTS

## 진로끝판왕 워크북 활용법

많은 분들이 끝판왕을 사랑해 주셔서 특별히 준비한 감사 자료입니다. 현장에서 실제 지도에 필요한 것만 모았더니 이렇게 호응을 많이 해 주시네요. 진로끝판왕 출간 서적을 가지고 내용을 보시면서 시기별로 적절하게 워크북에 실린 자료를 학생들에게 직접 복사해서 나눠주시고 활용하시면 됩니다.

# 서로를 알아가기 위한 첫 단추 (상담용 카드)

**성취기준** [12진로01-01] 자신의 특성을 이해하고 긍정적 자아정체감을 가질 수 있다.

**교재쪽수** 진로끝완성편 31p

_____학년 ___반 ___번 이름 : _____ 별명 : _____

| | |
|---|---|
| 진로 희망 분야 | |
| 진로의 걸림돌 | 예. 성적, 공부법, 학생부 관리, 정보 부족, 동기 부족 |
| 과목 선택 현황 | |
| 경제적 지원 | ·전년도 지원 분야 : 학비 지원( ), 급식비 지원( ), 방과후 학교 지원( ),<br> 기타( )　　　　　　　　　　　　* 특별전형 대상자 파악<br>·올해 지원 요청 분야 : |
| 교우관계 | 친한 우리 반 친구 :　　　　　　　함께 밥 먹는 친구:<br>친한 다른 반 친구 :　　　　　　속마음 털어놓는 친구: |
| 기상/취침/등교 시간 | ·기상 :　　　　　　　　·취침 :　　　　　　　·등교 : |
| 학원/과외/독서실 | |
| 자습실 이용 희망 | ·새벽반 ( )　　　·야간반 ( )　　　·공휴일 ( ) |
| 특기적성 희망강좌 | ( ), ( ), ( ) |
| 가족과의 소통 | 모두와 원활( ), 아빠와만 원활( ), 엄마와만 원활( ), 대화 없음( ) |
| 올해 소망(목표) | ·1st :<br>·2nd :<br>·3rd : |
| 스트레스 해소 방법 | |
| 자신의 성격 | 예. 꼼꼼, 신중, 소심, 털털, 덤벙... |
| 자신의 공부 성향 | 예. 알아서 잘함, 시켜야 함, 예습만 함, 복습만 함, 예습 복습 모두 함, 전혀 안 함 |
| 상담 요청 사항 | |

# 지난 학년 분석, 반성, 앞으로의 계획 1

**성취기준** [12진로03-01] 자신의 학업성취 수준과 학습방법을 점검하고 효과적인 학습방법을 찾을 수 있다.

**교재쪽수** 진로끝완성편 32~33p

## 학업 성취도 확인

| 교과 | 1학년 전체 | | |
|---|---|---|---|
| | 과목별 성적 분석 | 평균 등급 | 조합별 평균 |
| 국어 | | | 국영수 : |
| 영어 | | | 국영수사과 : |
| 수학 | | | 국영수사 : |
| 과학 | | | 국영수과: |
| 사회 | | | 영수사과: |
| .. | | | |

## 전국연합 성취도 확인 (상반기)

| 교과 | | 1학년 3월 | | | | 1학년 6월 | | |
|---|---|---|---|---|---|---|---|---|
| | | 원점수 | 표준점수 | 백분위 | 등급 | 원점수 | 표준점수 | 백분위 | 등급 |
| 국어 | | | | | | | | |
| 수학 | | | | | | | | |
| 영어 | | | | | | | | |
| 한국사 | | | | | | | | |
| 탐구 | 사회 | | | | | | | | |
| | 과학 | | | | | | | | |

# 지난 학년 분석, 반성, 앞으로의 계획 2

**성취기준** [12진로03-01] 자신의 학업성취 수준과 학습방법을 점검하고 효과적인 학습방법을 찾을 수 있다.

**교재쪽수** 진로끝완성편 32~33p

## 전국연합 성취도 확인 (하반기)

| 교과 | | 1학년 9월 | | | | 1학년 11월 | | | |
|---|---|---|---|---|---|---|---|---|---|
| | | 원점수 | 표준점수 | 백분위 | 등급 | 원점수 | 표준점수 | 백분위 | 등급 |
| 국어 | | | | | | | | | |
| 수학 | | | | | | | | | |
| 영어 | | | | | | | | | |
| 한국사 | | | | | | | | | |
| 탐구 | 사회 | | | | | | | | |
| | 과학 | | | | | | | | |

## 비교과 활동 확인

| 수상경력 | | |
|---|---|---|
| 전공 관련 선택과목 | | |
| 창의적 체험 활동 | 자율활동 | |
| | 동아리활동 | |
| | 봉사활동 | |
| | 진로활동 | |
| 독서활동 | | |

# 지난 학년 분석, 반성, 앞으로의 계획 3

**성취기준** [12진로03-01] 자신의 학업성취 수준과 학습방법을 점검하고 효과적인 학습방법을 찾을 수 있다.

**교재쪽수** 진로끝완성편 32~33p

## 2학년 활동계획

| 교과 | 3월 전국연합 학력평가 목표 | 중간고사 목표 | 6월 전국 연합 학력 평가 목표 | ········ | 구체적 계획 (시간, 방법 등) |
|------|------|------|------|------|------|
| 국어 | | | | | |
| 영어 | | | | | |
| 수학 | | | | | |
| 과학 | | | | | |
| 사회 | | | | | |
| .. | | | | | |

## 구체적 계획

| | | |
|------|------|------|
| 각종 대회 참가 희망 | | |
| 과목 선택 확인 | | |
| 창의적 체험 활동 | 자율활동 | |
| | 동아리활동 | |
| | 봉사활동 | |
| | 진로활동 | |
| 독서활동 | | |

# 자기주도학습 실천 확인

**성취기준** [12진로03-01] 자신의 학업성취 수준과 학습방법을 점검하고 효과적인 학습방법을 찾을 수 있다.

**교재쪽수** 진로끝완성편 37p

| 점검사항 | 작성유무 | 도움정도 | 보완방안 |
|---|---|---|---|
| 공부하는 이유 만들기 | ○ / X | 상, 중, 하 | |
| 원하는 직업의 조건 찾기 | ○ / X | 상, 중, 하 | |
| 시간관리 실태점검 | ○ / X | 상, 중, 하 | |
| 시간관리 매트릭스 | ○ / X | 상, 중, 하 | |
| 주간계획서 | ○ / X | 상, 중, 하 | |

| 변화된 부분 | 긍정 | |
|---|---|---|
| | 부정 | |
| 변화의 원인 | | |

# 나만의 공부법 Knowhow

**성취기준** [12진로03-01] 자신의 학업성취 수준과 학습방법을 점검하고 효과적인 학습방법을 찾을 수 있다.

**교재쪽수** 진로끝완성편 38p

_____학년 _____반 _____번 이름 : _____

| | |
|---|---|
| 공부 방법 | |
| 공부하는 순서 | |
| 외우는 요령 | |
| 시간관리 요령 | |
| 필기 방법 | |
| 오답노트 작성 방법 | |
| 시험 준비 방법 | 내신 <br><br> 모의고사 |
| 기 타 | |

# 성적 분석하기 1

**성취기준** [12진로03-01] 자신의 학업성취 수준과 학습방법을 점검하고 효과적인 학습방법을 찾을 수 있다.
[12진로03-02] 대학과 전공 계열을 선택하기 위한 합리적 기준을 제시할 수 있다.

**교재쪽수** 진로끝완성편 42p

## 학생부 성적 분석 – 주요교과분석

| 상승 중인 교과목 | | 하락 중인 교과목 | |
|---|---|---|---|
| 유지 중인 교과목 | | 가장 우수한 교과목 | |

## 학생부 성적 분석 – 교과조합분석

| 가장 유리한 조합 | | 가장 유리한 반영비율 | |
|---|---|---|---|
| 학습 계획 | 상승중인 교과: | | |
| | 하락중인 교과: | | |
| | 유지중인 교과: | | |
| | 더 집중해야할 교과 : | | |

## 수능 성적 분석 1

| 반영 영역수 2인 경우 관심 대학 ( ) | 영역 조합 | | 반영비율 | |
|---|---|---|---|---|
| | 비율적용 백분위 | | 활용지표 | |

# 성적 분석하기 2

**성취기준**  [12진로03-01] 자신의 학업성취 수준과 학습방법을 점검하고 효과적인 학습방법을 찾을 수 있다.
[12진로03-02] 대학과 전공 계열을 선택하기 위한 합리적 기준을 제시할 수 있다.

**교재쪽수**  진로끝완성편 42p

## 수능 성적 분석 1

| 반영 영역수 3인 경우 관심 대학 ( ) | 영역 조합 | | 반영비율 | |
|---|---|---|---|---|
| | 비율적용 백분위 | | 활용지표 | |
| 반영 영역수 4인 경우 관심 대학 ( ) | 영역 조합 | | 반영비율 | |
| | 비율적용 백분위 | | 활용지표 | |

## 대학별 성적분석 -수시

| 관심대학 ( ) 관심학과 ( ) | 관심 전형 | |
|---|---|---|
| | 학년별 반영비율 | |
| | 전년도 결과 | |
| | 내점수 | 환산점수 :              등급: |
| 관심대학 ( ) 관심학과 ( ) | 관심 전형 | |
| | 학년별 반영비율 | |
| | 전년도 결과 | |
| | 내점수 | 환산점수 :              등급: |

# 성적 분석하기 3

**성취기준** [12진로03-01] 자신의 학업성취 수준과 학습방법을 점검하고 효과적인 학습방법을 찾을 수 있다.
[12진로03-02] 대학과 전공 계열을 선택하기 위한 합리적 기준을 제시할 수 있다.

**교재쪽수** 진로끝완성편 42p

## 대학별 성적분석 -정시

| 관심대학<br>(   ) | 관심 전형 | |
| | 학년별 반영비율 | |
| 관심학과<br>(   ) | 전년도 결과 | |
| | 내점수 | 환산점수 :          등급: |
| 관심대학<br>(   ) | 관심 전형 | |
| | 학년별 반영비율 | |
| 관심학과<br>(   ) | 전년도 결과 | |
| | 내점수 | 환산점수 :          등급: |

## 학습 계획 / 목표

# 나의 희망 진로 진학 탐색 활동지

**성취기준** [12진로02-02] 직업세계의 변화에 맞추어 자신과 관련된 학과, 전공 및 자격의 변화를 예측하고 탐색할 수 있다.

**교재쪽수** 진로끝완성편 61p

| | |
|---|---|
| 희망 대학 전공제도 | 1)<br><br>2)<br><br>3) |
| 희망 대학 등록금 | **희망 대학 장학금** |
| 희망학과의 인재상 | |
| 희망학과 교육과정 | |
| 교과목 정리 | ex) 문학개론 :<br><br>국문학 개론 : |
| 졸업 후 진로 | |
| 희망 대학의 다른<br>관심 학과 장단점 | |
| 타 대학이 말하는<br>희망 학과 정보 | A 대학 사례 :<br><br>B 대학 사례 : |
| 희망 학과의 비전 | |
| 방학 중 할 일 | |
| 대학 졸업 후 계획 | |

# 자기소개서 소재 찾기

**성취기준** [12진로03-02] 대학과 전공 계열을 선택하기 위한 합리적 기준을 제시할 수 있다.

**교재쪽수** 진로끝완성편 66p

| 순서 | 자소서문항 | 학생부항목 | 학생부 기재 내용 | 자소서에서 드러낼 수 있는 역량 | | | |
|---|---|---|---|---|---|---|---|
| | | | | 학업 역량 | 전공 (계열) 적합성 | 발전 가능성 잠재력 | 인성/ 공동체 의식 |
| 1 | | | | | | | |
| 2 | | | | | | | |
| 3 | | | | | | | |
| .. | | | | | | | |

# 활동 내용 마인드맵 (구체화하기)

**성취기준** [12진로03-02] 대학과 전공 계열을 선택하기 위한 합리적 기준을 제시할 수 있다.

**교재쪽수** 진로끝완성편 66p

| | |
|---|---|
| 활동 내용 (주제) | |
| 활동 시기 | |
| 학생부 기록 내용 | |
| 관련 역량 | 학업역량 (　　　)　　전공적합성 (　　　)<br>발전가능성 (　　　)　　　　인성 (　　　) |
| 활동 계기 | |
| 맡은 역할 | |
| 역경, 어려웠던 점,<br>노력한 점 | |
| 활동 결과 | |
| 활동 후 배운 점,<br>변화/성장한 점 | |

# PMI로 보는 장단점 1

**성취기준** [12진로01-02] 자신의 강점을 발전시키고, 약점을 보완하는 방법을 찾아 노력할 수 있다.

**교재쪽수** 진로끝완성편 71p

## 학생부 종합 전형 준비 정도

### Plus (강점)

학업 및 세특내용

학교행사/교내활동

시상/대회

독서

### Minus (단점)

학업 및 세특내용

학교행사/교내활동

시상/대회

독서

### Interesting (의미있었던 점)

학업 및 세특내용

학교행사/교내활동

시상/대회

독서

# PMI로 보는 장단점 2

**성취기준** [12진로01-02] 자신의 강점을 발전시키고, 약점을 보완하는 방법을 찾아 노력할 수 있다.

**교재쪽수** 진로끝완성편 71p

## 학습 부분 및 학습 습관

### Plus (강점)

국·영·수 주요과목

진로관련 과목

기타 과목

학습 습관

### Minus (단점)

국·영·수 주요과목

진로관련 과목

기타 과목

학습 습관

### Interesting (의미있었던 점)

국·영·수 주요과목

진로관련 과목

기타 과목

학습 습관

# PMI로 보는 장단점 3

성취기준 [12진로01-02] 자신의 강점을 발전시키고, 약점을 보완하는 방법을 찾아 노력할 수 있다.

교재쪽수 진로끝완성편 71p

## 희망 직업/학과 분석 및 진로 준비 정도

### Plus (강점)

희망하는 학과의 강점

희망하는 직업의 강점

희망 분야에서 나의 강점

### Minus (단점)

희망하는 학과의 단점

희망하는 직업의 단점

희망 분야에서 나의 단점

### Interesting (의미있는 점)

희망하는 학과의 의미있는 점

희망하는 직업의 의미있는 점

희망 분야에서 나의 의미있는 점

# 나의 진로 진학 로드맵 작성하기 1

**성취기준** [12진로02-02] 직업세계의 변화에 맞추어 자신과 관련된 학과, 전공 및 자격의 변화를 예측하고 탐색할 수 있다.
[12진로04-05] 관심 있는 대학의 입학정보를 알아보고 필요한 조건을 갖출 수 있다.

**교재쪽수** 진로끝완성편 73p

## 제 1 희망

| | |
|---|---|
| 희망 직업 | |
| 희망 학과 | |
| 희망 대학 | |
| 입시 문의 전화 (대학 전화번호) | |
| 관련 역량 | 교과전형<br>종합전형<br>(        )전형 |
| 수능 최저기준 (O,X) | |
| 요구하는 수능 최저기준 | |
| 요구하는 내신 등급 | |
| 잘 해야하는 과목 | |

# 나의 진로 진학 로드맵 작성하기 2

**성취기준** [12진로02-02] 직업세계의 변화에 맞추어 자신과 관련된 학과, 전공 및 자격의 변화를
예측하고 탐색할 수 있다.
[12진로04-05] 관심 있는 대학의 입학정보를 알아보고 필요한 조건을 갖출 수 있다.

**교재쪽수** 진로끝완성편 73p

## 제 2 희망

| | |
|---|---|
| 희망 직업 | |
| 희망 학과 | |
| 희망 대학 | |
| 입시 문의 전화 (대학 전화번호) | |
| 관련 역량 | 교과전형<br>종합전형<br>(      )전형 |
| 수능 최저기준 (O,X) | |
| 요구하는 수능 최저기준 | |
| 요구하는 내신 등급 | |
| 잘 해야하는 과목 | |

# 관심 학과 (전공) 알아보기 1

**성취기준** [12진로04-03] 자신의 진로 목표와 관련 있는 직업·대학·학과를 탐색할 수 있다.

**교재쪽수** 진로끝완성편 74p

---

## 학과(전공) 선택할 때 유의사항

1. ......................................    5. ......................................

2. ......................................    6. ......................................

3. ......................................    7. ......................................

4. ......................................    8. ......................................

---

## 관심 대학에서 개설해 놓은 학과나 학부를 보고 계열에 따른 학과와 관련된 직업을 기록해 보세요.

| 계열 | 관심있는 학과 또는 학부 | 관련된 직업 |
| --- | --- | --- |
|  |  |  |
|  |  |  |
|  |  |  |
|  |  |  |

# 관심 학과 (전공) 알아보기 2

**성취기준** [12진로04-03] 자신의 진로 목표와 관련 있는 직업·대학·학과를 탐색할 수 있다.

**교재쪽수** 진로끝완성편 74p

가장 관심있는 학과를 조사해 보고 빈칸을 완성해 보세요.

| | |
|---|---|
| 학과명 | |
| 세부 관련 학과 (유사학과) | |
| 교육 내용 | |
| 개설 대학 | |
| 취득할 수 있는 자격증 | |
| 취업 현황 및 학과 전망 | |

# 커리어 패스 제작 1

**성취기준** [12진로03-03] 자신의 진로개발과 관련 있는 평생학습의 기회를 탐색할 수 있다.

**교재쪽수** 진로끝완성편 75p

## 탐색 직업 : ..............................................................

### 고등학교

경로 ..............................................................

요구조건 ..............................................................

필요자격 ..............................................................

학교내/외 진로활동 ..............................................................

관련 사례 ..............................................................

유사직업 찾기 ..............................................................

### 대학교

경로 ..............................................................

요구조건 ..............................................................

필요자격 ..............................................................

학교내/외 진로활동 ..............................................................

관련 사례 ..............................................................

유사직업 찾기 ..............................................................

# 커리어 패스 제작 2

**성취기준** [12진로03-03] 자신의 진로개발과 관련 있는 평생학습의 기회를 탐색할 수 있다.

**교재쪽수** 진로끝완성편 75p

## 대학 이후

경로 ..................................................................................

요구조건 ..................................................................................

필요자격 ..................................................................................

학교내/외 진로활동 ..................................................................................

관련 사례 ..................................................................................

유사직업 찾기 ..................................................................................

## 취직

경로 ..................................................................................

요구조건 ..................................................................................

필요자격 ..................................................................................

학교내/외 진로활동 ..................................................................................

관련 사례 ..................................................................................

유사직업 찾기 ..................................................................................

# 학생별 희망 대학 및 진로 사전 조사

**성취기준** [12진로04-04] 개인 및 직업세계의 변화를 검토하여 자신의 진로계획을 재점검하고 수정할 수 있다.

**교재쪽수** 진로끝완성편 89p

| 이름 | | 연락처 | |
|---|---|---|---|
| 학생의 진로희망 | | 부모님의 진로희망 | |
| 진로 희망 사유 | | | |
| 희망 전형 | 수시(종합, 교과, 실기, 논술), 정시(수능, 실기) | | |
| 희망 학과 | 1순위 | 희망대학 | 1순위 |
| | 2순위 | | 2순위 |
| | 3순위 | | 3순위 |
| | … | | … |
| 하고 싶은 말 | 예) 국공립 희망 여부 등 | | |
| 특별전형 해당 여부 | | | |
| 내신 성적 | | | |
| 모의고사 성적 | | | |
| 수상실적 | | | |
| 전공독서 및 기타 독서 특이사항 | | | |
| 자율활동 특이사항 | | | |
| 동아리 활동 특이사항 | | | |
| 봉사활동 특이사항 | | | |
| … | | | |

# 학습 점검표 1

[12진로03-01] 자신의 학업성취 수준과 학습방법을 점검하고 효과적인 학습방법을 찾을 수 있다.

교재쪽수 진로끝완성편 103p

| 구분 | | 전형요소별 반영비율 | ✓ |
|---|---|---|---|
| 학습 목표와<br>계획 수립 | 1 | 장래에 무엇이 되고 싶다는 목표나 희망이 뚜렷하다. | |
| | 2 | 시험에서 몇 등 또는 몇 점을 받아야겠다는 뚜렷한 목표가 있다. | |
| | 3 | 아침마다 오늘 해야 할 일을 머릿속에 떠올린다. | |
| | 4 | 학습계획표를 작성하는 편이다. | |
| | 5 | 학습 계획을 세우고 얼마나 실천했는가를 평가한다. | |
| 학습환경 | 6 | 공부하는 장소가 일정하게 정해져 있다. | |
| | 7 | 책상 위나 주변을 깔끔하게 정리한 다음 공부를 시작한다. | |
| | 8 | 자신을 격려하는 글귀를 눈에 잘 띄는 곳에 붙여 놓는다. | |
| | 9 | 학습 장소에서는 마음이 차분히 가라앉는다. | |
| | 10 | 공부에 싫증이 나지 않게 가끔 학습 장소에 변화를 준다. | |
| 끈기와<br>집중력 | 11 | 공부하거나 책을 볼 때 책상 앞에 30분 이상 앉아 있을 수 있다. | |
| | 12 | 공부하는 중에 텔레비전 소리가 나도 참을 수 있다. | |
| | 13 | 수업 시간에 비교적 집중을 잘하는 편이다. | |
| | 14 | 친한 친구가 공부하는 것을 보면 더욱 공부를 열심히 하게 된다. | |
| | 15 | 버스나 지하철 등에서도 집중하여 공부할 수 있다. | |
| 학습방법 | 16 | 교과목마다 특성에 맞는 학습 방법을 알고 있다. | |
| | 17 | 여러 교과목을 학습할 때 우선순위를 정하고 순서에 따라 한다. | |
| | 18 | 학습 내용이 어려워도 쉽게 포기하지 않는다. | |
| | 19 | 적어도 시험 2주 전에는 시험공부를 시작한다. | |
| | 20 | 틀린 문제는 반드시 표시해 두고 다시 한번 확인한다. | |
| 학습 태도<br>및 의지 | 21 | 공부하면서 새로운 것을 깨닫는 기쁨을 느껴 본 적이 있다. | |
| | 22 | 공부에 중요한 것은 머리보다 노력이라고 생각한다. | |
| | 23 | 공부는 장래의 꿈을 이루는 데 필요하다고 생각한다. | |
| | 24 | 공부를 잘하는 친구를 보면서 나도 언젠가는 그렇게 될 수 있다고 생각한다. | |
| | 25 | 모르는 것을 질문하는 것이 별로 쑥스럽지 않다. | |

# 학습 점검표 2

**성취기준** [12진로03-01] 자신의 학업성취 수준과 학습방법을 점검하고 효과적인 학습방법을 찾을 수 있다.

**교재쪽수** 진로끝완성편 103p

## 개선해야 할 점

학습 목표와 계획 수립 .........................................................................

학습 환경 ...........................................................................................

끈기와 집중력 .....................................................................................

학습 방법 ...........................................................................................

학습 태도 및 의지 .................................................................................

## 개선 방법

학습 목표와 계획 수립 .........................................................................

학습 환경 ...........................................................................................

끈기와 집중력 .....................................................................................

학습 방법 ...........................................................................................

학습 태도 및 의지 .................................................................................

# 교과 관심 키워드 선정 – 논문 읽기 활동지 1

**성취기준** [12진로04-05]관심 있는 대학의 입학정보를 알아보고 필요한 조건을 갖출 수 있다.

**교재쪽수** 진로끝완성편 109p

교과 :　　　　　　　　　　　　　단원 :

담당 선생님 :

┌─ 수업 중 관심, 호기심, 흥미 가졌던 부분 ─────────────

└─ 위의 관심 부분에 대한 키워드 선정 및 선정 이유 ───────

1. 관심 키워드 :

2. 키워드 선정 이유 :

┌─ 관심 키워드와 연관된 관련 논문 3편 이상 탐색 ─────────

# 교과 관심 키워드 선정 - 논문 읽기 활동지 2

**성취기준** [12진로04-05]관심 있는 대학의 입학정보를 알아보고 필요한 조건을 갖출 수 있다.

**교재쪽수** 진로끝완성편 109p

## 탐색한 논문 중 1편 이상 선정하여 기술

1. 논문 요약 :

2. 새롭게 알게 된 용어 및 개념 :

3. 새롭게 알게 된 점, 흥미로운 점 :

## 향후 전공과 관련하여 연구하고 싶은 점

## 기타의견

# 나의 목표 달성 정도

**성취기준** [12진로03-01] 자신의 학업성취 수준과 학습방법을 점검하고 효과적인 학습방법을 찾을 수 있다.

**교재쪽수** 진로끝완성편 115p

## 3월 전국연합

| 교과 | 목표 | 달성도 |
|------|------|--------|
| 국어 | | |
| 영어 | | |
| 수학 | | |
| 과학 | | |
| 사회 | | |
| .. | | |

## 6월 모의고사

| 교과 | 목표 | 달성도 |
|------|------|--------|
| 국어 | | |
| 영어 | | |
| 수학 | | |
| 과학 | | |
| 사회 | | |
| .. | | |

# 나의 목표 달성 정도

**성취기준** [12진로03-01] 자신의 학업성취 수준과 학습방법을 점검하고 효과적인 학습방법을 찾을 수 있다.

**교재쪽수** 진로끝완성편 115p

## 1차 지필고사

| 교과 | 목표 | 달성도 |
|---|---|---|
| 국어 | | |
| 영어 | | |
| 수학 | | |
| 과학 | | |
| 사회 | | |
| .. | | |

## 2차 지필고사

| 교과 | 목표 | 달성도 |
|---|---|---|
| 국어 | | |
| 영어 | | |
| 수학 | | |
| 과학 | | |
| 사회 | | |
| .. | | |

# 나의 진로 활동

**성취기준** [12진로04-04] 개인 및 직업세계의 변화를 검토하여 자신의 진로계획을 재점검하고 수정할 수 있다.

**교재쪽수** 진로끝완성편 115p

## 진로를 위해 노력한 부분

학업 :

대회 및 수상 :

독서 :

진로 활동 :

과목별 활동 :

# 대입정보포털 (어디가) 사후 활동지 1

**성취기준** [12진로04-05] 관심 있는 대학의 입학정보를 알아보고 필요한 조건을 갖출 수 있다.

**교재쪽수** 진로끝완성편 116~117p

대입정보포털 사용 방법을 익히고, [진로정보] 탐색을 통해 자신의 희망 직업에 대해 조사해 봅시다.

┌─ 나의 제1 희망 관심 직종 ─────────────

하는 일 : ..............................................................

교육/자격/훈련 : ....................................................

임금/만족도/전망 : ................................................

능력/지식/환경 : ....................................................

성격/흥미/가치관 : ................................................

┌─ 나의 제2 희망 관심 직종 ─────────────

하는 일 : ..............................................................

교육/자격/훈련 : ....................................................

임금/만족도/전망 : ................................................

능력/지식/환경 : ....................................................

성격/흥미/가치관 : ................................................

# 대입정보포털 (어디가) 사후 활동지 2

**성취기준** [12진로04-05] 관심 있는 대학의 입학정보를 알아보고 필요한 조건을 갖출 수 있다.
**교재쪽수** 진로끝완성편 116~117p

## 나의 제3 희망 관심 직종

하는 일 : .................................................................................

교육/자격/훈련 : .......................................................................

임금/만족도/전망 : .....................................................................

능력/지식/환경 : ........................................................................

성격/흥미/가치관 : ......................................................................

---

1. 나의 성격/흥미/가치관에 가장 알맞은 직종은?

   ....................................................................................

2. 조사 후 가장 희망하는 직종과 이유 3가지는?

   희망 직종 : .........................................................................

   이유 1. ............................................................................

      2. ............................................................................

      3. ............................................................................

3. 나의 희망 직종을 위해 갖춰야 할 지식 및 기술은?

   ....................................................................................

# 대입정보포털 (어디가) 사후 활동지 3

**성취기준** [12진로04-05] 관심 있는 대학의 입학정보를 알아보고 필요한 조건을 갖출 수 있다.

**교재쪽수** 진로끝완성편 116~117p

대입정보포털 사용 방법을 익히고, [대학/학과/전형] 탐색을 통해 자신의 희망 직업과 연관된 대학/학과/전형에 대해 조사해 봅시다.

## 나의 제1 희망 대학/학과

희망대학 : .........................

희망학과 : .........................

수시 모집시기 : .........................

정시(가) 모집시기 : .........................

정시(나) 모집시기 : .........................

정시(다) 모집시기 : .........................

전형명 : .........................

전형요소 : .........................

최저 학력 기준 : .........................

수능 반영 영역 : .........................

취업률 : .........................

등록금 : .........................

장학금 : .........................

## 나의 제2 희망 대학/학과

희망대학 : .........................

희망학과 : .........................

수시 모집시기 : .........................

정시(가) 모집시기 : .........................

정시(나) 모집시기 : .........................

정시(다) 모집시기 : .........................

전형명 : .........................

전형요소 : .........................

최저 학력 기준 : .........................

수능 반영 영역 : .........................

취업률 : .........................

등록금 : .........................

장학금 : .........................

# 대입정보포털 (어디가) 사후 활동지 4

**성취기준** [12진로04-05] 관심 있는 대학의 입학정보를 알아보고 필요한 조건을 갖출 수 있다.

**교재쪽수** 진로끝완성편 116~117p

## 나의 제3 희망 대학/학과

희망대학 : ...........................................

희망학과 : ...........................................

수시 모집시기 : ...........................................

정시(가) 모집시기 : ...........................................

정시(나) 모집시기 : ...........................................

정시(다) 모집시기 : ...........................................

전형명 : ...........................................

전형요소 : ...........................................

최저 학력 기준 : ...........................................

수능 반영 영역 : ...........................................

취업률 : ...........................................

등록금 : ...........................................

장학금 : ...........................................

---

1. 조사 후 가장 희망하는 대학/학과와 이유 3가지는?

   희망 대학 : ...........................................

   희망 학과 : ...........................................

   이유 1. ...........................................

   　　 2. ...........................................

   　　 3. ...........................................

2. 나의 희망 대학/학과에서 현재 보완해야 할 점은?

   노력으로 가능한 것 : ...........................................

   외부자원이 필요한 것 : ...........................................

# 독서 연구대회 계획서

**성취기준** [12진로04-05]관심 있는 대학의 입학정보를 알아보고 필요한 조건을 갖출 수 있다.

**교재쪽수** 진로끝완성편 119p

| | |
|---|---|
| 팀명 | 예) 드론는 봤니? |
| 팀원 | 예) 김진로, 이진학... |
| 희망 도서 | 예) 아두이노 스타팅<br>예) 드론 만들어 조종까지 |
| 연구 목적 | 예) 독서를 통해 진로를 탐색하고 진로에 대해 심화 학습함.<br>　　프로그래밍, 드론 제작 및 원리 학습 등 |
| 연구방법/계획 | (연구 진행방식- 모임 시간 및 횟수, 토론/실험, 전문가 인터뷰, 논문 검색 등 구체적으로 작성)<br><br>①<br><br>②<br><br>③ |
| 기대효과 | 예) 드론의 원리를 익혀 직접 제작할 수 있음.<br>　　4차 산업혁명이해, 창의력 향양, 집단 지성 발휘 등 |

# 노트 정리 활용 모둠활동

**성취기준** [12진로03-01] 자신의 학업성취 수준과 학습방법을 점검하고 효과적인 학습방법을 찾을 수 있다.

**교재쪽수** 진로끝완성편 120p

1. 방금 요약한 내용을 친구들과 공유해보고 다시 작성한다.

2. 친구들과 공유하고 느낀 점을 써 본다.

3. 친구들과 공부 모임을 만든다면 어떤 것들을 공부하고 싶은지 작성해 본다.

4. 같이 공부할 과목과 함께할 친구 그리고 이유를 적어본다.

| | |
|---|---|
| 과목 :<br>친구 :<br>이유: | 과목 :<br>친구 :<br>이유: |
| 과목 :<br>친구 :<br>이유: | 과목 :<br>친구 :<br>이유: |

# 워크넷 검사 활동지 1

**성취기준** [12진로03-04] 관심 직업의 현황, 전망, 산업구조 등 구체적인 정보를 수집할 수 있다.

**교재쪽수** 진로끝완성편 122~124p

## 직업 가치관 검사

### 1) 나의 직업 가치관

| 적성 능력 | | 하위 검사별 적성 능력 | |
|---|---|---|---|
| 1순위 | | 1순위 | |
| 2순위 | | 2순위 | |
| 3순위 | | 3순위 | |

### 2) 적성 영역별 추천 직업군

| 1순위 | 2순위 | 3순위 |
|---|---|---|
| | | |

### 3) 추천받은 직업 중 관심 있는 직업

| 추천받은 순위 | 직업명 | 관련 직업군 | 중요 적성 요인 |
|---|---|---|---|
| | | | |
| | | | |
| | | | |

### 4) 희망 직업을 위해 노력해야 할 점

# 워크넷 검사 활동지 2

**성취기준** [12진로03-04] 관심 직업의 현황, 전망, 산업구조 등 구체적인 정보를 수집할 수 있다.

**교재쪽수** 진로끝완성편 122~124p

## 직업 가치관 검사

### 1) 나의 직업 가치관

| | 나의 중요한 직업 가치 | 가치 설명 | 관련 직업 |
|---|---|---|---|
| 1순위 | | | |
| 2순위 | | | |
| 3순위 | | | |

### 2) 우선 추천 직업

| | |
|---|---|
| 고교 졸업시 | |
| 대학 졸업시 | |

### 1) 나의 직업 가치관

| | 나의 중요한 직업 가치 | 가치 설명 | 관련 직업 |
|---|---|---|---|
| 1순위 | | | |
| 2순위 | | | |
| 3순위 | | | |

# 워크넷 검사 활동지 3

**성취기준** [12진로03-04] 관심 직업의 현황, 전망, 산업구조 등 구체적인 정보를 수집할 수 있다.

**교재쪽수** 진로끝완성편 122~124p

## 대학 전공(학과) 흥미검사

| 추천 계열 | | |
|---|---|---|
| 1순위 | | |
| 2순위 | | |
| 3순위 | | |

| 추천 학과 | | |
|---|---|---|
| 1순위 | | |
| 2순위 | | |
| 3순위 | | |

※ 검사를 통해 알게 된 점, 느낀 점, 보완할 점에 대해 자유롭게 작성해 봅시다

## 직업인 인터뷰

워크넷 **직업진로─직업정보─직업인 인터뷰** 활용하여 관심있는 직업인의 인터뷰를 감상하고 소감을 작성해 봅시다.

| 직업명 | |
|---|---|
| 해당 직업이 하는 일, 직업 선택의 계기 등 | |
| 준비해야 할 사항, 과정 | |
| 느낀 점 더 알고 싶은 점 | |

# 나의 활동 점검표 활동지 1

**성취기준** [12진로04-04] 개인 및 직업세계의 변화를 검토하여 자신의 진로계획을 재점검하고 수정할 수 있다.

**교재쪽수** 진로끝완성편 129p

5학기 동안의 학교생활기록부를 분석하고 전형 내용을 정리하여 보자.

## 교과

| 전 과목 | 평균 내신 등급 | 반영 과목 | 평균 등급 |
|---|---|---|---|
| 전 교과 | | | |

## 비교과 활동

| | | |
|---|---|---|
| 출결 상황 | | |
| 수상 경력 | | |
| 창의적 체험 | 자율 활동 | |
| | 동아리 활동 | |
| 활동 상황 | 봉사 활동 | |
| | 진로 활동 | |
| 전공 관련 선택과목 | | |
| 교과 세부 능력 및 특기 사항 | | |
| 독서 활동 | | |
| 행동특성 및 종합의견 | | |

# 나의 활동 점검표 활동지 2

**성취기준** [12진로04-04] 개인 및 직업세계의 변화를 검토하여 자신의 진로계획을 재점검하고 수정할 수 있다.

**교재쪽수** 진로끝완성편 129p

## 모의고사 성적

| 영역 | 국어 | 수학(가/나) | 영어 | 한국사 | 사회/과학/<br>직업 탐구 | 제2 외국어/<br>한문 |
|------|------|-----------|------|--------|------------|----------|
| 원점수 | | | | | | |
| 표준 점수 | | | | | | |
| 백분위 | | | | | | |
| 등급 | | | | | | |

## 수시 준비 정도(해당란에 ○표)

| 구분 | 준비 정도 ( 구체적 내용 ) |
|------|------------------------|
| 면접 | |
| 논술/실기 등 | |
| 자기소개서 | |
| 추천서 | |

# 희망 대학/학과 조사활동지 1

**성취기준** [12진로04-03] 자신의 진로 목표와 관련 있는 직업·대학·학과를 탐색할 수 있다.

**교재쪽수** 진로끝완성편 130~131p

5학기 동안의 학교생활기록부를 분석하고 전형 내용을 정리하여 보자.

| 희망 대학 / 학과 | 대학 | 대학 | 대학 |
|---|---|---|---|
| | 학과 | 학과 | 학과 |
| 면접 일정 | | | |
| 전형 유형 | | | |
| 전형 요소 및 반영 비율 | | | |
| 지원 자격 | | | |
| 수능 최저 학력 기준 | | | |
| 반영 과목 및 비율 | | | |
| 나의 내신 성적 | | | |
| 제출 서류 | | | |
| 합격자 발표일 | | | |

# 희망 대학/학과 조사활동지 2

**성취기준** [12진로04-03] 자신의 진로 목표와 관련 있는 직업·대학·학과를 탐색할 수 있다.

**교재쪽수** 진로끝완성편 130~131p

### 나의 진로 목표에 맞는 대학의 학과를 선정해 보자.

| | 나의 희망 진출 분야 | 관련 학과 | 졸업후 진출 분야 | 나의 희망과 관련 정도 |
|---|---|---|---|---|
| 1 | | | | |
| 2 | | | | |
| 3 | | | | |
| 4 | | | | |

### 지원을 희망하는 학과를 최종 선정하고 그 이유를 적어 보자.

| 희망 대학/학과 | 선정 이유 |
|---|---|
| | |

### 지원을 희망하는 대학별 전형방법을 정리해 보자.

| 희망 순위 | 나의 희망 대학 | 나의 희망 학과/학부 | 전형 명칭 | 전형 방법 | 일정 |
|---|---|---|---|---|---|
| 1 | | | | | |
| 2 | | | | | |
| 3 | | | | | |
| 4 | | | | | |

# 자기소개서 소재를 한 쪽에 정리하기

**성취기준** [12진로04-05] 관심 있는 대학의 입학정보를 알아보고 필요한 조건을 갖출 수 있다.

**교재쪽수** 진로끝완성편 138p

| | 학업 역량 | 전공(계열) 적합성 | 발전 가능성 | 인성 | 기타 |
|---|---|---|---|---|---|
| 수상 경력 | | | | | |
| 자율 활동 | | | | | |
| 동아리 활동 | | | | | |
| 봉사 활동 | | | | | |
| 진로 활동 | | | | | |
| 교과<br>① 성취도<br>② 성적 추이 | | | | | |
| 세부능력 및 특기사항<br>① 지적호기심 해결<br>② 연계활동<br>　(독서, 동아리 등)<br>③ 심화학습 | | | | | |
| 독서 활동 | | | | | |
| 행동 특성 및<br>종합 의견 | | | | | |

# 자기소개서 평가표 (교사용) 1

**성취기준** [12진로04-05]관심 있는 대학의 입학정보를 알아보고 필요한 조건을 갖출 수 있다.

**교재쪽수** 진로끝완성편 142~143p

| | 지적 호기심 | 전공(계열) 적합성 | 종합적 능력 | 총점 | 교사의 피드백 |
|---|---|---|---|---|---|
| **OOO 학생** | | | | | |
| | | | | | |

| 평가기준 | 평가 사항 | 매우 그렇다 | 그렇다 | 보통 | 그렇지 않다 | 매우 그렇지 않다 |
|---|---|---|---|---|---|---|
| 진로계획 지원동기 | 지원 동기가 구체적인가? | | | | | |
| | 진로와 계획은 일치하는가? | | | | | |
| | 희망 대학의 교육과정과 일치하는가? | | | | | |
| 학업역량 및 전공 적합성 | 학업의 동기가 드러나 있는가? | | | | | |
| | 학업 목표와 계획은 구체적인가? | | | | | |
| | 전공에 대한 학업역량을 드러내고 있는가? | | | | | |
| | 학업에 대한 열정이 드러나 있는가? | | | | | |
| | 깊이 있는 학 경험을 통해 역량을 보여주고 있는가? | | | | | |
| | 학습 및 활동 과정에 대한 설명(동기-과정-결과)이 구체적인가? | | | | | |

# 자기소개서 평가표 (교사용) 1

**성취기준** [12진로04-05]관심 있는 대학의 입학정보를 알아보고 필요한 조건을 갖출 수 있다.

**교재쪽수** 진로끝완성편 142~143p

| 평가기준 | 평가 사항 | 매우 그렇다 | 그렇다 | 보통 | 그렇지 않다 | 매우 그렇지 않다 |
|---|---|---|---|---|---|---|
| 발전 가능성 (잠재력) | 자기 주도적으로 활동한 경험이 있는가? | | | | | |
| | 호기심과 열의를 가지고 새로운 경험을 추구하는가? | | | | | |
| | 목표한 일에 대해 책임감 있게 진행하는가? | | | | | |
| | 위기가 왔을 때 극복한 사례가 있는가? | | | | | |
| | 다양한 활동을 통해 경험을 쌓았는가? | | | | | |
| 인성 (사회성) | 구체적 사례가 있는가? | | | | | |
| | 배려, 협업 등의 인성역량이 드러나는가? | | | | | |
| | 단순한 나열이 아닌 신빙성 있는 글인가? | | | | | |
| | 공동체 의식을 갖추고 있는가? | | | | | |
| 표현 | 질문에 맞는 답인가? | | | | | |
| | 추상적이지 않고 구체적으로 표현되어 있는가? | | | | | |
| | 오탈자 없이 맞춤법에 맞는 표현인가? | | | | | |

# 모의 면접 활동지

성취기준　[12진로04-05] 관심 있는 대학의 입학정보를 알아보고 필요한 조건을 갖출 수 있다.

교재쪽수　진로끝완성편 156p

1. 면접장에 들어가서 나오기까지의 인사말과 자세를 연습해 보자.

"안녕하십니까?"

"저는 ..... 입니다."

"감사합니다. 안녕히 계십시오."

2. 친구와 짝을 지어 질문하고 서로의 모습을 찍어주고 피드백을 나눠보자.

3. 면접관에게 좋은 이미지를 심어 주기 위해서 어떻게 해야 할지 내용을 완성해 보자.

옷차림

인상

말투

눈빛

앉은 자세

손동작

당황스러운 질문인 경우

목소리 크기

# 채용정보 찾아보기 1

**성취기준** [12진로03-04] 관심 직업의 현황, 전망, 산업구조 등 구체적인 정보를 수집할 수 있다.

**교재쪽수** 진로끝완성편 170~171p

자신이 알고 있는 채용정보 사이트를 이용하여 희망 직종의 채용 정보를 정리해보자.

| (        ) | | 알아본 사이트<br>(        ) | 알아본 사이트<br>(        ) |
|---|---|---|---|
| 회사정보 | 회사명 | | |
| | 회사주소 | | |
| | 근로자수 | | |
| | 설립연도/매출액 | | |
| 직무내용 | 모집분야 | | |
| | 고용형태 | | |
| | 업무내용 | | |
| | 학력 자격조건 | | |
| | 복리후생 | | |
| 채용<br>조건 | 채용 인원 | | |
| | 근무시간 / 급여 | | |
| | 홈페이지 주소 | | |
| 지원 서류<br>제출 방법 | 접수마감일 | | |
| | 제출서류 | | |
| | 접수방법 | | |

# 채용정보 찾아보기 2

**성취기준** [12진로03-04] 관심 직업의 현황, 전망, 산업구조 등 구체적인 정보를 수집할 수 있다.

**교재쪽수** 진로끝완성편 170~171p

자신이 알고 있는 채용정보 사이트를 이용하여 희망 직종의 채용 정보를 정리해보자.

| 체크항목 | 점검여부(O,X) | 정보수집방법 |
|---|---|---|
| 희망직종 | | |
| 회사명 | | |
| 정보탐색방법(사이트) | | |
| 고용형태 | | |
| 채용직무 | | |
| 자격요건 | | |
| 학력조건 | | |
| 급여조건 | | |
| 근무시간 | | |
| 복리후생 | | |
| 채용인원 | | |
| 제출서류 | | |
| 서류제출 기한 | | |
| 서류제출 방법 | | |
| 서류전형 발표일 | | |
| 면접일, 면접시간 | | |
| 면접장소 | | |
| 최종합격자 발표일 | | |
| 근무예정일 및 근무예정지 | | |
| 부서담당자 이름 | | |
| 부서담당자 메일 | | |
| 문의사항 연락처 | | |
| 회사홈페이지 | | |

# 근로 조건 알아보기

**성취기준**  [12진로03-04] 관심 직업의 현황, 전망, 산업구조 등 구체적인 정보를 수집할 수 있다.

**교재쪽수**  진로끝완성편 172p

자신의 희망취업처의 근로조건을 알아보자.

| 희망취업처 | 근로조건 | 세부사항 |
|---|---|---|
| | 주요업무내용 | |
| | 고용형태 | |
| | 근무장소 | |
| | 급여조건 | |
| | 근무시간 | |
| | 최초 1년을 80%이상 근무 | |
| | 생리휴가 | |
| | 수습기간 | |
| | 유급법정휴일에 근로 | |
| | 복리후생비 | |
| | 국민연금, 건강보험료, 고용보험료, 장기요양보험료 | |
| | 기타사항 | |

# 자기소개서 작성 1

**성취기준** [12진로03-04] 관심 직업의 현황, 전망, 산업구조 등 구체적인 정보를 수집할 수 있다.
**교재쪽수** 진로끝완성편 173p

**아래의 질문을 잘 읽고, 미래의 직장을 위한 자기소개서를 작성해 보자.**

## 자기계발능력

최근 성취한 일 중에서 가장 자랑할 만한 일은 무엇입니까? 그것을 성취하기 위해 귀하는 어떤 일을 했습니까?

## 대인관계능력

약속과 원칙을 지켜 신뢰를 형성 또는 유지한 경험에 대하여 기술하십시오.

# 자기소개서 작성 2

**성취기준** [12진로03-04] 관심 직업의 현황, 전망, 산업구조 등 구체적인 정보를 수집할 수 있다.

**교재쪽수** 진로끝완성편 173p

## 의사소통능력

"L이라는 직원이 업무관련으로 고객과 대화를 나누고 있다. 그런데 고객은 이해가 되지 않는다고 반문했다."
대화 중 무엇이 문제이고 어떻게 해결할 수 있는지 설명하십시오.

## 직업윤리

직장인으로서의 직업윤리가 왜 중요한지 본인의 가치관을 중심으로 설명하십시오.

# 모의 면접 체크 리스트 1

**성취기준** [12진로03-04] 관심 직업의 현황, 전망, 산업구조 등 구체적인 정보를 수집할 수 있다.

**교재쪽수** 진로끝완성편 174p

아래의 질문을 잘 읽고, 미래의 직장을 위한 자기소개서를 작성해 보자.

| 평가<br>영역 | 평가요소 | 매우<br>미흡<br><br>1점 | 미흡<br><br>2점 | 보통<br><br>3점 | 우수<br><br>4점 | 매우<br>우수<br><br>5점 |
|---|---|---|---|---|---|---|
| 복장과<br>태도 | 용모가 단정한가? | | | | | |
| | 자세가 바른가? | | | | | |
| | 침착한가? | | | | | |
| | 대답하는 태도가 확실한가? | | | | | |
| 표현력 | 용어가 적절한가? | | | | | |
| | 목소리가 명료한가? | | | | | |
| | 간결하고 정확하게 표현하는가? | | | | | |
| | 자기 생각을 충분하게 전달하는가? | | | | | |
| 판단력 | 정확하게 이해하고 있는가? | | | | | |
| | 신속하게 이해하고 응답하고 있는가? | | | | | |
| | 결단력이 있고 판단 능력이 있는가? | | | | | |
| 적극성 | 근면하고 활기찬 성격인가? | | | | | |
| | 어려운 일을 자진해서 수행할 수 있는가? | | | | | |
| | 어려운 일을 극복할 수 있는 성격인가? | | | | | |
| 성실성 | 의지가 굳은가? | | | | | |
| | 성실하고 자신감이 있는가? | | | | | |
| | 신뢰감과 사명감이 있는 사람인가? | | | | | |
| 인성 | 인생관이 바람직한 사람인가? | | | | | |
| | 대인 관계가 원만한 사람인가? | | | | | |
| | 배려심이 있는 사람인가? | | | | | |

# 모의 면접 체크 리스트 2

**성취기준** [12진로03-04] 관심 직업의 현황, 전망, 산업구조 등 구체적인 정보를 수집할 수 있다.

**교재쪽수** 진로끝완성편 174p

나의 수준을 점검해보고, 발전시킬 방향에 대하여 생각해보자.

| 점수 | 수준 | 나의 수준 |
|---|---|---|
| 80점 이상 | 면접에서 좋은 인상을 줄 수 있다. | |
| 61~79점 | 나쁘지는 않지만 자신의 모습을 조금 더 점검할 필요가 있다. | |
| 60점 이하 | 면접뿐만 아니라 회사 생활에서도 문제가 생길 수 있다. 따라서 면접에서 좋은 인상을 주기위해 면접 전에 자신의 의지와 장점을 보다 확실하게 드러나도록 연습한다. | |

# 20　학년도 4년제 대학 수시 지원계획서 (최종)

**성취기준** [12진로04-03] 자신의 진로 목표와 관련 있는 직업·대학·학과를 탐색할 수 있다.

**교재쪽수** 진로끝완성편 185~186p

_____학년 ___반 ___번 이름 : _____

※ 장래희망 (직업/구체적으로)　　본인_____　부모님_____

※ 내신점수　　전과목_____ 국영수사_____ 국영사_____

| | 대학명 | 모집단위 | 전형 | 모집인원 | 단계 or 일괄 | 전형방법(%) | | | | | | 학생부반영교과 | 학년별반영비율 | 반영내신점수 | 수능최저학력기준 | 제출서류 | 접수기간 | 대학별고사 | 발표 |
|---|---|---|---|---|---|---|---|---|---|---|---|---|---|---|---|---|---|---|---|
| | | | | | | 학생부 | 면접 | 논술 | 적성 | 심기 | 기타 | | | | | | | | |
| 예시 | 순천향대 | 중국학과 | 고른기회 | 4 | 1단계 (3배수) | 10 | | | | | | 국영수사과 전과목 (국어가중치 10%) | 학년가중치없음 | | 국수영탐 (1) 중 2개합 9 | 학생부 자소서 | 9/11~9/15 6시 | X | 1단계 11/8 |
| | | | | | 2단계 | | 10 | | | | | | | | | | | | 최종 12/3 |
| 1 지망 | | | | | | | | | | | | | | | | | | | 1단계 |
| | | | | | | | | | | | | | | | | | | | 최종 |
| 2 지망 | | | | | | | | | | | | | | | | | | | 1단계 |
| | | | | | | | | | | | | | | | | | | | 최종 |
| 3 지망 | | | | | | | | | | | | | | | | | | | 1단계 |
| | | | | | | | | | | | | | | | | | | | 최종 |
| 4 지망 | | | | | | | | | | | | | | | | | | | 1단계 |
| | | | | | | | | | | | | | | | | | | | 최종 |
| 5 지망 | | | | | | | | | | | | | | | | | | | 1단계 |
| | | | | | | | | | | | | | | | | | | | 최종 |
| 6 지망 | | | | | | | | | | | | | | | | | | | 1단계 |
| | | | | | | | | | | | | | | | | | | | 최종 |

20 년 월 일 　학생확인:　　　　　　　(인)

학부모 확인:　　　　　　　(인)

# 20 ___ 학년도 4년제 대학 수시 지원계획서 (최종)

**성취기준** [12진로04-03] 자신의 진로 목표와 관련 있는 직업·대학·학과를 탐색할 수 있다.

**교재쪽수** 진로끝완성편 185~186p

_____ 학년 _____ 반 _____ 번 이름 : _____

※ 장래희망 (직업/구체적으로)   본인_____ 부모님_____

※ 내신점수   전과목_____ 국영수사_____ 국영사_____

| | 대학명 | 학과 | 1차/2차 | 전형 | 모집인원 | 단계or일괄 | 전형방법(%) 학생부 | 면접 | 심기 | 기타 | 학생부 반영교과 | 학년별 반영비율 | 반영내신점수 | 수능최저학력기준 | 제출서류 | 접수기간 | 대학별고사 | 발표 |
|---|---|---|---|---|---|---|---|---|---|---|---|---|---|---|---|---|---|---|
| 예시 | 정화예술대 | 메이크업학과 | 1차 | 특별 | 99 | 일괄 | 95 | 5 | | | 전과목 | 2학년 1,2학기 | | 없음 | 자격증 (원본대조필) | 9/6(목)-10/7(일) | 면접: 10/12 (금) | 10/19 (금) 10:00 |
| 1지망 | | | | | | | | | | | | | | | | | | |
| 2지망 | | | | | | | | | | | | | | | | | | |
| 3지망 | | | | | | | | | | | | | | | | | | |
| 4지망 | | | | | | | | | | | | | | | | | | |
| 5지망 | | | | | | | | | | | | | | | | | | |
| 6지망 | | | | | | | | | | | | | | | | | | |

20 년 월 일   학생확인: _____ (인)

학부모 확인: _____ (인)

# 3학년 1학기 2차고사 학습 계획표 1

**성취기준** [12진로03-01] 자신의 학업성취 수준과 학습방법을 점검하고 효과적인 학습방법을 찾을 수 있다.

**교재쪽수** 진로끝완성편 202p

| | Just do it now!! | | 학습계획표(6월)<br>3학년 반 번 이름 | | | Do your best! | |
|---|---|---|---|---|---|---|---|
| | 월 | 화 | 수 | 목 | 금 | 토 | 일 |
| | 6/6 (D-31) | 6/7 (D-30) | 6/8 (D-29) | 6/9 (D-28) | 6/10 (D-27) | 6/11 (D-26) | 6/12 (D-25) |
| 국어 | | | | | | | |
| 영어 | | | | | | | |
| 수학 | | | | | | | |
| 동아 | | | | | | | |
| 사문 | | | | | | | |
| 한국사 | | | | | | | |
| | 6/13 (D-24) | 6/14 (D-23) | 6/15 (D-22) | 6/16 (D-21) | 6/17 (D-20) | 6/18 (D-19) | 6/19 (D-18) |
| 국어 | | | | | | | |
| 영어 | | | | | | | |
| 수학 | | | | | | | |
| 동아 | | | | | | | |
| 사문 | | | | | | | |
| 한국사 | | | | | | | |
| | 6/13 (D-24) | 6/14 (D-23) | 6/15 (D-22) | 6/16 (D-21) | 6/17 (D-20) | 6/18 (D-19) | 6/19 (D-18) |
| 국어 | | | | | | | |
| 영어 | | | | | | | |
| 수학 | | | | | | | |
| 동아 | | | | | | | |
| 사문 | | | | | | | |
| 한국사 | | | | | | | |

# 3학년 1학기 2차고사 학습 계획표 2

**성취기준** [12진로03-01] 자신의 학업성취 수준과 학습방법을 점검하고 효과적인 학습방법을 찾을 수 있다.

**교재쪽수** 진로끝완성편 202p

| | Just do it now!! | | 학습계획표(6-7월)<br>3학년 반 번 이름 | | | Do your best! | |
|---|---|---|---|---|---|---|---|
| | 월 | 화 | 수 | 목 | 금 | 토 | 일 |
| | 6/27 (D-10) | 6/28 (D-9) | 6/29 (D-8) | 6/30 (D-7) | 7/1 (D-6) | 7/2 (D-5) | 7/3 (D-4) |
| 국어 | | | | | | | |
| 영어 | | | | | | | |
| 수학 | | | | | | | |
| 동아 | | | | | | | |
| 사문 | | | | | | | |
| 한국사 | | | | | | | |
| | 7/4 (D-3) | 7/5 (D-2) | 7/6 전국연합 | 7/7 2차지필 | 7/8 2차지필 | 7/9 | 7/10 |
| 국어 | | | | | | | |
| 영어 | | | | | | | |
| 수학 | | | | | | | |
| 동아 | | | | | | | |
| 사문 | | | | | | | |
| 한국사 | | | | | | | |

# 3학년 1학기 최고의 내신을 만들기 위한 나의 약속

**성취기준** [12진로03-01] 자신의 학업성취 수준과 학습방법을 점검하고 효과적인 학습방법을 찾을 수 있다.

**교재쪽수** 진로끝완성편 204p

_____학년 _____반 _____번 이름 : _____

|  | 독서와문법 | 영어독해와 작문 | 수학연습 | 동아시아사 | 사회문화 |
|---|---|---|---|---|---|
| 목표<br>점수 |  |  |  |  |  |
| 목표<br>등급 |  |  |  |  |  |
| 성취<br>점수 |  |  |  |  |  |
| 성취<br>등급 |  |  |  |  |  |

3학년 1학기 2차 지필평가의 중요성은 다시 말하지 않아도 누구나 공감하는 것!!! 나의 목표 성적을 성취하기 위해 구체적으로 계획을 세우고, 그 계획을 만천하에 알려서 지키지 않으면 안 될 상황을 만들어봅시다. 그리고, 이 계획을 점검해줄 친구를 1명 이상 정하고, 지키지 못하면 이 친구에게 무엇을 해줄 것인가 약속을 정합니다. 물론 그 약속은 둘 다 합의해서 정하는 것임을 명심해야 합니다. 매주 금요일에 교차 점검하여 약속을 실천하지 못했을 시엔 자장면을 사주겠다, 1주일동안 친구에게 형님이라고 부르겠다 등등

1. 학습계획은 구체적으로 씁니다.

매일 무슨 문제집을 풀 것이며, 단어는 몇 개를 외울 것이며, 인강은 무엇을 몇 시간 들을 것이며... 등등. 정말 구체적으로 써야함!!!

2. 서약: 저는 이 약속을 자신과 친구 _____에게 했으며, 이것을 지키지 못하면 친구 _____에게 _____ _____ 해주기로 약속합니다.

promise-keeper _____ (인)

helper _____ (인)

부모님 확인 _____ (인)

memo

memo

학생과 선생님을
모두 만족시킬
진로 진학 대백과사전